U0637196

国家社会科学基金一般项目"提升公民政策参与有序性的路径研究"（项目批准号：14BZZ021）结项成果

扬州大学出版基金资助

提升公民政策参与有序性的路径研究

张宇 著

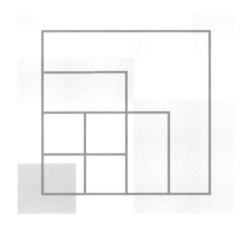

中国社会科学出版社

图书在版编目（CIP）数据

提升公民政策参与有序性的路径研究/张宇著. —北京：中国
社会科学出版社，2021.6
ISBN 978 – 7 – 5203 – 8147 – 5

Ⅰ.①提…　Ⅱ.①张…　Ⅲ.①公民—参与管理—研究—中国
Ⅳ.①D621.5

中国版本图书馆 CIP 数据核字（2021）第 055005 号

出 版 人	赵剑英
责任编辑	李庆红
责任校对	朱妍洁
责任印制	王　超

出　　版	中国社会科学出版社
社　　址	北京鼓楼西大街甲 158 号
邮　　编	100720
网　　址	http：//www.csspw.cn
发 行 部	010 – 84083685
门 市 部	010 – 84029450
经　　销	新华书店及其他书店

印　　刷	北京君升印刷有限公司
装　　订	廊坊市广阳区广增装订厂
版　　次	2021 年 6 月第 1 版
印　　次	2021 年 6 月第 1 次印刷

开　　本	710×1000　1/16
印　　张	14.75
插　　页	2
字　　数	206 千字
定　　价	79.00 元

凡购买中国社会科学出版社图书，如有质量问题请与本社营销中心联系调换
电话：010 – 84083683
版权所有　侵权必究

目　　录

第一章　导论

第一节　问题的缘起

在国家治理过程中，公民参与是人民表达同意的根本方式，而公民政策参与则是对其中的政策、规章和制度认同与否或认同程度的具体表现，是现代民主国家公共政策合法性的必要程序。自20世纪六七十年代勃兴的公民参与运动始，世界各国的公民政策参与一直呈现出井喷态势。中国的大众媒体甚至将2012年命名为"中国公民行动年"。从表面上看，中国的公民政策参与似乎已经全面展开，然而，2015年盖洛普民意调查机构在140个国家向145000人进行访问的结论是中国公民参与水平全球倒数第一。[①] 那么，两者之间的落差如何解释呢？事实上，中国社会转型速度较快，曾经具有高度同质性的公众利益诉求在短时间内呈现出多元化的异质性质态，公民参与公共政策活动的热情和动机一时之间较为强烈，但相关的规则和秩序尚未建构或成熟，这种行为和制度上的不匹配增加了公民政策参与过程与结果的不确定性，正如亨廷顿在《变革社会中的政治秩序》一书中所说的，"都市化、扫盲、教育和新闻媒体都给恪守传统的人士带来了新的生活方式、新的行乐标准和获得满

---

① 《"公众参与"全球排行榜，中国倒数第一》，搜狐公众平台，2016年10月14日，http://mt.sohu.com/20161014/n470267454.shtml，2016年11月7日。

足的新天地……然而，过渡型社会满足这些新渴望的能力的增进比这些渴望本身的增进要缓慢得多。结果，便在渴望和指望之间、需求的形成和需求的满足之间、渴望程度和生活水平之间造成了差距。这一差距就造成了社会的颓丧和不满"①。可见，两者之间的巨大落差主要来源于参与的表面化与参与的有效性之间存在缝隙或沟壑，也就是说，我国的公民参与在很大程度上还停留在参与与否，而非是否有效参与的问题上。因此，亟须通过提升公民政策参与的有序性来实现公民政策参与的有效性。

党的十九大明确指出，中国特色社会主义已经进入了新时代，社会主要矛盾已经转化为人民日益增长的美好生活需要和不平衡不充分的发展之间的矛盾，这就意味着人民对美好生活的追求日益增长，对不平衡不充分发展产生了更多补偿诉求。根据政治系统论的思想，这种矛盾的转化意味着要输入政治系统的诉求发生了变化，人们对生活提出了更高的要求，而这些要求势必以民意的形式通过公民参与的方式进入政治系统中的公共政策子系统，转化为正式的政策输出政治系统，并通过政策执行与评估得到反馈，进而推动新的诉求产生。在这样的时代背景下，公民政策参与不能再将是否参与作为衡量政策民主的标准，而应更多聚焦在公民参与的效果上。本书认为，公民有序的政策参与是指公民有效参与的路径，尤其在社会主义制度下的中国，对公民政策参与活动需要设定一定的秩序条件，才能在保证社会稳定健康发展的基础上谋求民生的改善，实现人们对美好生活的向往，使公共政策指向公共利益。公民政策参与的有序性是走向有效参与的必要条件。同时，以秩序为条件的公民政策参与也有助于提升参与质量，因为民主需要与法制相伴而行，民主的任何形式都是人类社会在对政治制度的探索和尝试中实现公众福祉的一种手段，秩序保障了公民参与趋向公共福祉，以公

---

① ［美］塞缪尔·P. 亨廷顿：《变革社会中的政治秩序》，王冠华等译，上海世纪出版集团 2008 年版，第 31 页。

共性结果为导向，使参与者体验到参与过程和参与结果带来的价值和利益，从而实现公共政策过程对公众意见的吸纳，进而改善民生。

本书的研究聚焦于公民政策参与的有序性提升路径，是笔者对之前国家社科基金青年项目"公共政策制定过程中的民意表达途径研究"的延续，也是对公民参与学术研究图景的进一步拓展。笔者对于公民政策参与研究的兴趣发端于对四个问题的回应，即在公共政策活动中，公民有话想说、有地方可说、有能力去说和有动机去说。通过前期研究发现，我国的民意表达途径在制度设计上是相当完善的，但实践中公民政策参与的能力跟不上公民政策参与的行动，自利动机超越了公共性动机，个人偏好取代了公共利益的诉求，其结果往往是一个初衷良好的公民政策参与行动有可能转化为非理性的群体性事件，有时甚至出现暴力行动，如发生在江苏启东、广东陆丰乌坎和甘肃陇南的群体性事件。由此，公民政策参与行动难以推动政策民主性的提升，遑论其行动的公共利益指向。因此，如何使公民政策参与发挥其应然的作用成为政策民主进程中的一个难题。党和中央政府一直非常重视如何在国家治理中"寻求民意的最大公约数"，尤其是党的十八大以来，新一届政府非常重视倾听社情民意、提升老百姓的幸福感，实现他们对美好生活的向往；党的十九大更是将"扩大人民有序政治参与"确定为新时代中国特色社会主义思想和基本方略之一。从党的执政理念可以看出，有序的公民参与是执政者所期望的必要政治过程，也是老百姓乐见的，因为任何形式的混乱和喧嚣都会降低民生质量、影响社会稳定，那些非理性、被动、激情式的公民参与影响公共政策的民主性和实效性，使公民参与行动被公共政策实务界人士、学界，甚至其他社会成员所诟病。只有通过秩序建构起来的公民参与才能真正推动个体从公众转变为公民，使其负有责任感和价值感地理解政策议题，提升公民政策参与的有效性。这不仅是时代诉求、理论变迁的需要，也是经过实践检验的。顺着这样的思维脉络，本书提出公民政策参与有序性的命题，致力于解决的问题有三：一是在中国语境中建构起来的公民政策参与有序性是由哪些要素构成的；二是从有序性的角度出发，目前我国公民政策参与的现实情况是怎样的；三是需要设计什么样的路径来提升我国公民政策参与的有序性。

第二节 相关文献综述及未来研究趋势

一 国外相关文献综述与未来研究趋势

（一）国外相关文献综述

1. 参与式民主理论的文献综述

古希腊罗马时代的改革已经蕴含着民主参与的萌芽，并在伯里克利时代基本实现了各阶层（不具有公民身份的除外）的广泛参与，但当时的参与尚未涉及现代民主中的个人权利，在城邦中只有少数人拥有可以进行直接投票的公民权。如梭伦改革（公元前594年）对公民进行等级划分、恢复公民大会为国家最高权力机关等措施打破了贵族对政治权利的垄断，奠定了雅典民主化政治的基础。克里斯蒂尼改革（公元前508年）采用抽签制度，粉碎了传统裙带关系或遗传关系的立法机构；设计"陶片放逐法"防止拥有过大权力的人对民主制度进行破坏。厄菲阿尔特与伯里克利在激进民主改革中要求一切权力归人民。亚里士多德倡导公民对城邦事务无处不在的参与，成为直接民主的典范，为近代参与式民主理论奠定了基础。亚里士多德的观点是：公民不仅应该享有各种各样的参与机会和途径，也应该进行深入的、具有决定性影响的、着眼于公共利益的参与；一个民主政体的主要特征就是公民享有政治参与权，共和政体应该兼顾所有不同的阶级阶层利益，对全体社会成员平等开放政治权力；公民德性的培养是实现这种价值的一项重要内容，尤其是对青少年进行良好的公民教育以及为公民参与提供好的渠道；等等。

　　近代以来，参与式民主理论得到了再一次的发展。① 在实践层面，各国的公民参与内容涵括了选举权、请愿权、担任公职权及结社权，参与的条件和限制取消，参与人数明显增加；在理论层面，直接民主思想与间接民主思想（卢梭、密尔、杰斐逊、托尔维尔）相互交替，力图弥补代议制民主中多数专制困境，并增加公民个体参与的可能性。卢梭（Jean‐Jacques Roussean，1762）倡导拓展参与主体，强调每个公民都应该参与政治决策过程，并将政府的合法性与"公意"紧密相连，以共同利益为基础和依归；还认为民主参与就是一种公民教育的过程，可以培养具有公共责任和公共精神的公民，生成负责任的个人社会行动和政治行动。他相信通过参与过程，人们能够明辨私人利益与公共利益的相容性，学会在公共领域中控制私人的冲动和欲望；且参与民主制度具有自我维持性。在他眼中，参与不仅仅是一套民主制度安排中的保护性附属物，也对参与者产生一种心理效应。② J. S. 密尔（John Stuart Mill，1861）认为代议制政府的实现前提是通过推动公民积极参与来完善公民德性和能力。公民应该进入政府担任一定的职务，因为人们只有在心理感受到自己是某件事情中的一分子的时候，才会懂得利益的共享性，公共理性和对公共利益的关注也需要通过参与本身以及教育才能实现。同时，他为公众寻求制度和实践层面的保护机制，以推动更大范围的公民参与。托克维尔（Alexis de Tocqueville，1835）深受卢梭的影响，直接宣称每个人都是自己利益的最好看护者，认为民主决策过程中的参与可以发展个人的性格，应当允许和鼓励人们参与涉及自身利益的事务，因为广泛参与可以保证其利益得到有效增进，公共精神可以通过人们从细节上对政府事务的广泛参与得到培养。但是，社会成员间的身份平等是参与式民主的必要条件。

　　19 世纪中期到 20 世纪，以代议制为主流的西方自由主义民主

---

　　① 从中世纪到 18 世纪，公民参与随着城邦制的没落处于理论发展的僵滞阶段。
　　② ［美］卡罗尔·佩特曼：《参与和民主理论》，陈尧译，上海人民出版社 2006 年版，第 22 页。

思想盛行，其中保留了参与的特质。同时，参与式民主理论的研究呈现出共和主义取向，认为公民应该直接参与具体政策或公共事务。在考夫曼（Walter Arnold Kaufmann，1960）首次正式提出"参与式民主"概念之后，柯尔抛出了"积极公民权"的观点，认为代议制倡导的投票不是真正的积极参政，普选只是民主的自然手段之一，不能成为民主的保证，因为人们投完票之后就只能等待下一次投票才能再次参政。从本质上来讲，代议制中的代表只能笼统地宣称他们在一切事务中均能代表所有公民，但实际上什么也代表不了，而且代议制这种"由投票箱构成的抽象民主"因受经济平等的影响，也不能实现真正的政治平等，相反存在引发政治孵化的可能。柯尔倡导一种鼓励积极参与的职能民主制，以人人能参加的职能团体为基础，每一个成员都对团体充分了解并能参与到本团体决策之中；让别人代表自己是靠不住的，民主需要依赖社会精神。①职能民主制的代表只代表与本团体相关的那部分成员，公民一个人可以同时参加多个职能团体，具有多次投票权，同时可以对政治领袖的权限进行民众监督。职能代表制下的参与覆盖到政治领域、工业领域和其他领域，具有民主教育功能。科尔的职能代表制中设计了工作场所和其他领域实行自我管理的特别计划（基尔特社会主义），提供出一幅参与性社会的蓝图，对后期佩特曼的参与民主理论产生了极大的影响。阿伦特（Hannah Arendt，1958；1963；1972）对"公共领域"的研究以及对公私领域的划分是参与民主理论研究不容忽视的。她试图唤醒个人的公民意识，强调个人生命意义在于参与公共生活。她认为政治参与提供了一种既古典又现代的支持理论，将政治看作一种公共行为以及发生在公共领域中的事情，作为行动者的平等公民之间可以进行自由交流、对话和商谈，人只有在与他人分享这个世界、共同拥有这个世界并在这个世界中

---

① ［英］乔·柯尔：《费边社会主义》，夏遇南、吴澜译，商务印书馆1984年版，第112页。

积极行动才能获得意义。同时，她主张实行鼓励积极参与的委员会制民主。

　　20 世纪中期，在西方社会的高福利受到威胁的时候，自由主义民主制度备受质疑，人们开始反思公共生活的衰落、经济权利对政治民主的侵占以及政治实践中存在的不平等，"新左派"将参与式民主视为理想的民主模式，主张实现民主的回归。他们将个人参与看成一种社会制度，提倡个人参与进那些对自己的生活产生影响的公共政策，同时社会需要在保持个人独立性的基础上组织起来。虽然"新左派"运动致力于使社会参与全面制度化，并提出了一些非系统化的理论设计，但更多只是一些原则性的、缺少操作性的想象。

　　20 世纪后期，一系列与参与民主相关的研究成果面世。佩特曼（Carole Pateman，1970）系统阐述了参与式民主的基本理念，强调参与在民主发展中的价值以及公民参与决策的核心地位，将参与的观念延伸到政府之外，渗透到社会、经济生活的各个领域，尤其是工业领域；提出了国家层次、地方层次，乃至工作场所中的参与，以使民主在整个社会中充分扩散权力，强调政治范围应当扩大到国家政府机构之外，建立由广泛的低阶层参与培养出高阶层参与能力的参与性社会；强调参与的公民教育功能，提出参与对个人发展所具有的价值在于参与过程中逐渐积聚的人性，能够提高人们的政治效能感，提升公民的积极性、知识性和对公共事务的敏感性；还将参与性社会视为民主政体的必要条件，将参与作为解决争论、协调集体行动的方式并视之为参与性社会的行动特色。麦克弗森（C. B. Macpherson，1977）认为需要用参与式民主对自由主义民主进行修正，因为民主与占有性个人主义不相容。他的主要观点是：人们通过民主参与以最大限度地发展个人能力，只有公民不断直接参与社会和国家的管理，才能充分实现自由和个人发展，但是改变人们的消费观念以及减少社会与经济的不平等是前提条件。从本质上来说，佩特曼和麦克弗森都是从实际出发，既保护个人自由，也力图实现公民的有效参与，但是都没有在宏观层次上践行参与民主思想。奈斯比特（John Naisbitt，1964）则将目光转向参与式民主的内容及其在实践中的重要表现，将人民必须参与影响自己生活的决策作为指导原则；强调人民通过创制权和复决权直接参与决策，而不仅仅是选择代表；还提倡将参与扩展到企业，通过企业内积极参与活动，谋求在企业外发挥新作用。

20 世纪 80 年代，学界认为西方的民主形式已经不能适应当下的社会发展状况，将参与式民主看作一种适应未来的政治制度，是代议制民主的"替代物"；将公民参与（政治参与）扩大界定为政治现代化的标志①；将参与范围扩大到政治生活的各个层面，提出将"少数人的民主"和"半直接民主"作为解决方案，把脱离了人的政治重新还给人。② 当时，巴伯极富原创性与挑战性的"强势民主理论"特别引人注目。他在批判西方自由主义弱势民主的基础上倡导积极参与以矫正弱势，力图寻求公民参与工具性价值及目的性价值相统一。他将强势民主作为参与式民主的一种现代模式，把政治设想为一种生活方式，通过公民参与、公共审议和公民教育转化冲突，通过公民共同讨论、共同行动、共同工作来解决共同体的问题。强势民主从认识论的角度提出政治参与本身就是政治知识的主要来源③；从社会存在的角度强调公民身份和共同体的重要性。强势民主关于民主讨论、民主决策和民主行动三个方面提出了 12 项制度设计：第一个方面包括全国性邻里集会体系、公民通信合作组织、公民视频素材服务和公民教育邮政法案、抽签就职等补充性制度；第二个方面包括全国性公民创制权与复决程序、电子投票、抽签选举、公共选择的票券和市场方法；第三个方面包括国家层面的

① ［美］塞缪尔·亨廷顿：《难以抉择——发展中国家的政治参与》，汪晓寿等译，华夏出版社 1989 年版，第 1 页。
② ［美］阿尔温·托夫勒：《未来的冲击》，孟广均等译，中国对外翻译出版公司1985 年版。
③ 郭秋永：《当代三大民主理论》，新星出版社 2006 年版，第 102 页。

普通公民服务方案、地方层面的公民服务方案、职场中的民主实验方案以及新的公民建筑和公共空间的建筑方案。但是，用民主孕育民主的强势民主并不意在替代代议制民主，而只是弥补代议制民主的缺陷。同期，毕塞特（Joseph M. Bessette，1980）首次使用"协商民主"（Deliberative Democracy）一词，意指人们聚集在一起进行协商和对话；后经罗尔斯（John Bordley Rawls，1972；1993）和哈贝马斯（Jürgen Habermas，1962；1968；1981；1991；1996）等人进一步阐释与丰富，将其含义界定为：理想协商程序中所有的参与者在形式和实质上都是平等的，可以进行自由、理性的对话。

　　协商民主理论继承与发扬了参与式民主理念的精髓，试图通过具体的市镇议会、志愿团体、基层组织、工作场所、司法实践，乃至议会活动等形式进行话语协商，确保每一社会成员都有均等的话语权，以弥补自由主义民主的缺陷，提升参与的质量。在研究内容上，一些学者重点聚焦于协商民主的内涵，认为民主意味着某种形式的公共协商①；是一种政府形态和治理形式；包括参与协商者提出理由、受影响的全体公民有在协商中提出理由的机会、某段时间存在具有约束力的协商决定以及动态性等特征；协商民主的核心应该包括基本自由和基本的公平机会。此外，科恩（Carl Cohen，1971）、罗尔斯（1993）、哈贝马斯（1996）、古特曼和汤普森（Amy Gutman，Dennis Thompson，2003），追寻协商民主的理据将自由宪政主义作为协商民主的理论基础，认为秩序良好的宪政民主也可以被理解为协商民主，满足趋向合作和避免冲突的交往实践形式或程序是正当的，而主体间的对话和决定是获得政党决策的最有效途径；尝试从道德分歧的视角构建协商民主理论，认为民主社会应该对有争议的政治问题本质进行道德论证的意见交换加以鼓励，这

---

① James Bohman and William Rehg, "Discourse and Democracy: the Formal and Informal Bases of Legitimacy", *Journal of Political Philosophy*, Vol. 4, No. 1, March 1996, pp. 79 – 99.

样有助于解决道德分歧；提出只要公民进行公开的自由论辩来解决公共问题，所形成的制度就具有合法性。费什金（James S. Fishkin，1991；1995），沃伦（Mark E. Waren，1996），埃尔斯特（Jon Elster，1997）为协商民主理论的优势进行辩护提出协商民主将参与理想融入了自己的理论构建之中，使参与成为一种可以实现的梦想；应对复杂性社会的解题思路明确，对复杂社会中的民主权威具有包容性，具有一种渐进的温和思维；民主协商过程使对话者更具公共性。另外，罗尔斯（1993）和哈贝马斯（1996）围绕协商民主的目标进行了探究，指出协商民主的任务是揭示平等主义民主的核心思想在复杂、多元的社会中依然是可信的，即法律的合法性由遵守它们的公民所赋予；对政治上的道德分歧提供人们可以接受的意见；公共协商的目的是通过对话使决策具有合法性；所有社会成员应该参与进来，并在参与中检验和保持协商的公共性特征①；协商民主是为了偏好的聚集，对话能够改变个人偏好。协商民主理论发展十多年后，以费什金等人为代表的民主论者开始将"以偏好为基础的协商民主"加以实践，尝试通过在一些地区进行制度性对话改变个人偏好，达成共识，包括协商性民意调查日制度、协商日制度、公民陪审团制度、共识会议制度等，并取得了一定的成效。

此外，法兰克福学派的重要代表人物哈贝马斯力图重建一种结合自由主义民主观和共和主义民主观、双轨模式的协商民主理论模式。他以交往行动理论为基础、话语民主为载体提出了程序主义民主理论，对其他参与式民主理论的突破在于：一是以主体间性为中心的交往理性思想。二是双轨模式的协商，包括作为正式制度性组织的议会和非正式交往形式的社会公共领域，二者分别从宪法和制度性组织以及民主意愿两个方面共同构成一个合理的协商政治，其基点均为交往权力。三是人权和人民主权的统一，用主体间性来阐

---

① ［美］詹姆斯·博曼：《公共协商：多元主义、复杂性与民主》，黄湘怀译，中央编译出版社 2006 年版，第 30 页。

释人民主权，将其抽象为一种民主程序。① 四是非纯粹的程序主义。哈贝马斯坚持一切都要经过公民的协商讨论，民主只有在人们经过协商达成共同利益和道德共识时才能实现，程序民主与实质民主都很重要。

2. 公民参与/公众参与的相关文献综述

在参与式民主理论逐渐成熟的背景下，除了那些致力于参与式民主理论研究的学者外，国外学界开始将其应用到具体的公共事务分析之中，这就意味着参与式民主理论向行政管理和公共政策领域的延伸。通过对关键词 public participation，public involvement，citizen participation，citizen involvement，policy participation 等的搜索可见，有部分学者对"公民参与"或"公众参与"的含义进行了阐释，阿斯汀（Sherry Arnstein，1969）指出公民参与是一种公民权利的运用与再分配，可以使目前在政治、经济等活动中无法掌握权力的民众的意见在未来能有计划地被列入考虑；麦克劳斯基（Herbest Mcclnskey，1968）认为公民参与是社会成员选择统治者以及在公共政策形成等方面直接、间接的自愿活动；旨在影响国家或个人组成的集体有意或无意地反对或支持、改变或维护一个政府或团体的某些特征的一切行动。② 格林斯坦和波尔斯比（Fred I. Greenstein，Nelson W. Polsby，1975）提出，公民参与所指涉的是一般平民直接地，或多或少意欲影响政府人事的选择，以及（或者）他们所采取的法律行为；佩特曼认为民主生活中广泛的公民参与有利于培养具有政治敏锐性的公民，使其能够积极主动参与到公共事务之中，从而推动参与型社会的形成；蒲岛郁夫（1989）认为参与主体应该囊括所有公民，不同的政治行为主体与机构可以在同一时间参与到相同或者不同的政策过程中，戴伊（Thomas R. Dye，1991）、米勒

---

① ［德］尤尔根·哈贝马斯：《在事实与规范之间——关于法律和民主法治国的商谈理论》，童世骏译，生活·读书·新知三联书店 2003 年版，第 168 页。
② ［美］帕特里克·J. 孔奇：《政治参与概念如何形成定义》，王胜明、范云萍译，《国外政治学》1989 年第 4 期。

（David Miller，2007）、亨廷顿和纳尔逊（Samuel P. Huntington，Joan Nelson，1997）指出在不同的过程阶段包含着的参与主体，包括政治家、官员等（戴伊，1991）、当选的政治家、政府官员或是普通的公民（米勒，2007），但不包括职业政治人物（亨廷顿、纳尔逊，1997）。罗尔斯（1971）认为公民参与具有程序正义的意蕴，所有公民都应当有平等的权利来参与立宪过程，并决定其结果；登特里维斯（Maurizio Passerin d'Entreves，2002）指出公民参与是民主的希望，是民主政治的本质，科恩（1989）进一步指出民主决策的结果是否公平取决于公民是否能够参与到公共政策过程，以及公民之间是否具有平等的地位。博克斯（Richard C. Box，2005）等将公民参与的方式划分为选举参与、团体参与、公民与政府的接触以及公民实际参与政府决策过程；设计"社区协调委员会""社区公民协商委员会"等组织形式来引导公民参与到社区管理之中。还有学者对公民政策参与障碍进行了研究，指出公民参与政策制定过程并产生预期效果必然会受到诸多因素的影响，如达尔（Robert Alan Dahl，1963）认为公民素养的参差不齐会降低公民参与公共政策的可能性，公民素养不平衡的障碍会导致困境的出现；林德布洛姆（Charles E. Lindblom，1968）认为因为公民意识不足、组织化程度低，作为最大参与者群体的普通公民中每一个单独的个人可能软弱无力，起不了多大的作用。托马斯（John Clayton Thomas，1995）研究了提升公民政策参与能力的途径，如以获取信息为目标的公民参与（公民接触、公民调查）、以增进政策接受性为目标的公民参与（公民会议、咨询委员会）、以增进政府和公民关系的公民参与（培养知情公众、相互学习）以及公民参与的高级形式（共同生产、志愿主义）等，阿斯汀（1969）则提出了"公民参与阶梯理论"以及多种参与形式①。

_____

① 阿斯汀的 8 种参与形式包括政府操控、宣传驾驭、给予信息、政策咨询、组织形成、合作伙伴关系、授予权力、公民自主控制等。

3. 公民有效政策参与的相关文献综述

西方公共政策活动中极少提及公民有序参与的问题，他们所倡导的公民政策参与带有明显的目的性，主要关注公民政策参与技术而非有序性提升。20世纪六七十年代不断走强的"公民参与运动"使学者们开始思考如何在操作层面更好地实现公共政策过程中的公民参与，如本杰明·巴伯（Benjamin Barber，1984）在代议制民主的基础上提出了补充性的替代方案和具体的制度设计，以期将公民参与公共政策过程体现在具体的操作层面上，提高公民参与效能。托马斯（1995）在对公民参与优势进行分析的基础上，提出了公民参与的难题，并设计出有效决策模型，包括关键公众接触、公民大会、咨询委员会、公民调查、协商和斡旋等，增强公民参与的理性和政府控制，从而使公民参与进所有类型的公共决策。英格兰姆和史密斯（Helen Ingram，Steven Rathgeb Smith，1993）从另一种视角探讨公民政策参与对公民权利和民主制度本身所起的作用。他们构想的新民主制度中，政策扮演的角色是在自我管理过程中对公民进行接触、启发和授权，在兼顾政策效率的基础上制定出具体政策，提高公民在民主过程中的地位。克罗斯比和凯利（Ned Crosby，Janet M. kelly，1986）探究公民会议等公民参与的实现路径。

从现有的研究成果可以看出，西方的政治制度、民主范式的发展以及已然成熟的公民社会决定了公民参与的直接性和普遍性，有序性不是他们的考量重点，但研究成果总是隐含着有序和有效的意义。实际上，当学者们更多关注具备一定参与能力和公共理性的公民通过什么方式进入公共政策系统，以及运用何种技术手段让公民进入政策系统分享公共权力的时候，他们就对有序性进行了全面的思考。

（二）国外未来研究趋势

国外的相关研究成果呈现出较为明显的发展脉络：从宏观宽泛的理论研究到具体微观层面的参与实践探索；从政治学领域的研究向行政管理和公共政策领域的扩展；从带有些许乌托邦色彩的理论

建构与制度设计到结合实际情境的可操作性路径设计；从对理论和制度的思考到对人的交往行为和对话机制的观照。从学界的努力探索中可以看出，未来的研究更多地将重点放在以下几个方面：第一，作为公民政策参与理论基础的参与式民主范式是否能够成为代议制民主的替代物；能否超越协商民主。第二，公民政策参与的制度设计虽然明确，但是那些可能存在无序隐患的草根行动大量存在，并已经影响了西方一些国家的社会稳定。如何能够消解源自表达诉求的集体行动所存在的非理性行动。第三，为了保证民意在公共政策中有所体现，需要实现公民政策参与和参与效果之间的平衡，那么，怎样才能达到这一平衡。

二　国内相关文献综述与研究动态

（一）国内相关文献综述

1. 关于"公民参与"的相关文献综述

在中国知网上以"公民参与"和"公众参与"为篇名进行搜索，共有 1998—2019 年的 9263 篇文献，其中 CSSCI 与 CSCD 收录文章 1348 篇，在发表时间上呈现的趋势如图 1-1 所示。

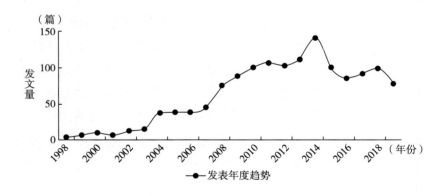

图 1-1　公民（公众）参与研究文章发表趋势

利用 CiteSpace 软件对 1348 篇文献进行聚类分析，关于公民（公众）参与的主要研究领域如图 1-2 所示。

图 1 - 2 公民参与文献关键词共现网络主要聚类图谱

注：运用 CiteSpace 软件，对以"公民参与""公众参与"为主题搜索到的 1348 篇期刊论文进行关键词共现分析和聚类分析，主要参数设置为，以 3 年为单位，将 1998—2019 年的 22 年时间跨度分为 8 个时间片；节点类型选择"关键词"；为保证聚类效果，经过反复调整，设置阈值为（1，3，22）（2，3，25）（2，3，30），形成聚类 155 个，关键词节点 901 个，节点连线 1668 条，模块化聚类 Q 值为 0.9，S 值为 0.7094，关键值节点设为 7。

为了使主要聚类更加清晰，表 1 - 1 对主要聚类和每个聚类中共现频次较高和中心度较高的关键词节点进行了整理。

表 1 - 1　　　　　　　　　主要聚类与关键词节点

所属聚类	聚类标签	主要关键词节点	节点共现频次（次）	节点中心度
#0	公共决策	公共决策	21	0.08
		行政决策	20	0.02
		社会管理	18	0.01
		决策	11	0.06
		机制	10	0.06

续表

所属聚类	聚类标签	主要关键词节点	节点共现频次（次）	节点中心度
#1	中华人民共和国	公民参与	299	0.16
		公共管理	11	0.04
		中华人民共和国	5	0.04
#2	行政法治	信息公开	31	0.13
		公民社会	11	0.04
		民主	9	0.11
		行政法治	5	0.01
#3	公众意见	美国	7	0.03
		公众意见	5	0.02
		公共意见	5	0.02
		环境影响评价公众参与暂行办法	4	0.03
#4	城市规划	公众参与	806	0.08
		城市规划	44	0.18
		环境权	11	0.04
		生态文明	9	0.02
#5	协商民主	协商民主	25	0.06
		直接民主	2	0.04
		合法性危机	1	0
#6	公众参与机制	公众参与机制	12	0.02
		食品安全	10	0.03
		可持续发展	5	0.05
#7	地方政府	公共服务	21	0.04
		地方政府	13	0.09
		政治参与	10	0.01
		绩效评估	9	0.04
#8	环境保护	环境影响评价	40	0.13
		环境保护	39	0.04
		环境治理	15	0
#9	有效性	有效性	17	0.06
		新媒体	7	0.02

所属聚类	聚类标签	主要关键词节点	节点共现频次（次）	节点中心度
#10	公众	公共政策	39	0.02
		公众	8	0.05
#11	土地利用规划	土地利用规划	6	0.03
		制度	5	0.05
		市民社会	3	0.01
#12	公民	公民	8	0
		公民文化	3	0.01
#13	居民委员会	利益相关者	10	0.01
		政治	7	0.07
		居民委员会	2	0.01
		居委会	2	0.01
#14	领域	公共领域	5	0
		财政管理	2	0.01
		领域	2	0.02
#15	民主化	地方立法	8	0.03
		行政民主	6	0.02
		民主化	5	0.06
		群众路线	4	0
#16	一致同意	一致同意	1	0
#17	循环经济	循环经济	5	0.03
#20	规划	影响因素	14	0.01
		对策	7	0.01

注：具体参数设置同图1-2，部分聚类因没有达到10个成员以上被过滤，未能在聚类图谱与标签的图表中有所显示。

在图1-2和表1-1的基础上，结合每个聚类的关键词群落，对相关文献进行二次整理后，得到最终结果为8个主要研究领域，包括与公民参与决策相关的研究、与民意表达相关的研究、与民主和民主化相关的研究、参与主体研究、参与领域的研究、参与机制的研究、绩效评估的研究以及公民参与有效性和有序性的研究等（见表1-2）。

表 1 - 2 公民参与聚类的归类

公民参与决策相关	#0；#2
民意表达相关	#3；#5
民主与民主化	#15；#16
参与主体	#1；#10；#12；#13
参与领域	#4；#8；#11；#14；#17；#20
参与机制	#6
绩效评估	#7
有序性和有效性	#9

注：因为文献具有较强的关联性，所以分类不局限于 CiteSpace 软件进行的聚类分析，笔者根据聚类进行了进一步归类，并根据文献的具体内容又进行了相应的研究方向调整。

其一，与公民参与公共决策相关的研究。不同类型的公共政策需要嵌入不同程度的公民参与（兰燕卓，2012；刘淑妍，2015；郑国，2017），以发挥公民参与的不同作用。公民参与应该放在行政法治的环境下进行（王锡锌，2008；王学辉，2019），行政过程和司法解决过程也要充分引入公众参与（肖世杰，2010）；可以利用新媒体（张欣，2016）形成公众参与行政决策的基本法律（朱海波，2013），要确立"利益相关者"规则，扩大参与者的范围，强化参与权利保障，要健全协商制度，推动组织有序参与（周毅，2012），推进政府信息公开（郑振宇，2014），发挥政务微博的作用（李强彬，2015），加强公民教育，形成依法参与的法治意识（胡斌，2017；刘小康，2017）；加强政府绩效问责机制（方俊，2015），行政机关应以"质量要求"和"可接受性要求"为指标制定权力清单（喻少如，2016），建立民意测评机制、选择性激励机制（王子正，2018）、组织化机制（陈润羊，2017）、保障机制（金华，2013；宋煜萍，2014）以及"退出—呼吁"机制（董新宇，2018）等，并结合大数据技术（曹瀚予，2018），从制度供给和行为规范两个方面探讨促进公众与政府间的良好互动及相关监督制度，培育鼓励公众参与政府绩效问责文化，将有序的公民参与融入决策过程，提高公共决策的科学性。在行政法治领域，公民参与对防止贪污腐败、培育公民社会有着重要的意义（孟凯，2014），能增加行政过程的正当性，提高行政决策的质量（姜明安，2004）；公众参与行政的正当性体现在行政的宗旨与理念应是人民行政更好地为民服务而非单方面的管理（赵银翠，2006；臧荣华，2008）；行政决策中公民参与要与其他决策程序合理配合，达成科学决策和民主决策的平衡（夏金莱，2015；骆梅英，2016）；公众参与是行政民主化发展的必然趋势（晋海，2006；马明华，2012）。这不但满足了公众自我管理、自我决策的诉求，也为公众实现对行政权力的监督与控制提供了一个崭新的方法。另外，在政策过程中引入公民参与是社会管理的一种创新，可以激发社会活力，提高公民参与的积极性（张再生，2012；冯桂林，2013；周建国，2015）。公共决策过程中互联网（王润，2017）、非制度因素、新媒体（张军浩，2012；徐晓日，2014；朱江丽，2017）、专家和政治领袖的观点（刘小魏，2014；陈保中，2018）、社会资本（田昭，2011）、自媒体与政府效能（原新利，2019；宋典，2019）、制度（王建国，2019；孟磊，2019）等多种因素对公民参与会产生影响；信息公开和公民电子参与具有一定的相关性（刘密霞，2015；王立华，2018）。引导公众参与到政府公共服务过程有利于建设人民满意的服务型政府（陈保中，2011）。

其二，与民意表达相关的研究。协商民主在公民理性参与过程中发挥作用（任春晓，2014；阚为，2015）；在后常规科学时代，协商式参与科技决策是一种有效途径（马奔，2015），是分析公民参与的一种视角（杨峰，2015）或一种范式（董石桃、何植民，2014）。公共讨论作为一种议题式的公众参与，能够促使决策部门启动协商对话（陈楚洁，2009）。公民社会中良好有序的沟通表达对于公民参与领域的扩张具有积极作用（杜英歌，2011；董石桃，2014）。

其三，与民主及民主化相关的研究。学者们总结西方民主理论

（苏振华，2005）并对中西方的公民参与进行比较（史春玉，2014；董石桃，2015），通过西方相关理论的适用性分析指出，要基于参与主体的成熟度选择不同的公民参与方式（莫文竞，2012；谭静斌，2014）；注重公众参与，遵循合法程序，尊重程序正当性与主体间共识；在制定法律时贯彻民主原则，使立法内容、程序民主化，以充分反映民情民意（万其刚，1999）。

其四，与参与主体相关的研究。社会主义民主应该具备公民参与的特征和优点，是衡量民主的尺度，是社会和谐的必然要求（汪浩，2005；谭德宇，2008；陈邓海，2014；董石桃，2015），是提高政府执政能力与实现国家治理现代化的有效途径（杨宇立，2002），是公民维护自身利益的重要渠道（李国青，2006）。公民参与在政策过程中非常重要（梁丽萍，2008），尤其在技术场域中（荆筱槐，2007），有利于提高公共政策的民主化、科学化、公正化水平（王建容，2010）。以环境治理为例，公民参与的合理性地位（黄海艳，2006；刘淑妍，2007；江国华，2017）主要体现在，社会公众具有发现环境线索的职能，有利于公众参与环境审计（宋传联，2014）。因此，需要确定行政决策中公众参与主体的范围和相关公众的标准（李国旗，2012）。但是，作为参与主体的公众想要实现参与功能存在一定的困难，如法律制度、经济发展水平和公民自身因素等会导致公民参与层次和参与环节发展不平衡（孙彩红，2018）；公民政策参与范围窄、程度低、成本高（戴雪梅，2006）；公众参与立法具有很强的复杂性（张帆，2013）。政府部门需要科学地引导公众的积极参与（杨逐原，2018）；可以采用公民调查、公民会议、听证会、专家咨询、网络参与等八种主要形式（王建容，2010），并从公众的参与权保障、政府信息公开以及社会组织管理三个层面进行制度完善（朱兵强，2015）。公民参与要与地方人大监督同步（孙彩红，2018；王建国，2019）；需要进行公民参与公共政策的制度化建设，强调公共利益与公共意识的驱动作用（金霞，2016）。倡导培育具有责任和参与意识的主动公民（李俊卿，2012），以及通过公民文化与制度文化价值的融通强化公民参与（教军章，2014）。

其五，关于公民参与领域的研究。

第一，公民参与城市规划。公民参与是化解城市规划合法性危机的根本出路（张继刚，2000；郭建，2007）；公众在城市规划中扮演自身利益代表者、规划过程参与者和监督者等角色（吴晓军，2011）。目前，我国在推进公众参与城市规划方面存在障碍（唐文跃，2002；郝娟，2007；杨静，2011）。通过比较研究（王郁，2009；刘嘉茵，2014；韦飚，2015），学者们指出提高公众参与的有效性是平衡与缓解城市规划中的效率与公平矛盾、改善城市规划编制与决策绩效的有效途径，要将计算机仿真与虚拟现实技术（罗鹏飞，2012）和 GIS（张峰，2002）运用于城市规划发展目标和方案优选方面。为了解决规划失灵问题，应加强构建公众参与城市规划的司法保障（生青杰，2006）。以元管治为理论基础建立我国城市规划的公众参与组织形式和保障机制（罗小龙，2002）。

第二，公民参与环境与生态政策。公众参与保护环境非常必要（戴京，2008；石磊，2011；李婧，2012；郝亮，2017），环境公众参与机制是解决环境问题的重要途径（常杪，2011；田瑶，2013；王雪梅，2014；李雅萍，2014），有利于环境综合治理（涂正革，2018），推进生态经济区生态文明建设的发展（梅国平，2013），以及推动城市转型、农村发展、促进国家能源安全和社会经济的持续发展（陈洁莲，2009；邹兵，2011；陈润羊，2013）。环境权益是环境保护公众参与的权利基础（侯小伏，2004；卓光俊；2011；汪劲，2014），需要基于环境正义维护环境治理中的公民参与的合法性地位（胡中华，2011），并通过社会权利的可司法化赋予公民环境权（卓光俊，2011；冯春萍，2013），强调建立公众的知情权、参与权、请求权体系，并在 PPP 模式中建构实现环境公众参与的途径（庄国敏，2017）。环保公众参与行为的不同会导致环境质量的影响程度不同（王旎，2009；陈昕，2010；张瑞，2010；朱海伦，

2014；张晓杰，2017；朱作鑫，2016；苏时鹏，2018），如果缺乏环境公益诉讼制度，将直接影响环保立法目的的实现和公众参与的主动性（李扬勇，2007）。对于产业转移中破坏生态环境的现象，需要广泛的公众参与来制定、落实环保政策，尤其是通过网络的参与（任雪萍，2018）。此外，公众在环境影响评价中具有重要作用（李艳芳，2004；杨凌雁，2009；徐伟，2013）。公众参与原则是我国环境法中一项不可或缺的基本原则和重要理念，但公众参与环境影响评价还存在着参与主体范围窄、参与时间滞后等缺陷（柴西龙，2005），需要合理的制度框架和技术方法（张建文，2003；田丽丽，2007），确定公众参与主体，利用社会组织（高海珍，2018）建立完善的信息公开制度，提高公众参与环境影响评价有效性（王斌，2005；李菲，2016），嵌入云管理理念（胡震云，2013），从决策、执行、监督等环节予以完善（秦鹏，2016）。在生态文明建设中，公众参与同样非常重要（付军，2010；郇庆治，2013；秦书生，2014；王越，2013；郭世平，2014）。

第三，公民参与土地利用规划。在土地利用规划中建立公众参与制度具有一定的必要性和重要性（赵哲远，2005）。公众参与是国际土地利用规划的一个基本原则（陈美球，2008），对于提高土地利用规划的科学性和实施的可行性具有积极作用（邓红蒂，2005；张晓平，2010），但是需要完善土地利用规划公众参与制度（冯文利，2003）。

第四，公众参与循环经济。发展循环经济必须由政府、企业和社会公众在明确各自的地位和作用的前提下共同推动（周国富，2005；李冬，2005），要通过制度创设和法治保障（马芳，2014）来引导公众有效、有序的参与，从而提升环境意识社会化（花明，2007；刘鹏崇，2009；侯玉花，2010）。从环境公众参与、教育制度设计公众参与、风险规制公众参与等方面建立相关机制，促进公众主动参与的积极性（刘超，2013；缪文升，2013；张恩典，2018）。

第五，公众参与食品安全领域。有效的公众参与是食品安全治理的民主与公正基础（王虹，2017）。公众在食品安全中的参与权及公众参与主体的相关法律界定，有助于公众深入参与我国食品安全社会共治（李洪峰，2016）。但我国食品安全公众参与存在制度困境（周游，2011），政府应提供必要措施和制度来实现公众参与食品安全监管的有效性（周早弘，2009）；打破传统食品安全治理模式（王莹，2014），以公共治理理论为基础完善公众参与食品监管体制机制的途径（邓达奇，2017），确保公众参与的有序性和有效性，从而推进食品安全的有效治理（唐文娟，2016；许玉镇，2018）。

第六，公众参与价格和预算决算领域。公众理应参与公共价格决策过程（朱国玮，2005）以及财政管理。公众意见是预算决算的重要依据，预算决算需接受公众监督（许晓明，2004；张献勇，2008；王雍君，2010）。

其六，参与机制的研究。公民参与从政治参与话语中脱离后，主要围绕着公民参与动力、政府回应、议题场域、参与路径、参与效果等方面展开（朱德米，2009）。有学者基于冲突性与治理嵌入性两个维度构建我国环境领域公众参与模式的整体性分析框架，并结合具体案例分别对四种公众参与模式进行形成机理与表现形式、政府行动逻辑与原因，以及参与效果分析三个方面的分析（张金阁，2018）。也有学者从个人、社会和公共管理等多层面分析了公民参与的价值和影响，阐述了公民参与的机制和途径（党秀云，2003），对公众参与基础设施项目、公共性遗产资源保护、文化遗产保护、节能行为、我国大型体育赛事微博、自然灾害应急救助的影响因素进行了分析（黄海艳，2006；王华，2009；张国超，2012；马立强，2012；许彩明，2015）。他们或尝试构建公众参与意愿影响因素的概念模型，分析社会稳定风险评估公众参与意愿的影响因素，提出自我效能感的影响作用更大（朱正威，2014；吕彦昭，2017；陈迎欣，2018），或基于扎根理论构建影响因素理论框架，分析公众参与政务微博意愿的核心影响因素，其中外部环境和公众因素具有直接正向影响，政府和媒介因素具有间接影响（彭勃，2017）；或基于计划行为理论采取路径分析的方法，得出公众的价值认知、参与态度等都会对公众参与意愿产生影响（贾鼎，2018）。另外，有学者在政府对公众的信任问题方面构建了"三维度影响因素—政府对公众的信任—政府支持公众参与"的结构模型，来解释政府对公众信任的影响因子，并进一步探究政府对公众信任的中介作用（曾婧婧，2017）。事实上，公民参与需要完善公众参与环境保护机制（史玉成，2005；虞伟，2014），制定公众参与环境保护的法律机制（邓庭辉，2004；郭姗姗，2008；邓小云，2010；黄云，2011；罗俊杰，2015），完善健全相关制度保障体系和廉政建设（李和中，2012；李传军，2014）、教育等领域的公民参与机制（王丽，2011；王彬辉，2014）。

其七，关于公民参与绩效评估的研究。公众参与政府绩效评估是公民行使民主权利的基本路径之一，是中国地方政府绩效评估的重要组成部分，其实质是通过参与来监督政府（许晓明，2004；张献勇，2008；王雍君，2010）。公众参与有助于维护政府绩效评估的公平价值和责任导向（王佳纬，2008；郭庆松，2009；毛寿龙，2011），但是主观障碍、效能低下等因素会影响公众参与政府绩效评估机制的科学性、有效性。因此，需要进一步完善公众参与机制，理性看待和合理引入公众评价（郭庆松，2009；杨晶晶，2009；关云芝，2011；高洪贵，2015）。此外，政府干部考评中的公众参与与绩效提高有关，能够推动国家治理体系和治理能力现代化（刘正妙，2017）。

其八，有关有序性与有效性的研究。部分学者提出从各个层次、各个领域扩大公民有序政治参与（王鹏，2008）、提升治理效率（韩志明，2016）。基于有效公民参与视角和新媒体快速发展的背景，地方政府公共决策机制健全和完善的关键是确立与公民分享决策权的理念，要采取措施规范公民的决策参与行为，保障公民参与的有效性（姚德超，2013）。当前国内公民参与存在很多问题（肖哲、魏姝，2019），如中国公民对新媒体的认知不充分（薛可，2014；夏琼，2015）；组织参与行为有较高的政治倾向。其中，中产阶层群体虽然不倾向于参与政治，但他们乐于参与各种非政治类公民活动（王新松，2015；高海珍，2018）。公民政策参与的有效性受到很多因素影响（孙柏瑛，2005；王青斌，2012）。公众意见表达的方式与有效性相关（朱谦，2012），参与成本与参与程度之间也存在关联性（李维维，2018），公众参与目标设置和利益相关者对决策也产生一定的影响（张佳，2014），政府动员下的公众参与的有效性不一定低于自动自发的公众参与的有效性（许文文，2018）。有学者从三个维度构建了预算过程的公民参与有效性初步分析框架，并在三个维度下鉴别出影响参与有效性的关键因素（江月，2012），甚至建立了有效性度量模型，为以公众参与方式收集的兴趣点数据的有效性提供了切实可行的评判方法（李霖，2015）。新媒体使公众参与社会治理成为可持续发展的动态实践（李阳，2019），公众通过新媒体参与环境治理的效果显著，优于传统参与渠道，且网络搜索的效果最佳（张橦，2018）。以 Web2.0 为技术支撑的新媒体影响了行政生态环境，为公民参与政府管理带来了正向作用（孙彩红，2012）。但是，公众受网络舆论价值观的影响较大，其效果无法取代传统的现场规划公众参与（邓昭华，2014）。为了提升参与的效果，需要将公众参与的"应然"与"实然"相结合（赵刚印，2006），遵循一些基本管理原则（赵闯，2019），强化公民参与的责任意识（席佳铭，2003），鼓励第三方参与（吴祖泉，2014）；发挥组织力量（谢雪梅，2003）、转变思想观念、完善法律法规、建立开放的政策制定模式（徐元善，2009）、塑造文化、建立沟通的机制、健全参与渠道（孙枝俏，2007；白德全，2008；官灵芳，2009；姜国兵，2010）、建立回应机制、完善评判机制（应巧艳，2011），科学引导公众有序政治参与（李春梅，2018）。有效的参与对决策和立法的具体环节发挥积极作用并产生实际影响（叶大凤，2014；崔浩，2015）。

2. 与公民有序参与相关的文献研究

进一步聚焦"公民有序政策参与"问题，进行二次聚类分析，得到图 1 – 3。需要说明的是，公民有序政策参与是发生在政策子系统中的活动，政策子系统又被包含在政治系统之内，"政治参与"与"政策参与"显现出极强的关联性，有些学者虽然使用"政治参与"的用法，行文意指政策议题领域，无法严格加以区分。因此，文献中会出现政策参与和政治参与并用的情况。

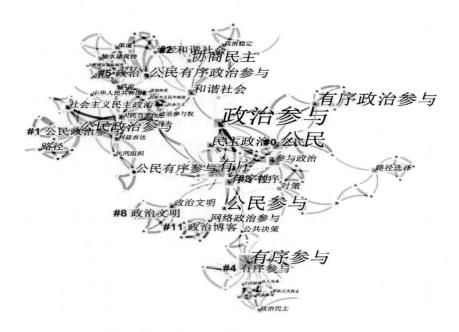

图 1 – 3　公民有序参与文献关键词共现网络主要聚类图谱

注：运用 CiteSpace 软件，对以"公民""有序""参与"为主题搜索到的 255 篇期刊论文进行关键词共现分析和聚类分析，主要参数设置为：以 3 年为单位，将 1998—2019 年的 22 年时间跨度分为 8 个时间片；节点类型选择"关键词"；为保证聚类效果，经过反复调整，设置阈值为（1，2，30）（2，2，30）（2，3，30），形成聚类 37 个，关键词节点 226 个，节点连线 469 条，模块化聚类 Q 值为 0.8552，S 值为 0.7712，关键值节点设为 5。

同样，对图谱进行梳理后，通过表 1 – 3 呈现其主要聚类以及每个聚类中共现频次较高和中心度较高的关键词节点。

表 1 – 3　　　　　　　　主要聚类与关键词节点

所属聚类	聚类标签	主要关键词节点	节点共现频次	节点中心度
#0	公民	政治参与	84	0.28
		公民	46	0.14
		有序政治参与	25	0.04
		民主政治	9	0.08
		参与政治	4	0.07
#1	公民政治参与	公民政治参与	11	0.1
		路径	5	0.01
		社会主义民主政治	4	0.03
#2	和谐社会	协商民主	13	0.03
		和谐社会	7	0.19
		途径	4	0.01
#3	有序	公民参与	26	0.17
		有序	16	0.32
		有序性	7	0.09
		公民有序参与	7	0.09
		对策	4	0.05
#4	有序参与	有序参与	23	0.18
#5	政治	公民有序政治参与	10	0.07
#8	政治文明	政治文明	4	0.06
#11	政治博客	网络政治参与	5	0.04
		公共决策	3	0.06

注：具体参数设置同图 1 – 3，部分聚类因没有达到 10 个成员以上被过滤，未能在聚类图谱与标签的图表中有所显示。

通过聚类图谱和二次文献分析可以看出，现有"公民有序政策参与"的文献主要聚焦和谐社会背景与社会主义制度下的公民有序政治参与（包括#0；#1；#2；#5；#8）、对有序性的论证（#3；#4）以及有序参与的手段与条件（#11）等。

其一，关于和谐社会背景与社会主义制度下公民有序政治参与的研究。社会主义制度（魏芙蓉，2005；唐绍洪，2005；杨绍华，2008；周敏凯，2010）对公民有序政治参与意义重大，与民主政治的本质相契合（刘旺洪，2013；金霞，2017），而公民政策有序参与与和谐社会建设也相互契合（魏星河，2006；张健，2006；蔡娟，2008；章舜钦，2008）。改革开放以来的政治参与现状（王明生，2011）表明，公民政治参与的价值（殷峰，2010；伍俊斌，2012）与主体（吴太胜，2010；陈泷，2015）等内涵已经清晰，创新政府治理思维、积极引导公民参与、完善权力监督约束机制、实行协商民主等都是提升公民政治参与度的有效策略（叶国平，2008；丰海英，2010；宋连胜，2015），能够切实推进公民有序政治参与。扩大公民自觉有序的参与政治需要完善相关的听证、选举、参与制度，以提高公民的参与合法性（陈雁飞，2004；洪向华，2009），还要为公民的政治参与提供相应的制度安排（王维国，2008；韩广富，2015；韩旭，2018），用良好的政策设计和协商民主（高伟，2013；汤啸天，2014）来确保参与的有序性（周柏春，2011；唐晓英，2012）。

其二，对公民政策参与、政治参与有序性的论证。

第一，有序性的界定。虽因立场、观念等差异，学者们对参与的"有序"有着不同的解读，但有序的公民参与已经成为一种共识（孙柏瑛，2009）。认同、秩序和理性等要素是公民有序政治参与的必要构成，民主和正义是价值基础（魏星河，2007），政治参与的组织性与公民政治参与有序性密切相关（刘昌雄，1998）。

第二，有序性的功能。公民有序政治参与是化解社会矛盾的一剂良药（郝丽，2015），是使公共政策制定达成集体行动一致的基础（魏娜、张小进，2010），扩大公民的有序政治参与是发展社会主义民主的有效途径（唐绍洪、刘屹，2005；蔡娟，2008）。有序性能够平静无条件参与下大众民主的喧器，弱化公共讨论中对政策议题的过滤，使参与主体之间力量趋于均衡，改善公民对网络的过分依赖，对参与效果评估不足的问题有了考量，能够使政治文化更加包容，公共精神得到进一步给养，对社会资本也能起到增强效用（张宇，2016）。此外，政策制定、政府绩效考评中的公民有序参与具有重要意义，能健全相关规章制度并提升政府公共服务能力（刘正妙，2017），增加政府与公民之间的信任度，提高政府危机管理能力（万朝珠，2012；刘桂莉，2012）。

第三，关于影响公民参与"有序"的因素。公民政治参与受到内外因素的影响（崔华前，2008；覃敏健，2009；徐志达，2013），包括网络环境、大众媒体、公民不同的政治参与驱动因素及其基本变化特征、参与自系统和参与他系统内的因素、群际特征等（岳彬，2006；王春婷、傅广宛，2011；邵海军，2012；金太军、周义程，2014；叶战备、张凯丽，2016）。

第四，关于实现"有序"的路径。扩大公民参与的有序性必须建立在"有序"和"理性"基础上，其实质就是实现社会主义民主的制度化、法律化和程序化（杨爱民，2004）。政府在实现公民有序参与中占据重要地位（刘玉芝，2011）。要扩大公民有序政治参与，就要提升参与的层次，畅通现有的制度化参与途径，开辟新的参与途径和创新参与形式（王维国，2008）。有序性的提升需要法律、制度、渠道、领导人适度的引导等多种因素来共同保证（张喜红，2004；韦朋余，2006）。面对公民有序参与的不同语境，要针对差异和分歧建立有效的对话、冲突化解与分歧协商机制，增加公民参与的机会，促进公民参与过程中的官民互动、相互理解和共同体验与学习，并加强政府及行政官员与公民角色的彼此认同（孙柏瑛，2009），或通过政治参与作为政治权利与政治权力的路径这种双重视角扩大公民有序政治参与（肖滨、方木欢，2017）。此外，培育公共精神，培养多元治理的社会文化、构建制度化通道等方式都可以提高公民政治参与的有序性（高振岗，2008；戴均，2017）。因此，要促进政府职能的根本转变，拓宽参与渠道，以组织化的形式鼓励公民参与政治活动，同时也要搭建信息交互平台和网络途径，完善相关的保障制度（韩承敏，2011；李敬德，2016；张紧跟，2017）和法律规范（徐晓霞，2015）。

第五，有序参与的手段与条件。公民参与的有序性要求在党的领导下，以高起点、依法、秩序、程序、适度、合理手段为基本特征（朱贵平，2005）来实现。行政法规是参与的制度环境（王春婷，2011），大众媒体是参与的文化环境（金太军，2014），网络空间公共领域（顾丽梅，2013）、民间组织（魏星河，2007）是参与的重要载体。网络政治参与能将公民的"意见流"和"行为流"有效放大，但是当代大学生网络政治参与的广度、深度和规范化均有所欠缺（张铤，2015），有序性和规范的监管方式也明显不足（谢新洲，2013；韩国立，2014；吴洁，2019）。信息公开是公众有序参与公共决策的前提（李朝智，2012），在政治博客等平台实行"注册参与"的实名制参与方式能在很大程度上保证网络参与的有序性（李斌，2008）。

实际上，这些聚类标签和高频词之间不是孤立的，它们相互联系，相互影响（见图1-4）。

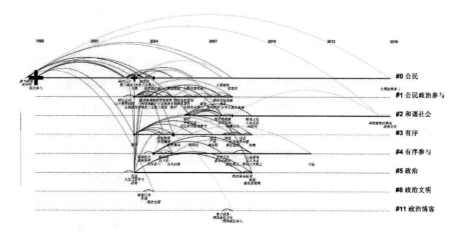

图1-4 公民有序参与文献关键词共现网络脉络图谱

注：具体参数设置同图1-3，2017—2019年的相关研究未满足（1，2，30）（2，2，30）（2，3，30）的阈值设定，因此时间线图谱未能显示出2016年之后的研究趋势。

（二）国内未来研究趋势

目前国内相关研究已经逐渐从政治参与、公民参与过渡到公民政策参与、公民有序政策参与、公民政策参与的有序性、公民政策参与的有效性，显现出研究者在现实语境下对民生政策优化和美好生活实现途径的研究目标。学科跨度涉及政治学、公共行政学、经济学、环境管理学、统计学、计算机科学等，体现出较强的综合性特征。研究方法从规范性理论分析向实证研究以及混合研究方法转变，表明了学界从宏观观照落脚到中观和微观世界，寻找可操作性路径的期望。研究内容初始主要是合法性论证和理论建构；后开始借鉴西方参与民主理论和研究结果进行理论修正和本土化分析框架建构，对中国语境下的公民政策参与的案例进行剖析，对具有中国特色的公民政策参与提供解释。目前研究重点更多放在网络条件成熟、新媒体环境到来、大数据技术推广、社会心理多变、人工智能发展等复杂情境中，致力于实现更有效的公民政策参与。在研究过程中，"序"与"有效性"的关联已经显现，但目前关于"有序"的研究还多处在倡导阶段，尚缺乏操作性较强的路径设计来解决公民参与的无序、非理性、不足以及过度参与等问题。未来需要在如下几个方面进行更为深入的研究：其一，将宽泛的公民参与研究根植于重大民生决策过程之中，探究如何使公民的参与行为更加有序有效。其二，厘清公民参与有序性的合理构成，把制度分析、行为分析和环境分析结合起来，使提升公民政策参与有序性的路径研究建立在规范性分析框架上。其三，基于实证和归因分析，探究提升我国公民政策参与有序性的达成路径。

第三节　研究方法与思路

一　研究方法

本书是跨学科的综合性研究，融合了政治学、行政学、政策学、管理学和社会心理学等多学科的知识和理论，采用定性和定量相结合的方法。

（一）文献分析法

文献分析法是通过对搜集到的现存文献进行整理、归纳和分析来探讨和分析研究对象的行为、关系和特征等的研究方式，是理论推导和演绎的基础。任何一项研究都必须使用这种方法。本书运用文献分析法主要对国内外研究成果进行回顾和总结，形成本书的理论支撑，并为公民政策参与有序性的规范性构成提供参考。主要资料来源是国家和地方的政策法规、期刊论文、著作和研究报告等。

（二）实证研究方法

1. 案例研究法

本书通过对我国东、中、西部地区典型案例的观察与研究，透视了公民政策参与有序性的现实状况，剖析出公民政策参与有序性减损的原因，为进一步进行路径设计提供基础。

2. 焦点团体访谈法

焦点团体访谈是由经过训练的主持人以一种无结构、自然的形式与一个小组具有代表性的受访对象就相关问题进行的深入了解。本书选择一些公民政策参与行动的利益相关人，根据同质性标准形成几个受访小组，编制开放式和半开放式访谈提纲，以获取更为详细的各方观点和案例材料。

（三）行为主义分析方法

行为主义分析方法以政治行为和行为互动为研究对象，注重实然的描述性分析，主张对政治现象进行多角度、多层次的研究。本书采用行为主义分析方法考量公民政策参与的情境要素与公民政策参与行为的互动结果，指出有序的公民政策参与行动与中国现实情境的互动产生的解题意蕴；对公民政策参与的现实行为进行分析，并从政治心理层面进行归因，在有序性目标分解的基础上找出提升公民政策参与有序性的行为引导方案。

（四）制度分析法

制度分析法是以"制度"作为研究的焦点，是 20 世纪 90 年代之后兴起的一种分析视角或框架，是人们通过实施发现存在的深层次问题的一种方法论，主要研究结构性制约因素通过互动如何对个体行为和国家政策产生影响，以及这种结构性制约因素本身如何形成和变化的问题。本书的"制度"采用新制度主义解释，即研究对个体行为产生影响的结构性制约因素[①]，具体涉及公民政策参与的横向制度和纵向制度、正式制度和非正式制度，及其对公民参与行为的影响，以及如何在有序性的规范性建构和路径设计部分加以应用，力图从价值、组织、历史、社会、权力诸方面找出契合集体行动有序性提升的制度安排。

二　研究思路

公民政策参与的无序状态影响了公民参与的效果。为了使公民参与主动、积极、有效，需要提升公民政策参与的有序性。本书围绕公民政策参与的有序性构成展开研究，通过现实透视和归因，力图寻求提升公民政策参与有序性的路径。具体而言，研究首先以集体行动理论和公共治理理论为理论基础；然后根据中国公民政策参与的现实，按照宏观—微观—中观的治理框架，从宏观法律制度设计—微观政策议题讨论—中观情境契合的逻辑，提出合法性、合规则性与合情境性是构成中国公民政策参与有序性的规范性要素，并通过不同的子要素进行支撑；继而，论证建构起来的公民政策参与有序性对中国公民政策参与过程中的现实困境所具有的解题意蕴主要在于应对复杂社会情境、破解大众民主喧嚣和增加社会资本存量等方面；随后，又通过公民无序政策参与的案例分析造成有序性不足的原因，同时也对建构起来的公民政策参与的有序性进行了验证，证明了公民政策参与有序性的建构对公民政策参与现实的分析

---

① ［韩］河连燮：《制度分析：理论与争议》，李秀峰、柴宝勇译，中国人民大学出版社 2014 年版，"序言"。

功能；最后，以前述分析为基础，演绎和推断出未来进一步提升公民政策参与有序性的路径在于通过制度和技术增加有序性内存、强化有序的参与行为使之持续性发生，以及使社会充分释放原有的公共能量，推动公民政策意见的聚合，进而使公民成为新时代"共建、共治、共享"格局中举足轻重的一个主体，在美好生活的实现过程中发挥实效（研究思路见图1－5）。

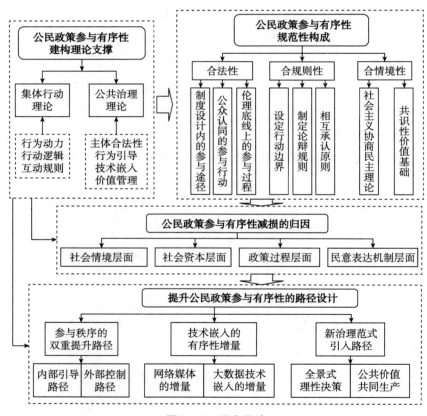

图1－5 研究思路

第四节 研究的主要内容

随着公民政策参与的热情高涨，民意已经自下而上地进入公共政策子系统，但是因为公民政策参与的动机各异、理性程度不足、能力不够等问题，导致了公民政策参与常常出现行为上的偏差，呈现出一定的无序状态，导致公民政策参与行动与结果的不匹配，没有真正发挥公民政策参与的功能和作用。事实上，有序的公民政策参与才能导致有效的政策结果。规范界定公民政策参与的有序性，以有序性规范公民政策参与行为，通过内外结合，从宏观到微观，结合中观治理，构建从制度、行为到环境生态的治理路径，提升政策参与效能，能够从根本上实现从政策参与到有效政策参与的转变。

本书的具体内容安排如下。

第一章是导论。包括问题的缘起、相关文献综述及未来研究趋势、研究方法与研究思路、研究的主要内容等。

第二章是公民政策参与有序性建构的理论支撑。主要包括集体行动理论，为公民政策有序参与的行为动力、行动逻辑和互动规则提供借鉴；公共治理理论，其中的多元主体合作、元治理、网络化治理和数据治理以及公共价值管理的理论，为公民作为政策主体之一的合法性提供论证，在行为引导、技术嵌入和价值管理等层面为公民政策参与有序性建构提供了一些新的思路和警醒。

第三章是公民政策参与有序性的规范性构成。根据宏观—微观—中观的框架，从合法性—合规则性—合情境性三个层面进行界定，其中合法性主要包括制度设计内的参与途径，是合法性的一个体现；公众认同的参与行动，是一种心理接受层面的合法性，也是以民众为中心的政策制定的具体体现；公共伦理底线上的参与过程是为公民政策参与的行为设定了一个最低底线，一旦突破就会造成社会状态失衡或公共治理的损坏。合规则性是在议题场域内的合规则性，是具体政策活动中进行议题讨论时需要遵从的规则，包括设定参与行动边界、制定论辩规则和公共讨论中的相互承认原则，这种规则的设计主要是避免"多数人暴政"或"沉默的螺旋"造成的公共偏好的伪装，使所有的政策参与者都能够通过公平、公正的平台进行表达。合情境性主要是为公民政策参与行为设定外部边界，一国的国情是这个国家的公共政策基本环境，公民所有的政策参与行动都需要与这个国家的国情相契合，因此，在中国语境中，公民政策参与行动必须以社会主义协商民主理论为指导，以达成共识的价值基础为内在信念，社会主义核心价值观正是一种共识性的价值基础。这种合情境性也构成了公民政策参与有序性的外部规范机制。

第四章是公民政策参与有序性减损的归因。主要包括宏观社会情境的不确定性和复杂性、社会资本存量的不足、民主参与制度设计不完善、集体行动规则模糊以及公共价值生产非合作性等。

第五章是提升公民政策参与有序性的路径设计。主要包括从制度和技术层面增强公民政策参与有序性的路径；通过规范化政策协商（重复性强化训练）和使政策反馈显性化（结果感知性强化训练）的方式强化公民有序的政策参与行为；以及通过寻求意见聚合动因触发机制和公民理性参与能力培育机制两个方面改变公民的内在参与心理过程，将其外化于形。这三种路径相互结合，可以从宏观到微观、从内部激励到外部规范、从制度到行为，全方位地提升公民政策参与的有序性，改变中国公民政策参与热情、能力滞后于民主社会需求的情景。

第二章　公民政策参与有序性
建构的理论支撑

从逻辑上来说，理论对实践而言具有相当的优势，实践活动的独立性总是相对的，它依附于理论，是理论的延伸或投射。尽管理论肯定实践的首要性，但理论的基础性与指导性作用是不容忽视的。理论研究指导着公民政策参与的实践，其理论成果的演进也使公民政策参与从对参与范围的强调转向对参与结果的强调。由此，从制度和行为的层面寻求"有序"的理论支撑成为公民政策参与研究的新切入点。研究表明，公民有序参与政策过程的理论依据主要来自集体行动理论的影响以及治理理论的主流化，其中，对集体行动理论的梳理是对公民政策参与动力要素的挖掘；对治理理论的观照是对公民政策参与秩序的回应。

第一节　集体行动理论

一　集体行动理论的流变

（一）集体行动的心理过程研究（20 世纪 70 年代之前）

20 世纪 60 年代之前，早期集体行动研究者假设行动参与者是非理性的，着重强调了不满情绪、怨恨等心理因素对集体行动的重要影响，主要代表性研究包括勒庞（Gustave Le Bon）、布鲁默（Hebert Blumer）、格尔（Ted Robert Gurr）等人的集体行动心理机制。20 世纪 60 年代，斯梅尔赛（Neil Joseph Smelser）提出了集体行动生成机理，用"价值累加理论"解释了集体行动的发生是人们在受到威胁、感到紧张等压力状况下，为了改变自己的处境而做出的回应。

1. 集体行动的非理性心理动因

勒庞认为，集体行动是非理性心理的产物。传统的宗教、政治及社会信仰的毁灭和技术发明给工业生产带来了巨变，引发传统社会向现代社会的转型，人类开始进入了一个群体的时代。在他看来，群体"可以让一个守财奴变得挥霍无度，把怀疑论者改造成信徒，把老实人变成罪犯，把懦夫变成豪杰"[1]，就算没有受到任何外力的强制，个人也会受到"集体潜意识"机制的作用，不由自主地失去自我意识，因为个人参与到群体之后会出现明显的从众心理。群体具有一种简单化的思维方式，容易产生教条主义、偏执等倾向，喜欢将十分复杂的问题转化为口号式的简单观念，容易生成群情激奋的氛围，那些约束个人的道德和社会机制在狂热的群体中会失去效力。在异质性群体中，责任感的消亡会使个体摆脱卑微无能之感，却生成残忍、短暂、巨大的能量。那些习惯于推理、逻辑论证或公共论辩的人在群体中往往是没有地位的，甚至会被社会共同体边缘化。在这种情形下，放弃理性的个人立场会成为最好的选择，无论是主动的，抑或是被动的。勒庞相信，群体的形成一般都是为了某些简单而明确的信仰，如爱国主义、民族荣誉或集体前途，否则群体的形成在历史变迁中就会显得无意义。因此，群体心理中也不乏会产生极其崇高的献身精神与不计名利的行为，远远超越日常利益诉求，而孤独的个体绝做不到这一点。因此，集体行动在勒庞看来是一种"群体灵魂运作"。在论述领袖与群体的互动关系时，勒庞提出群体心理特质为领袖提供了更多的操作空间。领袖在很大程度上能够改变甚至

———————

① ［法］古斯塔夫·勒庞：《乌合之众》，冯克利译，中央编译出版社 2005 年版，第 14 页。

制造群体意志，夸大其词、言之凿凿、不断重复是他们经常使用的手段。

勒庞对群体心理的分析具有反理性主义的立场，对人的理性有着深刻的不信任。他认为对历史事实最细致的观察证明了社会组织像一切生命有机体一样复杂，并不具备人们所想象的智力。这在一定程度上佐证了 20 世纪公众参与勃兴后的人类政治命运，意味着裹挟着民主观念的集体行动存在的巨大危险，因为"大众民主的目的……完全为平等的精神所左右……对自由没有表现出丝毫的尊重"①。勒庞对于集体行动和群体心理的超意识形态思想对后来的哈耶克（Friedrich August Hayek）、熊彼特（Joseph Alois Schumpeter）、阿伦特和弗洛姆（Erich Fromm）等人有着深刻的影响。他们都重视集体行动中的过度服从、单一趣味、大众反叛、群体文化、自我受支配行为以及人的自我异化、官僚化、依赖领袖以及无意识社会行为等。但是，勒庞忽略了群体成员之间建立感情联系的动机，也没有认识到群体中"感情传染"和易受暗示背后的人性本能。他既没有论证出人们聚在一起形成团体的原因，也没有看到群体的矛盾和理想化倾向的心理机制。在提出群体缺乏感情约束以及没有谋定而后动能力的时候，他的理论明显缺乏社会心理学的理据，在集体行动方法论支撑上有所不足。

同期，布鲁默从社会结构的角度提出集体行动起源于社会变迁所引起的不安情绪。格尔则认为，人们采取集体行动的原因是"相对剥夺感"的存在，其中隐含的假设是：每个参加集体行动的人都有着相像的相对剥夺感，相对剥夺感的严重程度与人们的破坏性成正比。

2. 集体行为的生成机理

斯梅尔赛认为，如果人们实际遭遇到或感觉到权益或机会被剥

---

① Le Bon, *The Psychology of Revolution*, London: Allen & Unwin, 1913, Book 1, Part 3, Chapter 1, sect. 3.

夺，那么他们将会产生参加社会运动的动机。他赞同韦伯的观点："文化价值观……不仅会影响人们的经济性行为，也会影响其他的行为和社会结构。"① 他对行为的社会方面，即个人之间、群体之间和制度之间的行为感兴趣，主张可以从群体和社会结构两个方面研究社会意义上的行为，因此直接聚焦从集体行为到社会行动的转换逻辑。斯梅尔赛把集体行动界定为社会行动基础上的动员，最基本的形式包括痛苦与敌意的爆发；由各种不同的信念（对情势的估计、愿望或期待）引发，且这些信念通常与那些超自然的力量有关，包括相信存在威胁、阴谋等特别的力量，以及判断社会行动一旦成功则会带来预想不到的结果。他认为集体行为的形成是应对那些尚不明确或未经结构化的情境，属于文化性行为，而不是制度性行为，如果用制度化的程度来辨识集体行为，则无法描述出其真正的特征。② 他并不赞同群体心理的非理性特征，认为集体行动的参与者是理性的，且以此假设为基础解释了集体行为的产生机制，即人们在受到威胁、紧张等压力状态下，为了改变自身的处境会采取集体行动。他不主张将集体行动看成一种"例外"或"噪声"，而是有自己的功能，在生产反制机制的同时，有可能成为摆脱社会不合理制度的动因，进而构成社会进步的契机。

斯梅尔赛对集体行为的分类建立在社会行动的类型划分基础上。他把社会行动的基本要素分为：（1）价值，或合法性的一般性来源；（2）规范，或互动的规则性标准；（3）在角色和集体层面动员个人产生参与有组织行动的动机；（4）在追求固定目标过程中的环境性设施，或信息、技能、工具与障碍物。由此衍生出集体行动的类型分别为：（1）价值导向的集体行动，源自对价值重构的普遍信

---

① ［美］罗伯特·N. 贝拉：《对亚洲似新教伦理的反思》，《社会问题杂志》1953年第1期。

② Neil J. Smelser, *Theory of Collective Behavior*, New York: The Free Press, Macmillan Company, 1962, p. 8.

念的想象；（2）规范导向的集体行动，源自重新制定规范的期望；
（3）敌意的爆发源自人们普遍相信要将某些代理人不希望看到的情
况进行责任分担；（4）狂躁和痛苦是以广义的环境性设施为基础
的行为模式。① 此外，他借助经济学"增值逻辑"，创造性地提出
了"价值累加论"。他提出，有聚合的物理场所可能性是集体行
动发生的环境性因素；经济状况、自然条件、社会地位等的变化
是集体行动的结构性因素；普遍情绪或共同信念的形成是集体行
动的信念化因素；人们之间的怀疑与不安是集体行动的诱发性因
素；信息传递与个体感受到的压力是集体行动的动员性因素；社
会控制能力下降是集体行动发生的动力性因素。这些集体行动生
成的影响要素之间呈现出逐层累加的关系，它们需要相互结合在
一起，且在具备前一因素的基础上，后一因素方能起到生成集体
行动的作用，一旦上述六个影响因素都具备了，集体行动就很难
避免。这一理论在一定程度上解释了一段集体行动为什么会发生？
是什么决定了一种类型的集体行为而非另一种类型的集体行为
发生？

（二）理性假设下的集体行动理论

20 世纪七八十年代，以奥尔森（Mancur Lloyd Olson）的理性选
择理论为基础发展出来的资源动员、政治过程理论及组织理论等对
传统的集体行动理论进行了批判和反思，认为集体行动是个人理性
选择、资源动员或政治权力结构变化的结果。至此，集体行动的研
究开始进入理性假设阶段。

1. 理性选择理论

理性选择理论的研究者们把包括集体行为在内的所有行为都视
为策略上的理性行为，即便是当人们正好要进行自我利益表达的时
候，他们也给出同样的解释。事实上，策略上并非追求个人利益最

---

① Neil J. Smelser, *Theory of Collective Behavior*, New York: The Free Press, Macmillan
Company, 1962, p. 8.

大化的非理性行为对个体行动者却具有一系列不同的意义。因为某些类型的行为在行动者自己来看都是不符合理性标准的，另外还存在一种价值理性的"元理性"的行为，因此不能忽视其动机。集体行动的理性逻辑隐喻着个人利益与集体利益的关联性，指出了在面对集体事物时，决策过程具有分散性，但决策结果具有合成性，独立行动者的处境受到其他成员决策的影响。然而，理性选择理论的前提假设只是一种单向度理性，因为理性选择理论一般只关注激励与自我利益，内含着脱离社会情景的个体观，对矛盾情绪、利他主义情结和情感体验视而不见，或将其看成无关紧要的因素，从而可能会使人们忽视价值差异和价值冲突。理性选择理论存在一个虚假的没有个人史、性别、种族和阶级地位的一般人类行动者预设，且过分强调"搭便车"问题，因此在处理以下问题时存在困难：其一，人们在回答什么是他们所看重的东西时，所表现出来的看法上的人际差异问题；其二，人们知觉上的情境差异问题；其三，组织内部个体间权力的结构性差异问题，比如强制被定义为最无权势的人们做出的只引起最低程度惩罚的选择。

至于"搭便车"行为，奥尔森认为，如果对别人的努力采取"搭便车"的策略就可以使个人以较小的代价享受公共物品，那么理性的、以自我利益为中心的个体一般会计算自己付出的成本、个人收益、集体行动收益以及采取"搭便车"行为后的个人收益等，计算的结果会提示他们"搭便车"是一个划算的选择。因此，理性行动者通常会采取"搭便车"策略。集体利益本身不足以促成一个理性行动者规避"搭便车"行为，除非一个集团人数较少，或除非有人逼迫或强制，否则理性动机只会驱使人们选择与共同利益或集团利益相悖的行动，利他主义只是一种例外情况。但问题是，当每个人都想要进行这样的行动选择的时候，个体间如何能够实现合作？谁来谋求集体利益的实现呢？因此，"搭便车"行为会影响集体行动的过程和结果。奥尔森将公共物品的生产分配与团体理论结合起来，在"理性经济人"的前提下，探寻集体行动的生成逻辑与未来走向，试图通过选择性激励①解决"搭便车"困境。他的观点是：公共物品最多只能提供集体性激励，但集体性激励无法阻止理性人在公共物品获取过程中采取"搭便车"行为；相反，选择性激励意味着如果你不参加某一集体行动就不能得到有可能失去的东西，这样，就可以解决"搭便车"的问题。但是，奥尔森强调把选择性利益的供给作为集体行动的"理性"基石，却忽略了预期效果的变异程度，并明确地把许多社会运动贬低为非理性的。

2. 资源动员与政治过程理论

20 世纪 60 年代，美国一批年轻学者通过对一些规模较大的社会运动（民权运动、新左派运动、反越战运动、女权运动、同性恋运动等）研究发现，传统的集体行动和社会运动理论具有很强的保守倾向，于是开始对其进行反思与批判，并在此基础上发展出资源动员理论和政治过程理论。

受奥尔森理性选择理论对成本—收益权衡的影响，麦卡锡（John D. McCarthy）和扎尔德（Mayer N. Zald）对经典集体行为理论进行反思，提出了资源动员理论，提出资源动员是形成集体行动的主要原因。他们与甘姆森（Williams A. Gamson）和奥博肖尔（Anthony Oberschall）一起，为关心集体行为的学者提供了一种可行的替代性路径。资源动员理论的主要取向是对组织研究的依赖，以及对个人参与社会运动的传统社会心理学解释的反叛。他们认为社会运动可能是有组织的，参与者也可能是存在理性的。资源动员理论包括早期资源动员范式（以奥博肖尔、麦卡锡、扎尔德为代表）

---

①　选择性激励包括"小组织原则""组织结构原理""不平等原理"三类。"小组织原则"是指当一个组织或社会网络成员较少的时候，其中某一成员是否加入对集体行动的成败会有很大影响。同样，如果一个成员没有参加某一集体行动就不能得到该组织或网络向那些积极参加组织活动的人提供的奖励，甚至会被该组织边缘化。"组织结构原理"是指大组织必须分层，使其成员数有限，从而使每一分层组织中的成员能够相互监督，将是否参加集体行动与个人利益相结合。"不平等原理"是指组织内部在权力、利益、贡献和分配上都不能以平均为原则，从而有可能使一个人在组织中所获得的权力和荣誉成为促使他或她为组织多做贡献的选择性激励机制。

和新资源动员范式（以甘姆森、塔罗、戴维斯、斯诺为代表）。早期资源动员范式强调集体行动对内外部资源的依赖度，这些资源主要包括有形的资金、物理场所、公共设施等；研究焦点是个体在嵌入群体和组织这样一个情境下的成本和收益计算以及微观动员等问题；主要致力于对 20 世纪 60 年代美国出现的众多集体行动和社会运动的原因做出解释，认为其原因主要在于社会上可供参与者利用资源的大幅增加。

后来，甘姆森、塔罗（Sidney Tarrow）、戴维斯（James Davies）、斯诺（David A. Snow）等学者进一步推动了资源动员理论的发展，认为早期的资源动员范式过多强调物质资源和"理性人"假设，忽略了集体认同、相对剥夺感等社会心理和媒体、文化这些非物质资源因素的作用。他们开始重视成员与组织等因素，形成了新资源动员范式。此时，资源开始将成员以及无形的意识形态、领袖气质、组织技巧、合法性支持等内容包含其中。新资源动员理论将资源动员分为成员动员和策略动员两个维度。成员动员维度意味着集体行动与社会动员只有在大量公众参与之后才能实现，需要兼顾那些已经参与其中的成员和未参与其中的潜在成员。比如斯诺更关注组织与网络对社会动员的重要性；古尔德（Roger V. Gould）则发现了集体行动与社会运动中存在着组织的正式与非正式网络，并交织在一起共同发挥作用。[①] 但是成员动员维度没有阐明潜在成员是谁、他们的参与动力是什么、需要何种关系网络和社会结构。斯诺及学生将其框架整合的概念运用到社会运动微观动员的分析之中，以避免传统研究对话语和意识形态过于宽泛的处理方法，因为参与集体行动者和社会运动积极分子提出的一些意识形态、价值观、社会改造主张并不一定是他们所想动员的大众或想联合的其他组织所能直接接受的框架。由此，需要通过行动目标和策略改造把不同组

---

① Roger V. Gould, "Multiple Networks and Mobilization in the Paris Commune", *American Sociology Review I*, Vol. 56, No. 6, December 1991, pp. 716 – 729.

织及其意识形态、目标与动员对象的利益和怨恨联系起来，形成策略动员维度。这种维度的基础是一个以领导者为核心的策略性行为，是帮助人们认知、理解和标记周围所发生事务的解读范式，即框架。① 但是，策略性框架分析忽略了参与集体行动者，框架动员对象头脑中已有的一些结构性解读模式也会在集体行动和社会运动的话语形成中发挥作用。此外，新资源动员理论也对文化资源的动员较为重视。麦克亚当（Dough MacAdam）和塔罗等人认为，文化的重要性等同于物质资源，需要建构一套文化论述以说服支持者的参与并形成共同的价值观。后来，越来越多的学者强调话语、文化、符号性的行为在集体行动中的作用，认为文化即剧本，社会行动者即演员，他们的行为和话语都是由文化剧本所决定的。

　　20 世纪 90 年代，彼文（Frarces Fox Piven）与克劳沃德（Richard Cloward）批判了资源动员理论，认为无论哪种资源动员理论都过于强调组织化方面的内容，存在忽略集体行动和社会运动的非组织性、不可预测性及可能的破坏性；也无法解释该理论所设想的集体行动图景中存在情绪处理、仪式以及宗教等议题，因为资源动员理论的前提假设会使这些问题陷入困境，如集体行动或社会运动是理性行动，不涉及情绪；集体行动或社会运动的形式是策略决定的，与其他仪式无关；集体行动或社会运动与宗教无关，是世俗目标催生的。这与事实上的集体行动和社会运动并不相符。

　　政治过程理论批判了康豪瑟（William kernhauser）的大众社会理论和亨廷顿的现代涂尔干视角，认为组织力量和政治机会在集体行动、社会运动和革命中作用重大。集体行动和社会运动往往集中体现在某些特定的时间与场合，大多因为其发起者和参与者手中掌握的资源，特别是资金和可支配时间增多。梯利（Charles Tilly）在其社会运动研究中提出"政体模型"，认为集体行动和社会运动是政治性的而非病理性的行为，参与集体行动与社会运动是理性行

---

　　① 赵鼎新：《社会与政治运动讲义》，社会科学文献出版社 2006 年版，第 212 页。

为。梯利还提出了"动员模型",认为要通过组织力量将群体利益转化为集体行动的动员能力,群体共同特征及其内部人际网络是影响群体组织程度的变量。① 这是一个普适性的集体行动分析框架②,属于早期"政治过程理论"中的经典。在他看来,集体行动的影响要素中,机遇或威胁的归因是一种驱动机制,是以前无动于衷的人们被动员起来的部分原因;社会利用是第二个机制,使被压迫的或资源贫乏的人们有时能够克服他们在组织方面的短缺,也就是说不要求对现在动员结构的关注,而去关注动员发动地点的积极利用;将挑战者、他们的对手、各种基本的国家机构、第三方和新闻媒体之间互动性地构成的争端视为运动领导者所采用的一种策略性工具;集中关注挑战者及其对手们的创新型集体行动;聚焦于总体的动员过程,并将斗争的起源问题当作这种总体过程的一个经验性变量(见图 2-1)。③

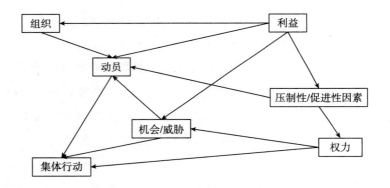

图 2-1 梯利的社会运动动员模型

① Charles Tilly and Gabriel Ardant, *The Formation of National States in Western Europe*, Princeton: Princeton University Press, 1975.

② 赵鼎新:《社会与政治运动讲义》,社会科学文献出版社 2006 年版,第 190—191 页。

③ [美]道格·麦克亚当、西德尼·塔罗、查尔斯·梯利:《斗争的动力》,李义中等译,凤凰出版传媒集团、译林出版社 2006 年版,第 55—56 页。

值得注意的是，梯利（Tilly）认为社会运动与集体行动是存在差异的。社会运动包含了集体性主张，但不等同于集体行动，而是一种特殊的、关联的、发展的政治互动与实践的历史情景。① 梯利辩证地接受了大众剥夺论与资源动员理论对社会运动起源与特征的分析，但质疑了"社会运动是病态社会的表现与征兆"这一结构功能主义命题。他认为社会分化的加剧必然会导致社会控制的崩溃，加剧社会冲突；社会变迁速度越快，社会失序的程度就会越强；社会失序的不同形式之间相互联系，且以同样的方式波动，因此，社会运动与社会质态之间并不一定存在必然的因果关系，但他承认结构变迁的确会影响集体行动。②

麦克亚当认为集体行动代表既有群体的社会关系，现存政治权力结构的变化会对集体行动产生影响。任何能够改变现有政治秩序的社会变化都是一种集体行动群体可资利用的政治机会，而政治机会使集体行动成为可能，组织资源的充足与否决定了集体行动是否能够利用这一机会。一个集体行动能否拥有组织资源取决于组织强度与参与者的被组织程度、参与者的集体认同感、选择性激励机制、信息网络的覆盖广度、受尊重的领导者和活跃的积极分子。政治机会和组织力量的增强只是为集体行动的发生提供了一个潜在的结构条件，只有通过认知解放过程才能使之成为现实。

（三）集体行动的社会建构论

20 世纪 90 年代至今，集体行动社会建构论阶段的主要观点属于一种建构主义的诠释，提出人们对集体行动的参与是一种选择性激励的结果，因为其中具有"对世界的认知促成了集体行动"的

---

① Charles Tilly, *Social Movement 1768 – 2004*, Colorado：Paradigm Publishers，2004，p. 7.

② See Lynn Hunt, "Charles Tilly's Collective Action", in Skopol, T., eds., *Vision and Method in Historical Sociology*, Cambridge, UK：Cambridge University Press, 1984, pp. 244 – 275.

意涵。

1. 社会网络视角下的集体行动

社会学家认为，社会网络可以起到沟通与整合的作用。帕特南（Robert D. Putnam）与林南（Lin Nan）等人提出的"社会资本"概念进一步结合了正式制度与非正式制度等社会激励规则，推动合作性网络，从而为集体行动带来更高的绩效。在理性与非理性之争中，亚当斯（Bert N. Adamrs）另辟蹊径，提出了基于社会网络分析的"社会互动理论"，认为应该从社会交往，而不是单纯从个人选择的角度来解释集体行动。他认为，发生于社会中的集体行动需要共识的达成、个体间互动、个人爱好和责任等要素的推动，社会关系的作用非常重大。这种观点开启了集体行动的社会网络理论研究。冯纳卿（Donald von Eschen）与皮纳德（Mamrice Pincrd）等人提出，以组织和网络关系为基础的凝聚力是影响人们是否加入集体行动的主要变量；斯诺等人提出的变量是人们在加入集体行动之前的社会关系；蒂希（Noel M. Tichy）、马维尔（Gerald Marwell）以及奥利弗（Pamela E. Oliver）研究出的主要变量是社会网络[1]；马维尔与奥利弗又提出社会网络的密度、规模对集体行动的影响，认为某些社会机制可以消解奥尔森提出的"搭便车"困境。这一系列的研究标志着集体行动的社会网络视角也已形成。

进入 20 世纪 90 年代，以克里斯塔斯基（Nicholas A. Christakis）为代表的学者们提出将社会网络具体化，比如互联网时代的集体行动特征。他认为以朋友的朋友的朋友构成的三度影响力是社会网络的连接原则，并决定着社会化网络的功能。肖尔茨（John T. Scholz）等人更关注社会网络中的信息搜索。此外，克兰德尔曼斯（Bert Klandermans）等人认为，"抗议活动的社会建构……发生于群体和

---

① See Gerald Marwell, Pamela E. Oliver and Ralph Prah, "Social Networks and Collective Action: A Theory of the Critical Mass Ⅲ", *American Journal of Sociology*, Vol. 94, No. 3, November 1988, pp. 502 – 534.

社会类别内部，发生在它们之间，也发生在社会网络之间"；在莫里斯（Aldon D. Morris）看来，甘姆森的"微观动员情境中的'偶遇者'"与克兰德尔曼斯的"人际生活圈子"都是与结构性的社会位置相联结在一起建构和塑造的，人的行为选择受到个人计算、他人态度、人际关系以及组织结构差异等方面的影响，影响集体行动参与意愿的变量包括个体所面临的环境，专业的可得性、冲突程度以及政治复杂性。

许多证据表明，网络结构会改变人们的集体行动选择。为了明确社会网络结构的作用及其对政策参与效果和产生暴力行为动机的影响，西格尔（David A. Siegel）提出了一个具有明确网络关系的集体行动模型。本质上，参与动机弱的人群容易因网络链条断开而放弃参与，尤其当网络处于弱连接的时候。当参与成本较低时，无论网络结构如何，网络规模与集体行动都成正比。但当参与成本提高时，规模往往就有更多元的网络关联的效果。此外，社会精英的力量很大程度上取决于他们所栖身的网络结构，精英在网络中所处的优先地位并不意味着他们必定对集体行动有很强的影响力，如果他们不能控制自己的网络，那么其影响变化的能力就会被大大削弱。

2. 制度分析视角下的集体行动

在对传统集体行动理论与模型进行反思的基础上，埃莉诺·奥斯特罗姆（Elinor Ostrom）以公共池塘资源的治理为起点，进行了集体行动制度演进的研究，用制度分析的方法解释了不同社群中的人们如何形成公地治理方案。她将制度分析融入集体行动研究，广泛地运用实地和试验案例来验证其主张，从三个方面对奥尔森的集体行动逻辑进行了修正：第一，在公共物品中增加了公共池塘资源（公地）和收费产品（俱乐部产品），由此建构了公共产品与集体行动之间的更紧密联系。关于公共池塘资源问题，最受关注的是"公地悲剧"问题①，"公地悲剧"之所以成为集体行动理论研究的关注点之一，是因为其重要性可以推演到更大范围的国家安全、环境保护和种族冲突等领域。第二，将理性选择模型修正为理性选择制度主义，强调制度在改善人类理性活动中的重要作用。奥斯特罗姆指出，当人类面临不同社会情境结构的时候，理性选择模型的解释力强弱不一定。如果是高度竞争的情境，面对人们选择合作的状况，理性选择模型的解释力很弱，无法对其做出合理解释，需要使用理性选择制度模型进行解释。第三，用自主治理模式替代奥尔森的"选择性激励"。在为了解决以公地悲剧和囚徒困境为基础的各种制度选择中，奥斯特罗姆提出除了"利维坦"式的政府管制和私人占有之外的另一种解决方案：放牧人自己能够达成一个有约束力的合约，承诺实行由他们自己制定的合作策略。由于参与人根据自己手中掌握的信息自行设计自己的合约，因此充分了解草地负载能力、其他放牧人的违约行为和动机等。所有当事人之间都会因为个人利益的关系对其他人进行监督。当然，也存在外部变化迅速影响一个群体的可能性，从而给了他们一个短暂的调整内部结构的机会，以避免次优的结局。

奥斯特罗姆假定个人是力求尽可能有效解决问题的，但个人在分析和理解复杂情景的结构上能力是非常有限的，因此人需要被组织起来。她努力厘清为什么有些人能够被组织起来，去治理和管理公共池塘资源，而另一些人却不能。鉴于公共池塘资源的准公共物

---

① 1968年，哈丁在 *Science* 上发表文章，正式使用"公地悲剧"一词来说明许多人共同使用一种稀缺资源就会发生环境的退化。在设想"一个对所有人开放的牧场"情境下，每个放牧人都从自己的牲畜中得到直接收益；但当他或其他人在牧场上过度放牧时，每个放牧人又因公共牧场退化而承受延期成本；因此每个放牧人都有增加更多牲畜的动力，因为他从自己的牲畜身上得到直接收益，承担的只是由过度放牧所造成的损失中的一份。由此，他得出了如下结论："这是一个悲剧。每个人都被锁定到一个系统。这个系统迫使他在一个有限的世界中无节制地增加他自己的牲畜。在一个信奉公地自由使用的社会里，每个人趋之若鹜地追求他自己的最佳利益；毁灭就是所有人的目的地。"参见 Garrett Hardin, "The Tragedy of the Commons", *Science*, Vol. 162, No. 3859, December 1968, pp. 1243–1248.

品属性，她认为要解决的问题领域主要在于"搭便车"、承诺的兑
现、新制度的供给以及对个人遵守规则的监督。她通过大量的实证
为完全理性人理论在有限重复、完全信息的公共池塘资源博弈中的
运用提供了经验证据。她认为，可以在简单和复杂的情境中使用有
限理性理论和完全理性理论来分析人类行为，并力图寻求二者之间
的连接点。如果环境的复杂性和不确定性超出了正常人有限计算能
力的应对范围，有限理性理论较为合适；如果想知道在特定的自然
和制度环境中，理性的、自利的人们在相互之间不存在任何规范联
系的情况下会做出怎样的行为选择，那么完全理性理论则更适合作
为博弈分析的基础。她提出可以利用规则来减少情景的复杂性，因
为参与者可采取的行动越多，所有人的策略计算越复杂，参与者就
很难充分理解个人的行动对改变结果的作用，进而影响集体行动。
所以，要通过规则减少所有参与者可以采用的行动数目，帮助他们
充分理解行动子集中各种策略的后果，激励参与者的参与行为。实
际上，从同一"池塘"中获取资源并长期打交道的人们，有很多对
最初采用的规则进行小的调整的机会，他们对资源结构、其他参与
者所用的策略与共同结果的了解越多，就越能从改善结果的角度修
订规则。如果共同商定的资源共享与分配规则得不到遵从，那么就
说明规则环境不适应，或违规的激励超越了现行规则中监督与制裁
的控制力。

二　集体行动理论对公民政策参与有序性研究的启示

尽管西方集体行动理论不能对我国的公民政策参与实践形成指
导，但是对其进行系统梳理后可以提炼出精华之处，为新时代中国
公民政策参与有序性的规范性建构提供理论支撑，而那些西方学者
偏颇的观点以及不适应中国国情的理论在规范性建构过程中需要规
避和警醒。

西方关于集体行动的主流理论包括：勒庞假设集体行动的心理
基础是非理性的；布鲁默推断集体行动是聚众形成的社会心理学过
程；格尔认为"相对剥夺感"是集体行动的起源；斯梅尔赛对集体

行为进行了分类后提出了"价值累加论";以及理性选择理论的研究者们克服"搭便车"行为的努力,如奥尔森将公共物品的生产分配与团体理论结合起来的观点等。这些侧重心理层面的理论提醒我们,在对公民政策有序性进行规范性建构的时候,需要考虑到社会公众心理过程的复杂性。他们有时像"乌合之众"所描述的那样,非理性特征明显,有时又充满激情且极富理性地分析公共问题,可能一方面对"搭便车"行为导致公共效用的侵蚀深恶痛绝,另一方面又难以避免自己的"搭便车"行为。当我们将目光投射到中国语境中的时候,不难发现,中国社会公众心理的特别之处不在于更为理性,而在于更为复杂。这是因为改革开放后的急剧转型使中国社会同时具备农业社会、工业社会、后工业社会的特征,社会的变动性和不确定性导致了社会公众心理的不稳定性,一旦某些社会冲突和矛盾无法化解,容易生成集体行动,这也正是本研究倡导公民参与有序性的理由。通过"序"的建构化解心理过程的非理性能够使参与行动更加理性。同时,公民参与行动中的民意表达容易受到他人的影响,"沉默的螺旋"① 作用与"乐队花车"效应②比较明显,这就意味着进行有序性规范建构的时候,需要充分考虑到符合中国社会转型以及中国传统"中庸"思想的社会从众心理。

需要注意的是,关于斯梅尔赛的"价值累加论"是否符合中国公众的心理机制需要进一步思考。因为从"社会控制能力的下降""有效的运动动员""触发集体行动的因素或事件""一般化信念的产生",到"结构性的怨恨和剥夺感"和"结构性诱导因素"这些

---

① "沉默的螺旋"所描述的现象是指人们在表达自己想法和观点的时候,如果看到自己赞同的观点,并且受到广泛欢迎,就会积极参与进来,这类观点就越发大胆地发表和扩散;而一旦发现某一观点无人或很少有人理会(甚至会有群起而攻之的遭遇),即使自己赞同它,也会保持沉默。意见一方的沉默造成另一方的增势,如此循环往复,便形成一方的声音越来越大,另一方越来越沉默的螺旋发展过程。参见〔德〕伊丽莎白·诺尔-诺依曼《沉默的螺旋舆论——我们的社会皮肤》,董璐译,北京大学出版社 2013 年版。

② "乐队花车效应"是指人类经常会有一种倾向,去从事或相信其他多数人从事或相信的东西。

因素之间的关系建构，斯梅尔赛并没有提供充分的理由，且没有以中国公众为样本的研究，难以发挥借鉴作用。至于奥尔森等人关于"搭便车"问题的解决方案，承认了人的自利性和理性人的"搭便车"本能，并提出个人利益与集体利益的关联性，符合人性的根本，那些选择性激励的方案看起来更为合理，小组织原则增加个人价值实现感的观点更适合中国公众，因为他们参与公共政策过程的一部分原因并不在于影响公共政策，而在于寻求社会认同感。但是，足以为鉴的是，理性选择研究者们对预期成果潜在的变数估计不足，需要考虑更多的人性因素和价值观在治疗"搭便车之惑"时的作用。

资源动员理论认为资源动员是形成集体行动的主要原因，也就是说当人们手中掌握的人力、物力、财力资源丰富的时候，集体行动更容易产生；社会成员参与的人数越多，越容易促成集体行动，这正是当今中国社会面临的一个问题。随着改革的全面深入，老百姓的经济基础逐渐丰厚，除了满足基本生活条件之外，他们想要追求更加美好的生活，因为可以调动的资源越来越多，集体行动很容易产生，尤其是东部发达地区。同时，随着利他主义精神的逐渐觉醒，一些经济比较富裕、接受过一定高等教育的人容易成为领袖式的人物，在集体行动中显现出来。然而，越是这样，越需要为集体行动设定一定的边界，让社会公众的政策参与行动在一定的合法性边界内发生，以防止非理性的群体性事件爆发，进而偏离社会公众参与公共政策行动的公共性初衷。资源动员理论以浅薄的个人理性为叙事前提，把人们当作一种空洞的资源来对待，他们被一个采纳了合理策略的组织动员起来，但该理论对这一组织何从出现并没有过多解释，且存在漠不关心其成员的心灵和头脑之嫌。这与我国在进行公民政策参与有序性的规范性建构时重视参与者的心理诉求和价值追寻相背离，需要警醒。

政治过程理论提出，集体行动与政治之间存在着不断相互塑造的关系，对于集体行动宜疏不宜堵。梯利的"动员模型"认为，集体行动是社会边缘群体对现存权威政体的一种反抗，包括"人们共同行动所追求利益共享"的行动面向与"社会结构的变迁引发集体行动的手段与目标发生改变"① 的社会结构面向，对于社会主义中国有着较强的借鉴意义。从某种程度上来讲，缩小贫富差距、消灭城乡壁垒、把利益更多地分配给社会中的大多数底层公众无疑是一个正确的政策方向。社会分化的加剧必然会导致社会控制的崩溃，加剧社会冲突；社会变迁速度越快，社会失序的程度就会越强；社会失序的不同形式之间相互联系，且以同样的方式波动。

20 世纪末期，随着信息技术和社交媒体的多元化，媒介重塑了沟通网络与价值认同，集体行动的性状随之发生了变化。社会建构论认为，心理活动现象和知识都是社会建构的结果，是特定文化历史中人们互动和协商的结果，语言和文化的内容对于集体行动也很重要，人类集体行动依赖于语境，个体理性语言要转换为公共理性语言，从而使行动发生转换，推动集体行动的生成。这就意味着公民政策参与的任何研究都需要在一定的语境中进行，相互理解和互相承认的语言和文化是互动协商的前提，"新时代""中国特色社会主义理论"下的公民政策参与既是社会建构的结果，也是建构未来集体行为方式的动因之一。

社会网络理论强调人们对信息的掌握程度，认为它会决定"搭便车"行为的动机，提出利用社会网络资源构建"共意"和提高信息对称度来克服"搭便车"问题。因此，公共信息公开的意义卓然。现代科技支撑下的"融媒体"新闻报道的真实性和非过滤性就像政府与公民之间的另一张契约，政府保证公民的知情权和参与权，而公民的公共理性也需要公共信息的充分获取加以保证。但是，社会网络视角因为过于复杂和操作性不足存在一些解释障碍，比如，关于信息对称的情况，事实上，有些情境中，信息越对称，

---

① See Lynn Hunt, "Charles Tilly's Collective Action", in Skopol, T. , eds. , *Vision and Method in Historical Sociology*, Cambridge, UK: Cambridge University Press, 1984, pp. 244 – 275.

集体行动越不容易发生。关于熟人关系的问题，在有些情境中，对周围的人不熟悉反而会减少参与者的顾虑，有利于集体行动的发生。这就对公民政策参与有序性的要素提炼提出了要求：到底是要让信息对称呢，还是保留一部分信息不公开呢？网络实名制是能够推动公民政策参与呢，还是会阻滞公民政策参与？如果从有序性的角度加以解释，这个问题便可以理解了。信息对称下的公民虽然在熟人关系中有所顾虑，但合法性制度设计可以让生活网络有别于政策参与的行动者网络，尤其当政策议题较为敏感时，采用不同的代表产生制度或对话规则不乏为一种有效的尝试。

奥斯特罗姆以参与者的自主治理能力和制定规则能力为基础对集体行动进行的制度分析，认为建立更好的信任与进行规则设计可以改变情景的复杂性，进而推动集体行动与公共治理效果的一致性，也是解决"公地悲剧"的良策。在新时代背景下，政府权责清单制度已经全面开始实施，政府将那些社会能够治理的公共事务还交给社会，但是社会公众还不具备成熟的公共治理能力，还没有完全准备好对一些公共事务的治理。从奥斯特罗姆的研究中可以得到借鉴，信任的建构和规则设计是有效的开端，能够奠定社会治理指向的、理性的、合作性的集体行动基础，它与中国共产党在十八大报告和十九大报告中提出的"共建共治共享"理念相契合。

第二节　公共治理理论

21世纪以来，"治理"及与"治理"相关的词成为学界和实务界共同关注的焦点。治理理论较为广泛的应用改变了整个政府的统治结构，政府系统开始对外开放，"中心—边缘结构"被打破，多中心的合作格局逐渐形成，公民参与的诉求在此中得到了更多的回应，也正因如此，要想推动公民作为治理的有效多元主体之一，就必须以秩序作为前提条件与行动边界。

一 公共治理理论的发展

（一）治理谱系的建构

"治理"最早出现在法国。当时，治理表示主导、驾驭，后来被引申为"选择航向"与"根据不断变化的自然环境持续调整修正"。现代"治理"（governance）一词最早出现在 1989 年世界银行（WB）概括当时非洲"治理危机"时，意指控制、引导和操控，一般与统治一词相伴出现，主要用于与公共事务相关的管理和政治过程；后被广泛应用于政治学研究。在 20 世纪 90 年代中期，治理进入公共政策分析的领域，步入"第三生命阶段"[1]。

罗西瑙（James N. Rosenau）是治理理论的创始人之一。他认为治理是一种由共同目标支持的活动，这些管理活动的主体未必是政府，也无须依靠国家的强制力量来实现。[2] 经过罗茨（Robert Rhodes）、库伊曼（Jan Kooiman）和弗里埃特（Martijin van Vliet）、斯托克（Gerry Stoker）等人的进一步研究和阐释，学界基本形成了关于治理观点的共识：治理意味着一系列来自政府但又不限于政府的社会公共机构和行为者；在为社会和经济问题寻求解决方案的过程中存在界限和责任方面的模糊性；明确肯定在设计集体行为的各个社会公共机构之间存在着权力依赖；参与者最终将形成一个自主的网络；办好事情的能力并不仅限于政府的权力，不限于政府的发号施令或运用权威。此外，全球治理委员会在《我们的全球伙伴关系》研究报告中给出的权威定义是：治理是各种公共的或私人的个人和机构管理其共同事务的诸多方式的总和；它是使相互冲突的或不同的利益得以调和，并且使主体间采取联合行动的持续过程，包括各种人们同意的、与其利益相符的非正式制度安排。从本质上来讲，治理不是一整套规则，也不是一种活动，而是一个过程；治理过程的基础不是控制，而是协调；治理既涉及公共部门，也包括私

---

① ［法］让－皮埃尔·戈丹：《何谓治理》，钟震宇译，社会科学文献出版社 2010 年版，第 15 页。

② 俞可平：《治理与善治》，社会科学文献出版社 2000 年版，第 2 页。

人部门；治理不是一种正式的制度，而是持续的互动。

随着"治理"理论的演进，统治长期存在且逐渐向"治理"转变。尽管统治和治理都是为了维持正常的社会秩序，通过权威和权力进行的政治管理活动。但是，二者侧重点有所不同。"治理从头起便需区别于传统的政府统治概念"①，统治是基于主权、领土和公民权等原则，并在国家层面行使权力的模式；治理是指对社会进行操纵和规范的新模式。从权力运行上来讲，统治是自上而下的；而治理是多元的。治理是统治的发展，是"祛魅"运动中改变社会应对超越性存在方式并最终将其消除的可能性，为人类社会提供了更多的改良方案。

值得注意的是，统治到治理并不是单向转变，虽然权力中心转移了，但国家并不中空，核心行政也未衰落，统治模式的总体特征也不应忽视，治理的去中心化只是意味着不同的人根据不同的传统形成不同的治理模式，更多强调非正式联系和互动，是对中心—边缘结构的有效补充，包括解释、冲突以及导致统治模式持续变化的活动在内的复杂连续过程。因此，与集权相对的治理是民主逻辑的产物，使民主的范围存在扩大的可能性。一般情况下，从统治到治理的转变具有巨大的民主潜力。治理更多关注个体的治理安排和体系，而不是非治理过程构成的社会形式，也就是说，治理讨论的首要问题是一个社会如何通过特定的代表体系来获得意义。本质上来说，从统治到治理的转变不仅关乎机制、过程、行为体和规范，更多的是象征秩序的转变，包括通过创设规定社会意义的政治场景并将其形式化，强调议会、公共领域和选举，在此基础上再进行具体的制度设计和公共行动。治理似乎消除了象征虚构物对超越性权力位置的掌控，有利于关注"现实"的操控和统治过程，用被治理的行为主体和利益相关方网络取代了"平等公民权"。治理关注如何

---

① ［法］让－比埃尔·戈丹：《现代的治理，昨天和今天：借重法国政府政策得以明确的几点认识》，《国际社会科学》（中文版）1999 年第 2 期。

有效地进行规范并解决问题。治理范式关注民主的透明度、责任感或参与等具体维度，影响了综合性政治逻辑的民主特征。在治理语境中，民主不再是一种构建出来的"社会形式"，而是单独的治理安排。但是，治理使现代社会的权力位置富有争议性。马蒂亚斯·利埃旺（Matthias Lievens）提出，要将从统治到治理的转变理解为象征性变化或代表秩序中的变化，从而使社会、政治行为和事件获得意义。① 但是，如果赋予社会意义而又置身于其外进行社会建构，就会带来社会身份和形象的内在不确定性和不稳定性。

从统治到治理的转变在学理上回应了两个挑战：其一，政策网络概念的重整对多主体合作以及通过市场机制扩大公共部门的转型等议题做出了回应；其二，治理理论的重新界定趋向于中层研究与制度研究，回应了理性选择主义对国家理论过于宏观的质疑。而在实践中，近30年来，治理使世界发生了重大的变化，一个整体变动趋势在逐步形成，公共部门与私人部门之间的制度界限被打破，政策网络正在形成，国家权力被分散到大量的网络中，它们在空间和功能上各不相同，但都由各种公共组织、志愿组织和私人组织扮演行动者的角色，各国在就业政策、社会融入计划、职业培训计划、地方开发与发展计划、地区文化政策、乡村建设与开发、环境保护等领域正在或已经形成了多种形式的伙伴行动。试图划定治理的社会范围是相当困难的，因为治理已经超出了社会领域之间的区别。

（二）面对治理失灵的元治理

"元治理"是关于如何治理的治理，是对市场、国家、社会等治理形式、力量或机制进行的一种顶层安排，重新组合了治理机制。自英国学者鲍勃·杰索普（Bob Jessop）最早提出"元治理"的概念后，政府在治理中的中心地位得到了强化，"虽然治理机制可以获得特定的技术、经济、政治和意识形态职能，但国家（政

---

① 马蒂亚斯·利埃旺：《从统治到治理：象征性转变与民主制度》，载王浦劬、臧雷振《治理理论与实践》，中央编译出版社2017年版，第478—490页。

府）还是要保留自己对治理机制开启、关闭、调整和另行建制的权力"①。国内学者郁建兴和王诗宗在自己的研究成果中多次提及"元治理"的核心理论。他们认为"元治理"即为"治理的治理"，是对治理失灵和治理网络低效的解决方案，旨在协调科层制、市场和网络②，是"一种创设网络环境的方式，……塑造和限定了网络行动者的一些行为"③，"包括最广泛意义上的治理条件组合"④。原则上来讲，所有形式的治理都存在失败的可能性。在杰索普看来，单纯的各种治理模式面临合作与竞争、开放与关闭、政治权能与弹性、责任与效率等困境，治理理论力图建构的治理网络也并不优于国家和市场，治理网络在推动公共政策民主和解决艰难的公共问题的同时，也会制造冲突与僵局，影响政府透明性和责任性。"当治理网络不能克服网络主体之间不断的意见分歧时，治理网络失败就会发生。"⑤ 因此，"元治理"模式既承认授权与分权在治理中的必要性，同时也强调更为强大的中央控制与指导的必要性，政府在"元治理"中主要参与市场再设计，确保不同治理机制与政权的和谐，利用组织指挥和信息的相对垄断地位来塑造认知期待，从而为自组织创设可能性条件，组织政策社群之间的对话，解决治理过程的争端。⑥ 从本质上来讲，"元治理"就是重新获得对新形式治理的控制，采用新的手段和方法保留对次级政府组织的影响力以及对社会的驾驭能力。元治理的工具包括绩效管理、战略管理、预算、人

---

① ［英］鲍勃·杰索普：《治理与元治理：必要的反思性、必要的多样性和必要的反讽性》，程浩译，《国外理论动态》2014 年第 5 期。

② Bob Jessop, "The Rise of Governance and the Risks of Failure: The Case of Economic Development", *International Social Science Journal*, Vol. 50, No. 155, March 1998, pp. 29 – 45.

③ ［荷］埃里克汉斯·克莱恩、基普·柯本让：《治理网络理论：过去、现在和未来》，程熙等译，《国家行政学院学报》2013 年第 3 期。

④ Bob Jessop, *Governance and Metagovernance: On Reflexivity, Requisite Variety and Requisite Irony*, Manchester: Manchester University Press, 2002, p. 107.

⑤ Eva Sørensen and Jacob Torfing, *Theoretical Approaches to Metagovernance*, London & NewYork: Palgrave Macmillan, 2007, pp. 171 – 172.

⑥ ［英］鲍勃·杰索普：《治理与元治理：必要的反思性、必要的多样性和必要的反讽性》，程浩译，《国外理论动态》2014 年第 5 期。

事、法律准则、软法、信任和价值观等。①

索伦森（Eva Sørensen）将"元治理"归为一种自上而下的模式，包括四个种类：（1）采用不插手的方式塑造"自治"发生所需要的政治、财政和组织背景。（2）不插手地塑造意识形态，即通过推动自治主体意义和身份的形成塑造主体利益，影响主体的思考和行动，增强行为理性。（3）为自治主体提供干预的支持和帮助，即中立的元治理者促进特殊群体的自治主体行动，而不追求自己的利益。（4）元治理者插手参与治理那些自己建构的游戏规则，而忽略自己的权威地位。彼得斯（B. Guy Peters）提出了元治理的必要性主要在于决策制定、参与、协调和问责等方面。网络治理中的决策制定不同于传统官僚机构决策，治理结构中存在大量社会成员参与，不具有清晰的决策制定规则，而是通过讨价还价来达成共识，但是这种讨价还价可能产生最为平庸的决策结果，除非存在其他一些规范可以对个人私利进行监督。基于民主设计的治理网络虽然使利益集团和更多个体参与其中，但是存在于传统代议制度中的排斥性也同样存在于治理网络；多元主体之间的协调在治理网络中更为复杂；治理网络弱化了问责和对政府的控制。针对治理网络存在的这些情况，元治理包含着强有力的非正式规范和前置规则，能够给治理过程注入超越各方利益的价值理念，从而避免无效决策或低质决策。

目前学界对"元治理"的理论研究提出了四种不同的路径，包括互动治理理论、治理能力理论、整体性治理理论和治理术理论（governmentality）。

第一，互动治理理论。元治理是在嵌入自主性理论的基础上发展而来的，认为国家干预行为的有效性依赖于国家和社会的具体关系；前提假设是社会治理的实现依赖于不同行动主体的治理行动和

---

① ［英］斯蒂芬·奥斯本：《新公共治理？——公共治理理论和实践方面的新观点》，包国宪、赵晓军等译，科学出版社 2016 年版，第 40—43 页。

治理努力①；要义在于否定国家与市场是相互分裂的看法，强调政府与工业之间协同竞争合作的重要性和为追求发展目标而指导市场所带来的独特动态效果，让国家与社会共在；核心是互动，因为治理将重大问题的解决和重大机遇的创造看作国家、市场和公民社会的共同责任，并将"社会—政治治理处在各个行动主体和制度相互交错、不断变化的各种组合之中"的理念作为理论研究的逻辑起点。如果把治理看作一种社会现象，互动治理就是社会—政治治理，"最广泛地来讲，……是有关社会内部各种制度（国家、市场与公民社会等）间关系的一个综合性理论"②。

第二，治理能力理论。治理能力受治理主体、治理客体以及治理主体和客体之间的互动性质影响，是整个社会系统的一个特质，是任何社会实体或社会系统的总体治理能力，它的条件随着外部和内部挑战的变化而不断改变。治理能力会受到治理内在行为方式和部分外部因素的影响，在某一时期或地域内有效的治理能力在另外的时期或地域内不一定有效。但是，一些外部因素不能或者不能完全被这一层次的治理主体或治理客体所掌控，这就增强了社会系统或社会实体本身或人为方面的不确定性。因此，有学者将治理能力视为一个连续的尺度上持续波动的一个条件，永远不会达到能力的极限。对治理能力来讲，需要弄清楚社会—政治实体（如个人、组织、团体、社会运动以及其他形式的集体行动）如何参与治理互动，从行为层面或结构层面来理解这一问题无疑很有意义。③

第三，整体性治理理论。整体性治理强调以协调、整合，并将其作为治理机制，着重整合治理层级、功能、信息系统等方面碎片化的问题④；意在重新组合功能相近的机构，取消一些准政府机构，

---

① Jan Kooiman, *Governing as Governance*, London：Sage，2003.

② Stephen P. Osborne，"The New Public Governance"，*Public Management Review*，Vol. 8，No. 3，September 2006，p. 381.

③ ［英］斯蒂芬·奥斯本：《新公共治理？——公共治理理论和实践方面的新观点》，包国宪、赵晓军等译，科学出版社 2016 年版，第 65—78 页。

④ Perri Six，*Holistic Government*，London：Demos，1997.

以公众需求为基础，把以前改革过程中一些外包给私人部门的公共部门活动重新交给公共部门进行整体主义改革，从而简化和变革政府机构与公众之间的关系。

第四，治理术理论。治理术是对行为的引导，特别是管理个体的技术运用。这个概念概括了政府和其他行为主体如何汲取知识，来制定并创造主体的政策。"治理术"一词是法国思想家福柯（Michel Foucault）首创，后有波克尔（Graham Burchell）、阿尔都塞（Louis Pierre Althusser）等人着手治理术的研究，他们的研究成果在结构主义、考古学和历史主义、系谱学之间摇摆。更主流的观点是治理术代表了治理研究的实证方法，探讨了偶然性的历史根源和政治行动相互冲突的意义，包括基于科学的技术、更广泛的叙事，以及能够在制定、颁布并实施政策的斗争中启发精英和民众。

尽管"元治理"理论能够应对治理失灵，但是它自身也存在着不足，如元治理容易形成管制不足或过度，可能会阻碍地方能力；作为政治家的元治理者会因为追求自身利益而忽略了公共利益；元治理存在重回科层制的可能，进而损害其他非国家权力主体的影响力和自治能力。

（三）走向网络化治理与数字化治理

当大型官僚制组织由控制转向授权，网络化组织中的成员需要水平化地分布，才能使多元利益相关者在彼此依赖的环境中为共同的目标团结起来。网络化治理是一种多组织治理形式，对公私部门均有一定的优势，能够加强学习、提高资源利用率、提高规划和应对复杂问题的能力、提高竞争力，并更好地服务委托人和客户。[①]网络化治理在水平方向上各连接点存在稳定性和相关性，他们彼此相互连接、相互依赖，又相互自治，谈判是他们通常的交流方式。

---

① See Keith G. Provan and Patrick Kenis, "Modes of Network Governance: Structure, Management, and Effectiveness", *Journal of Public Administration Research and Theory*, Vol. 18, No. 2, April 2008, pp. 229 – 252.

这种治理方式具有自律意义，同时又服务于公共目的。①

近年来，网络化治理研究的范围不断扩大，重要性不断增强，但尚未达成共识性的网络化治理理论和分析方法。但是，随着社会越来越零散化、复杂化，需要新的治理形式来应对治理挑战，网络化治理正是对这种环境变化的治理回应。网络化治理的前提假设在于：政策并非完全是由政府控制的治理过程的结果，而是在互动治理中产生的，包含了不同层面的行为主体，通过协商形成相互依存和相互信任的治理形式，以处理当代治理中存在的问题。对于网络化治理的研究，学界目前主要集中在国家如何才能更好地参与到治理中以及与匿名且自我管理的行为主体共同治理，并且评估了网络有效性框架、结构和管理。索伦森和托芬区分了两代网络治理研究：第一代致力于解释治理网络如何形成、与其他治理模式的区别，以及如何有利于有效治理；第二代把网络视为可以善加利用的事物，解释网络的形成、运作与发展、失败与成功的原因、如何进行元治理以及探寻网络的民主意义。在此基础上，他们对网络化治理进行了界定，认为网络化治理是"相互依存的行为主体之间相对稳定的水平衔接；它们在（一定范围内）自我调节的框架中通过协商进行互动；有助于产生公共目标"②。

从本质上来讲，网络化治理就是一种去中心化的治理。在政治科学和公共行政中，网络主要用来描述当今政府社会互动（网络治理），或是对互相连接而影响政策的隐藏利益结构（政策网络）的最常用比喻，在某种程度上具有协商性。网络化治理与政策网络在概念和语言上存在一些重叠，二者的组织结构存在差异。前者是相对于科层形式的平行治理形式，后者是一种组织各利益相关方进行政策讨论的途径。政策网络是英美学者较为关注的，研究主要集中

---

① See Eva Sorensen and Jacob Torfing, "Network Governance and Post – Liberal Democracy", *Administrative Theory & Praxis*, Vol. 27, No. 2, 2005, pp. 197 – 237.

② 王浦劬、臧雷振：《治理理论与实践：经典议题研究新解》，中央编译出版社2017年版，第275—276页。

在中观层面的组织关系。他们将政策网络看作特定领域内通过利益协调实现的一种关系模式①，或是通过资源依赖而相互关联的一系列组织，抑或是参与特定公共政策领域决策的参与者或行为主体相互作用的模式。②

数字化治理与网络化治理相伴而行。数字化治理理论是指在复杂社会条件和数字化变革中，公共部门管理系统应用信息技术和信息系统（后续还将应用不断出现的大数据、云计算等先进的数据处理技术），促使公共管理从公共政策感知的边缘向中心发展，强化数字时代公共服务的协同供给，提升治理能力。帕特里克·邓利维（Patrick Dunleavy）认为，数字化变革包括电子服务支付、基于网络的效用处理、国家指导的集中信息技术采购、自动化流程新形式、彻底的非中介化、渠道分流和顾客细分、减少受控渠道、促进权力均等主义的行政事务管理和走向开放的管理九大要素。应对这样的数字时代变革，治理主要表现出的重大转变有：内部和外部沟通大量使用电子邮件；组织信息网络中的网站和内网更为突出；针对不同客户群体的信息服务的发展；电子采购系统的发展；从纸质到电子记录的转变，等等。这种转变意味着政府有可能成为全数字机构，大量的供应商提供机构的组织安排和文化当中与信息技术相关的行政过程成为未来的治理变革趋势，信息系统和公民行为部分也被政府信息技术和组织变革塑造。具体而言，数字化治理实践是对新公共管理新兴问题和数字时代机遇的反映，分为三个类别的主题：一是再整合，包括代理机构化的回退、联合治理、再政府化、恢复中央的过程、彻底压缩生产成本、重建后台职能、采购集中化和专门化、网络简化。二是基于需求的整体主义，包括基于委托人或基于需求的重组、一站式服务提供、互动的或"只询问一次"的

---

① Tanja A. Brzel, "Organizing Babylo – On the Different Conception of Policy Networks", *Public Administration*, Vol. 76, No. 2, January 1998, pp. 253 – 273.

② 王浦劬、臧雷振：《治理理论与实践：经典议题研究新解》，中央编译出版社2017年版，第275页。

信息索取、数据仓储、点对点服务再造、敏捷政府过程。三是数字化过程，包括数字化服务供应、新型自动过程（零触摸技术）、彻底去中介化、积极渠道流动、促进平等管理和共同生产、向"文簿公开"政府发展。

（四）公共价值管理的兴起

在社会转型的过程中，社会元素从单一走向多元、从简单转向复杂、从稳定性转向不确定性、从秩序转向无序、从可预测性转向不确定性，社会治理方案也需要进行重新建构，新公共管理理论因为追求效率至上、过度市场化取向，对公共利益产生侵蚀，出现了明显的不适应性。公共管理学界从 20 世纪 90 年代开始进入后"新公共管理时代"，尝试将公共价值与公共管理相结合，公共价值管理理论兴起。

根据马斯洛（Abraham H. Maslow）的需要层次理论，人作为主体存在着生理需求、安全需求、社交需求、尊重需求、自我实现需求，以及尊重和审美的需求，因而人不得不去寻找或者创造相关客体来满足对应的需求，从而赋予这些客体以价值。可以看出，主体需要成为评判客体是否有价值，以及具有多大程度价值的唯一标准。一方面，人类不同于动物的根本就在于，人类为了满足自身需求会进行创造性的劳动，实现自己的人类本质。价值追求可以说是人类生存和发展的内驱力。另一方面，日益繁复的人类需求以及越来越长的手段—目的链条使个人在价值追求的道路上迷惘踌躇，甚至走到了与预期的价值追求相反的方向。因而，相较于工业革命以来人类强调的科学技术理性所主导的效率追求，当今后工业进程中的社会治理更应关注价值问题所带来的问题及破解之道。

古典学者往往试图从人类的终极价值与人的本质出发，以抽象概括出人所追求的统一的公共价值，如洛克（John Locke）所谓的"自然法"，卢梭的"公意"，罗尔斯的"社会正义"以及民主、人权、自由等高度抽象化的价值概念。这些宏大的价值概念并不具有实际的操作性，有时各种价值理念在同一具体情境中还会相互矛盾和冲突。因此，工业革命以后的学者从现实出发，普遍认为政府应成为阐释公共价值的主体，以实现公共价值的一致性。特别是在新公共管理范式的影响下，获得掌舵权力的政府以效率作为价值追求，进行社会事务治理，公共价值成为一种理所应当的，甚至极其简化的非重点事务。然而，就如同新公共服务理论所批判的那样，将公民当作"顾客"而非"公民"，会丧失对公共价值的准确把握，最终导致政府的合法性危机。因此，无论试图通过价值的一致或者主体的一致，都无法真正解决公共价值确认的复杂性问题。

众多学者已对公共价值的确认进行了诸多研究，他们尝试运用"生成""建构""实现"等概念来描述公共价值的确认过程。虽然每个动词的侧重点不同，但都反映出同样一个意思，即公共价值并不是一个应然自成的事物，而是一个人类创造的事物。事实上，这三个动词都不足以准确地描述公共价值的确认过程。公共价值的"生成"意味着公共价值在一定的条件下必然产生，虽然生成暗含了公共价值产生的必然性，但并没有表达出人类作为主体对于公共价值确认的主观能动性，相反却体现出一种被动接受性。公共价值的"建构"意味着公共价值是人的主体性创造，但建构往往是一种跳跃式的、不连续的产生过程，这种表述容易陷入形而上的泥潭，从而将公共价值抽象化、非现实化。公共价值的"实现"则意味着公共价值的现实化和感性化、公共利益的实现、公共文化的实现和公共秩序的实现。这种表述的一个前提假设是公共价值是作为一种先验概念存在的，忽视了公共价值的产生过程，是一种结果导向的描述。要想获知公共价值，就必须从三个角度去解析它的复杂性。其一，单独主体本身对于价值理解的差异性；其二，众多主体对于价值理解的多样性；其三，主体依情境对价值理解的变动性。

确定公共价值是学界一直以来的难点。在从公共价值到公共价值管理的飞跃中，形成了以穆尔（Mark H. Moore）、波兹曼（Barry

Bozeman）和斯托克为代表的三大流派。马克·穆尔教授在《创造公共价值：政府战略管理》一书中首次提出公共价值（Public Value）概念，是指客体的公共效用①，认为公共价值的确认应该回归到具体情境中，以一种行动主义的视角去看待公共价值，在平衡和调解中确定公共价值。具体而言，新自由主义、公共服务情境的变更、公共管理理论范式转变的诉求等因素构成了创造公共价值的大背景，公共价值是一个相对的标准，需要根据情境的变化和任务的复杂性进行调整和变化，公共价值的概念提供了一个思考公共政策目标和政府绩效的途径和评判标准，强调结果、表达手段、诚信、合法等要素。此外，凯利等认为，政府通过政策、服务供给等行为创造出公共价值；公民的偏好可以通过公民选举，由民意代表表达出来，输入政治系统，体现在政府的政策和服务供给之中。② 霍纳和黑兹尔认为，公民才是公共价值的决定者，公民的参与和协商过程是决定的载体。③ 美国学者波兹曼提出可以用七个标准来衡量公共价值是否失灵④：第一，公共价值表述机制和内容模糊性是否存在缺陷；利益是否发生囤积；公共领域是否存在不完全垄断；提供公共价值的主体缺乏是否会导致公共价值得不到充分实现；狭隘的视野是否威胁长远公共利益；不可替代性资源是否得到有效使用和保护；市场交易是否威胁基本人性价值。波兹曼承认公共价值内涵的多元性，并从类型学的角度研究公共价值的构成。⑤ 在已有相关

---

① ［美］马克·H. 穆尔：《创造公共价值：政府战略管理》，伍满贵译，商务印书馆 2016 年版。

② Kelly G. , Mulgan G. and Muers S. , *Creating Public Value：An Analytical Framework for Public Service Reform* , 2002 , London：Cabinet Office Strategy Unit.

③ Horner L. and Hazel L. , *Adding Public Value* , London：The Work Foundation，2005.

④ Bozeman B. , "Public‐Value Failure：When Efficient Markets May Not Do" , *Public Administration Review* , Vol. 62 , No. 2 , April 2002 , pp. 145 – 161.

⑤ 波兹曼将公共价值分为七类价值集，包括与公共部门对社会贡献相关的价值；与社会利益向公共决策转化相关的价值；与公共管理者和政治家的关系相关的价值；与公共行政与环境的关系相关的价值；与公共行政内部组织相关的价值；与公共管理者行为相关的价值；与公共行政和公民的关系相关的价值。

研究基础上，斯托克首次明确提出"公共价值管理"（PVM），认为公共价值管理是与网络化治理相适应的新型管理模式，强调在公共价值追求过程中重视协商网络和服务供给机制的构建。他通过与传统公共行政和新公共管理的对比来揭示公共价值管理的特质，认为公共价值管理促使公共管理者不仅要重视个人间、组织间的关系，要具备通过网络进行管理的能力、多途径学习的能力以及广泛获取资源的能力，更重要的是要能够全面转变管理思维，即解决实际公共问题时需要采取建立在对话和交流体系上，尊重知识和个性，具有效率、责任和平等性的公共价值管理模式。

二　公共治理理论的启示

治理理论明确提出治理是一种由共同目标支持的活动，治理主体变成了多元行动者，他们在解决社会政治、经济、文化等公共问题时存在着界限和责任方面的模糊性，参与者最终将形成一个自主的网络。这些观点一方面印证了公共政策过程中公民政策参与的必要性和必然性；另一方面也说明，随着社会事务愈加复杂，一旦社会问题显现，公民就会与政府机构、社会组织、企业以及其他的行动者一起构成以议题为中心、彼此相互依赖且相互影响的政策网络。其中，所有的行动者都是政策网络中的一个节点，如果想要政策网络运行顺利并发挥其在公共政策活动中的作用，就需要每一个节点是有效的，而所有的行动者也要按照一定的逻辑行动，即每一参与方要按照一定的规则和秩序，在自己的那一个节点上，按照既定的应然方向去行动。正是因为从统治到治理的跨越，政府公共部门的公共性进一步强化，因为在扁平化的治理框架下，政府治理能力一旦下降，中心—边缘结构便会被打破，其他治理主体间的均衡就存在被打破的可能性。这实际上是组织社会学层面结合网络理论的进一步思考，是克服政府治理碎片化的有效途径。因此，政府治理能力的提升需要将公民政策参与容纳进正式的政策子系统中，走政府与社会合作的治理之路。这也是世界银行将"公民表达与政府问责"作为"全球治理指标"六大评估指标之一①的初衷。

　　杰索普提出的"元治理"是一种工具，是"关于治理的治理"，用以维护带有多元利益诉求的不同行动参与者的治理框架的政治方向，是提高协同或合作治理的一种间接治理模式。索伦森对"元治理"的分类主要包括通过不插手的塑造自治、塑造意识形态、促进特殊群体的自治主体行动以及干预式参与。彼得斯指出"元治理"的必要性主要在于决策制定、参与、协调和问责。这些关于"元治理"的基本论证对政府和作为参与者和行动者的公民分别进行了定位，政府主要制定游戏规则，公民主要进行游戏操作。从某种程度上来讲，在建构公民政策参与有序性的过程中，对于有序性的规范性构成的界定类似于"元治理"，依其行事的公民就类似于被塑造和引导的对象。当然，有序的参与只是一个过程，在未来的自治模式下，政府"元治理"角色鲜明和到位，公民参与足够成熟，有序便不是公民政策参与的重点，对有效性的全面追求会成为未来规范性设计的趋势，最终谋求的是程序正义和结果正义的统一。

　　网络化治理是跨越公司部门、应对复杂社会情境的多组织治理形式，虽然理论尚未成熟，但是凸显了治理的本质。没有任何国家或社会单一行动者能够单方面决定公共政策过程，他们需要继续合作，优化资源配置，才能提升治理能力和效果。网络化治理所强调的自治行动者、谈判、认知框架、自律和公共目的等理念与公民政策参与的秩序和结果导向高度契合，对有序性要素的提炼启发颇丰。数字治理理论借助成熟的大数据技术进行机构重组，使政府机构减少受控渠道，实现开放式管理，力图改善组织制度和相应的组织文化，使政府机构更为灵活、去碎片化，公民导向更容易实现。

---

　　① 世界银行的"全球治理指标"在全球215个经济体中采集数据进行评估，主要使用6个指标：公民表达与政府问责、政治稳定与低暴力、政府效能、管制质量、法治、控制腐败。Kaufmann, D., Kraay, A. and Mastruzzi, M., "The Worldwide Governance Indicators: Methodology and Analytical Issues", *World Bank Policy Research*, Working Paper, No. 5430, September 1, 2010, p. 31.

数字治理带来的数字化行政变革是从后台为公民政策参与的回应创造了更好的条件，"以民众为中心"的可实现性增强，制度设计内的民意表达途径更加畅通，获取民意、反馈民意以及在政策中体现民意具有极强的技术可行性，公民可以通过公共价值的实现获得进一步参与的巨大动力。

公共价值管理理论提出公共价值是公民对政府期望的集合，是由公民决定的价值与集体偏好的总和，是协商得出的结果，是一种社会公众效用。从本质上来讲，公共价值不是公众偏好的简单相加。政府的目标是通过公共服务或公共管理来满足公众需求，创造公共价值。这种对公共价值的确认确定了公共管理者的重要使命是探寻和回应公众真实的期望，因此，公共管理者应该最关注公民的意见表达，当我们建构公民政策参与有序性的时候，公共价值理应成为必不可少的要素之一。但是，公共价值不是唯一的判断标准，在价值形成过程中需要先了解社会公众现存的各种不同的价值追求，承认其存在的合理性，再通过公共讨论和协商对话形成价值共识，增强他们对公共价值的认同，从而将协商后形成的、带有自己意见或建议的公共价值嵌入自己的行动之中，或引导公共行动。

第三章　公民政策参与有序性的规范性构成

公共政策活动中公民参与的目的不在于参与本身，而在于有效地提升公共政策的质量，使公共政策在民意诉求、政府治理与公共利益之间实现其合目的性和科学性的统一。公民政策参与应该是有序、有理、主动和积极的。那么，如何确定公民政策参与是有序的呢？从词源上看，有序就是指有秩序、有条理和不混乱的情况。有秩序不是自然形成的，而是公众达成共识后具有控制性的行为表现。在诸多不确定因素的作用下，秩序使人们发生连接，在规范公民行为的同时也塑造出行为预期和相对稳定的关系。"有序性"的评判往往受到评判者主观期望和价值偏好的影响，受制于对公民参与理想状态与现实状况之间的基本认知态度。① 从过程正义和结果正义的双重意义上来看，我国公民政策参与的有序性是指公民在既定政治体系的框架内，以合法和理性的方式，通过多元化渠道，按照一定的程序和秩序参与公共政策过程，影响公共政策决策和质量的公共行动。

根据宏观—微观—中观的全景治理框架，本书从合法性—合规则性—合情境性三个维度对公民政策参与的有序性进行界定（见图3-1）。其中，合法性维度由制度和理念等不同方面构成，在宏观层面保证有序性；合规则性维度是议题场域内具体行动指南，从中观层面和微观层面生成有序性；合情境性维度是外部环境性保障，构成的是公民政策参与的边界。

---

① 孙柏瑛：《地方治理中的有序公民参与》，中国人民大学出版社 2013 年版，第 15 页。

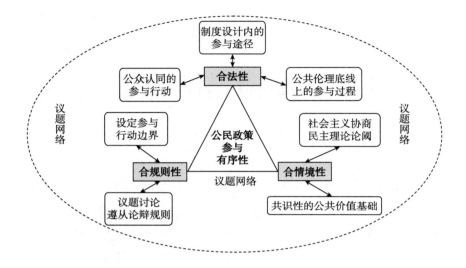

图 3 – 1　公民政策参与有序性构成

　　合法性维度下的三个要素包括制度设计内的参与途径、公众认同的参与行动以及公共伦理底线上的参与过程。制度设计内的参与途径是合法性的一个体现；公众认同的参与行动是一种心理接受层面上的合法性，是以民众为中心的政策制定的具体体现；公共伦理底线上的参与过程为公民政策参与的行为设定了一个最低标准，一旦突破就会造成社会状态失衡或公共治理的损坏。合规则性维度包括设定参与行动边界与议题讨论遵从论辩规则两个要素。设定参与行动边界主要指公民政策参与以《宪法》为行动的元准则，以参与者的角色认知为行动前提，以政策议题场域为行动范围。这种规则的设计主要是避免"多数人暴政"或"沉默的螺旋"造成的公共偏好的伪装，使所有的政策参与者都能够通过公平、公正的平台进行表达。议题讨论所遵从的论辩规则包括协商对话原则与相互承认原则。协商对话原则旨在增强公民政策参与时不同主体之间的可理解性，保证差异性前提下的相互沟通；相互承认原则通过秩序构建降低个体行动风险。合情境性维度包括社会主义协商民主理论论阈与共识性的公共价值基础两个要素。一国的国情是这个国家的公共政策基本环境，公民所有的政策参与行动都需要与这个国家的国情相契合。在中国语境中，公民政策参与行动必须要以社会主义协商民主理论为指导，以在全社会达成共识的价值基础为内在信念。这种合情境性也构成公民政策参与有序性的外部规范机制。由此，公民政策参与有序性在一定的社会情境中，从宏观、中观、微观不同层面构建起来，为公民政策参与行动提供"序"方面的解释力和规范性。

第一节　公民政策参与的合法性维度

任何公共性行动，包括公民政策参与，都具有与公共管理合法性相同的内涵，即在法律授权下的制度设计框架内并获得社会公众的认同；此外，还需要具备的合法性条件就是伦理底线。制度设计中参与途径是公民政策参与合法性的一个体现；公众认同的参与行动对公民形成一种激励，建构起有序参与的情感基础，从内部改变公民的信念，规范他们的政治行为。这是一种心理接受层面上的合法性，也是以民众为中心进行政策制定的具体体现。伦理底线上的参与过程为公民政策参与的行为设定了一个最低底线，一旦突破就会造成社会状态失衡或公共治理的损坏。因为，伦理底线规范了公共行为主体的准则体系，对所有行为主体都具有约束性，同时也反映了行为主体对公共事物的价值判断、态度与基本立场。从上述三个方面提出的公民政策参与有序性的合法性论证，是从外部规范到内部改变，指向普惠共享政策目标的一种逻辑推演。

一　制度设计内的参与途径

合法性维度的第一个要素是公民应该选择制度设计内的参与途径参与公共政策过程。从元治理层面来讲，执政党和政府对参与途径的制度设计本来就建立在"以人民为中心"的理念上，理应成为公民政策参与途径的首选。从本质上来讲，制度设计内的参与途径已经充分考虑所有社会成员的政策参与，它们可以正常地反映公众的政策意见。

首先，制度设计内的参与途径通过元治理确立了全体共同体成员合法的中心地位，这是制度设计外的其他参与途径无法替代的。根据《中国共产党章程》，"中国共产党是中国工人阶级的先锋队，同时是中国人民和中华民族的先锋队"①，它确定了作为执政党的中国共产党本身就具有对全体社会成员的代表性；"发展是我们党执政兴国的第一要务。必须坚持以人民为中心的发展思想，坚持创新、协调、绿色、开放、共享的发展理念。各项工作都要把有利于发展社会主义社会的生产力，有利于增强社会主义国家的综合国力，有利于提高人民的生活水平，作为总的出发点和检验标准，……做到发展为了人民、发展依靠人民、发展成果由人民共享"。② "中国共产党领导人民发展社会主义民主政治。坚持党的领导、人民当家作主、依法治国有机统一，走中国特色社会主义政治发展道路，扩大社会主义民主……坚持和完善人民代表大会制度……"③ 这里凸显出了"以人民为中心"和"人民当家作主"的元治理思想。根据互动治理理论路径，国家干预的有效性依赖于国家和社会的具体关系。在"以人民为中心"的执政理念下进行具体参与路径设计的前提假设是，确立政策目标和方向的执政党与作为治理对象的民众之间的关系是主客体间的双向互动关系，执政党代表着人民，人民又是执政党的执政基础，双方互相负有责任，彼此之间便形成了合作关系。根据这样的治理思路设计出来的参与途径对参与有效性形成了一种保证。"发展更加广泛、更加充分、更加健全的人民民主，推进协商民主广泛、多层、制度化发展，切实保障人民管理国家事务和社会事务、管理经济和文化事业的权利。尊重和保障人权。广开言路，建立健全民主选举、民主决策、民主管

---

① 《中国共产党章程》，人民出版社 2017 年版，第 1 页。
② 《中国共产党章程》，人民出版社 2017 年版，第 8 页。
③ 《中国共产党章程》，人民出版社 2017 年版，第 11—12 页。

理、民主监督的制度和程序"①，从应然性层面提出了人民应该参与
国家治理以及通过哪些方法进行参与，如广开言路、协商民主、民
主选举与决策、民主管理等，内含了对参与行为的引导。"党除了
工人阶级和最广大人民群众的利益，没有自己特殊的利益。党在任
何时候都把群众利益放在第一位，同群众同甘共苦，保持最密切的
联系，坚持权为民所用、情为民所系、利为民所谋……一切为了群
众，一切依靠群众，从群众中来，到群众中去，把党的正确主张变
为群众的自觉行动"②，执政党和人民之间在政策目标上具有高度的
一致性。中国共产党不同于世界上任何其他的政党，它的利益诉求
就是人民群众的利益诉求，选择执政党引领下设计的参与渠道就意
味着通过合法途径帮助党和政府建言献策。

　　《中华人民共和国宪法》（2018 年修正）序言提出，"社会主义
的建设事业必须依靠工人、农民和知识分子，团结一切可以团结的
力量。在长期的革命、建设、改革过程中，已经结成由中国共产党
领导的，有各民主党派和各人民团体参加的，包括全体社会主义劳
动者、社会主义事业的建设者、拥护社会主义的爱国者、拥护祖国
统一和致力于中华民族伟大复兴的爱国者的广泛的爱国统一战
线……中国人民政治协商会议是有广泛代表性的统一战线组织，过
去发挥了重要的历史作用，今后在国家政治生活、社会生活和对外
友好活动中，……将进一步发挥它的重要作用"。"全国各族人民、
一切国家机关和武装力量、各政党和各社会团体、各企业事业组
织，都必须以宪法为根本的活动准则。"③ 这就意味着所有社会成员
都已经被纳入制度设计的参与途径之内，无一例外，所不同的是不
同的群体可能使用不同的制度内途径。总纲第二条指出，"中华人
民共和国的一切权力属于人民。人民行使国家权力的机关是全国人

---

① 《中国共产党章程》，人民出版社 2017 年版，第 12 页。
② 《中国共产党章程》，人民出版社 2017 年版，第 20 页。
③ 《中华人民共和国宪法》，2018 年 3 月 22 日，中华人民共和国中央人民政府网
站，http：//www.gov.cn/xinwen/2018 - 03/22/contert - 5276319.htm，2021 年 3 月 3 日。

民代表大会和地方各级人民代表大会。人民依照法律规定，通过各种途径和形式，管理国家事务，管理经济和文化事业，管理社会事务"①。也就是说，公民政策参与从本质上已经不是参与或不参与的问题了，参与成为宪法规定的公民权力和权利。总纲第五条认为，"一切违反宪法和法律的行为，必须予以追究。任何组织或者个人都不得有超越宪法和法律的特权"②。任何成员根据宪法和法律做出的政策参与行为都受到宪法和法律的保护，制度设计内的参与途径保障了宪法对参与者的合法性保护。总纲第二十七条规定，"一切国家机关和国家工作人员必须依靠人民的支持，经常保持同人民的密切联系，倾听人民的意见和建议，接受人民的监督，努力为人民服务"③，确立了政府机构、工作人员和公民之间的应然关系，事先预设了当社会冲突和社会矛盾出现时的选择标准应该是"人民利益"，这种从宪法中生成的利益保护在一定程度上也会通过利益实现来激励公民的政策参与行为。第二章第三十五条规定，"中华人民共和国公民有言论、出版、集会、结社、游行、示威的自由"④，为公民政策参与留下了除了人民代表大会制度和政治协商制度之外的民意表达空间，以便使公民在想要发声的时候不定期地、不拘泥于某种形式地参与到政策讨论之中，但必须符合第二章第五十一条的规定，"……在行使自由和权利的时候，不得损害国家的、社会的、集体的利益和其他公民的合法的自由和权利"⑤。一个人、一个团体或者几个团体的利益不能凌驾于共同体的利益之上，需要进行

① 《中华人民共和国宪法》，2018 年 3 月 22 日，中华人民共和国中央人民政府网站，http：//www. gov. cn/xinwen/2018 – 03/22/contert – 5276319. htm，2021 年 3 月 3 日。
② 《中华人民共和国宪法》，2018 年 3 月 22 日，中华人民共和国中央人民政府网站，http：//www. gov. cn/xinwen/2018 – 03/22/contert – 5276319. htm，2021 年 3 月 3 日。
③ 《中华人民共和国宪法》，2018 年 3 月 22 日，中华人民共和国中央人民政府网站，http：//www. gov. cn/xinwen/2018 – 03/22/contert – 5276319. htm，2021 年 3 月 3 日。
④ 《中华人民共和国宪法》，2018 年 3 月 22 日，中华人民共和国中央人民政府网站，http：//www. gov. cn/xinwen/2018 – 03/22/contert – 5276319. htm，2021 年 3 月 3 日。
⑤ 《中华人民共和国宪法》，2018 年 3 月 22 日，中华人民共和国中央人民政府网站，http：//www. gov. cn/xinwen/2018 – 03/22/contert – 5276319. htm，2021 年 3 月 3 日。

协商、折中，甚至妥协，尊重宪法精神对全体社会成员的保护之根本要义。

　　制度设计内参与途径已经将所有社会成员进行了覆盖，所建构的对话规则与共识达成路径为不同的社会成员提供了参与的可能，使社情民意能够自下而上进入政治系统和政策子系统，在合法性上并无争议性。中国现行的政治制度安排预设了多样化的公民政策参与途径，包括人民代表大会、政治协商会议、听证会、信访制度、民意调查、社会组织（非营利组织或利益集团）、大众媒体、网络论坛等。这些制度内参与途径优势明显：首先，从程序的角度将包括精英在内的政策制定主体与普通社会公众连接在一起，保证了公众不会被精英以任何理由排斥在体制之外。金字塔形的中国社会结构中存在着知识精英、经济精英和政治精英们，他们与社会公众之间在生活状况、教育背景、思维方式等方面都存在一定差异，各自使用着不同的话语体系，在政治实践中不乏对普通公众的轻视。他们常常以大众的无知为理由忽视其意见，或替代他们做出政策选择，造成对委托—代理关系的偏离。在我国制度设计的表达途径中，并不是一般的精英都可以成为社会公众的代言人，它对人大代表和政协委员的内在品质和综合素质有着较高的要求，前提假设是人大代表和政协委员对于自己的职责和公众的诉求更清晰，更具思辨性和理性判断力，更懂得如何更加有效地表达民意，也能够在利益冲突面前衡量轻重缓急，运用自己的政治智慧和政治行为维护本选区人民的利益，使之在议案中得到优先排序，增加利益实现的概率。他们需要受过良好的教育、有政治判断力；应来自不同的地区、民族、职业、阶层和界别；能够对多元化的利益诉求做出多种形式的理性表达，能够在个人利益和群体利益、当前利益和长远利益、国家利益和社会利益之间进行权衡与协调；在主观上愿意运用自己的知识储备和理性判断力去感知人民的诉求。这也是社会公众对人大代表和政协委员产生方式释放出的一种期望信号。如果你想参与公共政策活动，表达出自己的政策意见，或者你希望自己的政策意见被政策制定主体听见，甚至产生回应，那么正式的民意表达途径更有利于自己的目标达成。从本质上来讲，使社会公众通过正式制度体系参与公共政策活动是通过合法途径建构有序性的一种过程。

其次，制度设计内的参与途径具有民意聚合功能，恰当的制度设计能够引导社会公众依托正式民意表达途径来表达自己的多元政策诉求。比如人民代表大会和政治协商会议的代表选举制度均以代议制为基础。社会公众必须通过代表来做他们自己所不能做的事情，选民是委托方，代表是代理方，代表负责将选民的意见传递到政治系统。同样，选民在代表的实际行动中得到政府回应后，才会更加积极主动地选举和监督代表，积极向代表们反映意见，利益代言人通过利益表达和妥协形成最终的利益整合。人大和政协的议案、提案制度设计将公众聚合在公共事件的周围，持续不断地吸纳民意，形成一个政策意见的能量场。从某种意义上讲，通过代表征集、提交和办理提案和议案，代议制民主与协商民主能够有机地结合到一起，化解了可能的劣等参与图景，改变了原子化个体的政策意见游离与漂浮的状态。《中华人民共和国宪法》第七十二条规定，全国人民代表大会和全国人民代表大会常务委员会组成人员，有权依照法律规定的程序分别提出全国人民代表大会和全国人民代表大会常务委员会职权范围内的议案。《全国人大组织法》和《全国人大议事规则》规定，全国人民代表大会主席团、全国人大常委会、全国人大各专门委员会、国务院、中央军委、最高人民法院、最高人民检察院以及一个代表团或者30名以上的代表联名，可以向全国人民代表大会提出属于全国人大职权范围内的议案，由主席团决定是否列入会议议程或者先交有关的专门委员会审议，提出是否列入会议议程的意见，再决定是否列入会议议程。全国人民代表大会各代表团全体会议、小组会议对议案进行审议，主席团可以将议案交给专门委员会进行审议、提出报告，由主席团审议决定提请大会全体会议表决，经表决，议案由全体代表的过半数通过。《中国人民政治协商会议章程》规定："中国人民政治协商会议全国委员会和地方委员会的主要职能是政治协商、民主监督、参政议政。""参政议政是对政治、经济、文化、社会生活和生态环境等方面的重要问题以及人民群众普遍关心的问题，开展调查研究，反映社情民意，进行协商讨论。通过调研报告、提案、建议案或其他形式，向中国共产党和国家机关提出意见和建议。""中国人民政治协商会议全国委员会和地方委员会组织委员视察、考察和调查，了解情况，就各项事业和群众生活的重要问题进行研究，通过建议案、提案、社情民意信息和其他形式向国家机关和其他有关组织提出建议和批评。"① 从上述制度设计可见，提案是政协委员参政议政的重要形式，也是政协工作的重要内容。政协委员向人民政协组织，并通过人民政协组织向人民代表大会或人民政府就有关国家或地方大政方针、社会生活等重大问题提出意见和建议。与人大议案不同，政协提案不限时间、不限内容、不限人数，主要通过政协委员以个人或联名方式，政协全体委员会议期间以小组或者联组名义，参加政协的各党派和人民团体，以本党派、团体名义，政协各专门委员会以本专门委员会名义等方式提出，由专门机构根据"件件有着落、案案有答复"的原则负责办复。议案稿和提案稿的形成也是经过代表和委员们与选民或界别成员们反复沟通协商产生的结果。因此，提案的办理本身就是基于民意协商。政协委员协商决定若干提案中优先办复哪一件；议案形成决议后，人大代表们通常会告知自己的选民，并适时进行合意度跟踪；提案办复后，政协委员也会及时跟推荐自己的公众以及同界别的人阐释提案的结果。由此，民意的聚合成为议案提案制度的目标与出发点。

最后，制度内不同的参与渠道相互补充，让每个参与者都有可能在合法性层面体验到自己的主体地位。我国民主制度设计中的代

---

① 《中国人民政治协商会议章程》，2018 年 3 月 27 日，中华人民共和国中央人民政府网站，http：//www. gov. cn/guoqing/208 - 03/27/content - 5277793. htm，2021 年 3 月 3 日。

表通过人民代表大会的选举制度和政治协商会议的推荐制度形成互补，在代表性的广度和深度方面超越了一般性的议会选举。人大代表选举先确定各级人大代表的名额，再根据代表名额在各选区中进行分配并选举，这种程序影响名额确定的因素很多。我国的代表制属地域代表制，先以行政区划为单位确定基数，再依据各地的人口进行比例原则和限额原则相结合的调整，同时考虑到少数民族、军队和归国华侨等特殊因素；另外还要确定人大代表的构成比例，以政党结构、界别结构、知识结构、年龄结构和性别结构为额度占有的划分标准。政协委员推荐，包括提名推荐、协商确定建议名单、政协常务委员会会议通过、公布等步骤。选举人大代表的活动实际上就是公民通过授权或委托的方式选出管理公共事务的代理人。2006 年颁布的《中共中央关于加强人民政协工作的意见》明确指出："人民通过选举、投票行使权利和人民内部各方面在重大决策之前进行充分协商，尽可能就共同性问题取得一致意见，是我国社会主义民主的两种重要形式。"[1] 在具体运作过程中，基层人大代表都是通过直接选举的方式产生，与较高层级间接选举的人大代表以及政协委员的推荐方式互为补充，共同形成涵盖所有社会阶层和群体的政策协商体系。因为直接选举现在是政府组织最权威的授权形式，它满足仪式、正当程序、代表和参与等方面的所有要求，因此，由人民直接授权的代议制政府更具合法性。这样，人大代表的选举与政协代表的推荐就必然形成地域、界别，甚至政策意见方面的互补，充分体现了社会主义民主，社会公众从中能够体验到对公共政策的参与感，易于形成公民的选择偏好。同样，网络论坛、电子投票、远程会议等网络民意表达途径是对实体世界中参与途径的虚拟补充；邻里集会、听证会等协商式参与途径是对人民代表大会、政治协商会议等代议式参与途径的微观补充；民意调查、信

---

[1] 《中共中央关于加强人民政协工商的意见（摘要）》，中国新闻网，http：www. chinanews. com/news/2006/2006‒03‒0118/697236. shtml.

访、网络论坛等公民主动式参与途径是对人民代表大会、政治协商
会议、听证会等被动式参与的结构性补充。

二 公众认同的参与行动

合法性维度的第二个要素是公众认同的公民政策参与。得到公
众认同的公民政策参与以制度内参与为前提，在界定有序性的过程
中提供合法性维度的主观性。对参与行动形成认同的条件或衡量标
准主要包括参与行动是否符合社会性建构起来的政治文化发展要
求，以及是否能够唤醒他者的共情心理，规避盲从现象。

其一，见容于发展中的政治文化。见容于发展中的政治文化就
意味着公民的政策参与活动要以政治文化为公民行动的外部环境条
件。公众认同的公民政策参与行动要以不断发展的政治文化为行动
边界才能具有合法性，即"有所为有所不为"。可以说，一个共同
体的政治文化对公民有效政策参与必不可少，其内在逻辑在于通过政
治文化的软性约束形成有序性。将政治文化作为政策参与者的活动
境就是基于政治文化的基本内涵而设定的。如果公民的政策参与行动
与发展中的政治文化相契合，民意表达的阻力就会减少，主流的政策
话语形成的可能性会增强，民意也比较容易被输入政策子系统。

政治文化是一个主观的概念，是有关公民心理、态度和观念倾
向性的一个综合概念，"……给政治领域创造结构与意义"①。一个
稳定、有效的民主政府不仅要依靠政府结构与政治结构，还需要依
靠公众对政治体系所持有的政治情感、态度、心理、价值等。中国
独特的政治制度以及社会结构与形态的变迁跟其他任何国家相比存
在巨大差异，任何理论都无法直接运用到中国社会之中，需要完成
与政治文化的嵌入与融合。中国的政治文化在发展中呈现出一种传
统与现代融合，单一和多元共存的态势，那么，"也许没有一个词
比'多元主义'更能充分地描述世纪转折时期中国文化变化的总体

---

① Lucian W. Pye and Sidney Verba, *Political Culture and Political Development*, Princeton: Princeton University Press, 1989, p. 8.

趋势"①，多元主义文化构成了在新的形势下不断发展的中国政治文化的主要内涵。协商民主理论的兴起支撑着公民政策参与行动，蕴含着对多元主义政治文化的回应，政治发展的现实条件、承担的历史责任和基本政治理念共同决定了民主政治发展以公民协商为价值偏好，预示着公民政策参与的必然。

想要与多元主义政治文化契合，政治信仰是参与者进行协商的动机，妥协与折中是公共理性的手段，认同是公共行动的目标，它们共同指向协商民主的有效性。除了物理空间的聚合性，政治信仰也是聚合中国社会个体的一种力量。社会主义核心价值观是政治共识形成的信仰基础，参与者之间更多的换位思考和回归政治信仰是协商民主在政治文化框架中的一种表现。如果要保持最终的稳定，政治系统要有一种对于该政治系统更为普遍的依恋基础之上的政治信仰形式——我们已称之为系统情感的一种信仰②，对政治系统的忠诚、对政府政策的肯定、对政治领袖人物的青睐等对于政治系统的维持、稳定与发展都是至关重要的。换句话说，政治信仰是产生政治文化包容性的前提和基本保证。一个公民政策参与行动想要得到认同，就需要以公民的政治信仰为前提，否则参与者无法在一个公共场域中进行对话和商谈。与西方个人主义方法论不同的是，中国的民主协商除了要有共同的对话平台之外，此前也需要通过不同的方式产生聚合性，使处于原子状态离散的个体聚集成多个政策社群和议题网络。公民单个的政策言说通常会低效无果，有了共同的政治信仰，公民才不至于在协商过程中相互伤害，才有妥协的可能。妥协和折中是民主协商常常达成的最终结果，其原因在于"在斗争双方力量悬殊或者势均力敌的情况下，为了避免造成更大损失

---

① Cheng Li, "Diversification of Chinese Entrepreneurs and Cultural Pluralism in the Reform Era", in Shiping Hua, ed., *Chinese Political Culture 1989 – 2000*, Armonk, NY: M. E. Sharpe, 2001, p. 219.

② ［美］加布里埃尔·A. 阿尔蒙德、西德尼·维巴：《公民文化》，徐湘林等译，东方出版社 2008 年版，第 434—426 页。

或两败俱伤，以不伤害双方的根本利益为前提，通过政治谈判、协商或默契，互相让步，从而暂时实现缓和矛盾，以便于双方共同发展的某些局面"①。公共政策活动与协商过程都是妥协的过程，妥协与中国传统政治文化有着相同的内蕴，如"中庸之道""己所不欲，勿施于人"等，也与当代中国包容性政治文化相吻合。事实上，"所有的政府、人类所有的利益与福乐、所有的美德以及所有的谨慎行为都必须建立在妥协互让的基础上"②。究其缘由，西方协商民主实践中的论点交锋和争辩根植于个人主义的文化传统，而中国传统政治文化孕育的政治人格更加缓和与温婉，任何过激的、非理性的、超越了中国时代语境的公民政策协商都是无法顺利进行的。

当代中国政治文化除了强烈的多元主义色彩之外，巨大的包容性逐渐增强，更有利于参与者的协商对话与公共行动，为公民政策参与行动得到合法性认同提供了更多的空间。重人本、重和谐、重稳定是中国政治文化对公民政策参与行动产生接受性的前提。中国传统文化讲求"和为贵"，求同存异，内隐着对不同意见的包容。和谐的政治文化诉求并不排斥不同的意见，"和而不同"的语境承认差异性的政策诉求。事实上，政策对话无须也不应该存在什么绝对正确的意见。改革开放以来，随着中国社会经济结构复杂性的增强以及社会阶层分化的加剧，政治文化已经从传统的同质性文化向多元性文化转型，这就意味着政策协商所赖以生存和成长的土壤已经具备。但是，中国政治文化的包容并不是无限的，如何将所有的社会阶层纳入政策协商的多元主体，为所有人提供参与的可能是需要首先考量的内容，因为协商民主理论本身，即便是本土化之后的社会主义协商民主理论，仍无法解决所有人"在场"的问题。多种政策参与途径，自上而下和自下而上的参与发起模式，以及每个人平等的话语权都是公民政策参与制度设计的题中之意，也是以人为

---

① 王浦劬：《政治学基础》，北京大学出版社 1995 年版，第 145 页。
② ［美］埃德蒙·帕克：《自由与传统》，蒋庆等译，商务印书馆 2001 年版，第 303 页。

本、尊重人的个体差异、保障个人权利的表现。

其二，旁观者的心理在场。当一个政策议题出现的时候，议题网络中的参与者开始行动，他们围绕该议题展开讨论，同时开始酝酿解决方案，逐渐形成政策网络。参与者在政策网络中进进出出，其中不乏一些固定的参与者稳定地在政策网络中，比较集中地围绕某种或某几种政策方案开展集中论辩，形成观点鲜明、相互存在方案竞争性的政策社群，并继续行动；也存在一些流动性较强或无持续关注力的参与者，他们从政策网络中退出，成为旁观者；还有一些社会公众会衡量自己与政策议题的利益相关性，如果感觉议题与自己无关，就不会进入议题网络，更不会进入政策网络，出现在政策社群中，而是一直保持旁观者的身份。如果感觉议题与自己有关，他们就会直接转换成参与者的身份，进入政策网络和政策社群，直至政策联盟，谋求自己利益的实现。当然，公共政策活动中也可能存在一大批社会成员，他们永远都是旁观者，自始至终没有出现身份的转换，如持有怀疑论者、政治犬儒主义态度和政治冷漠情绪的人。

在合法性认同问题上，旁观者的认同至关重要，因为一个共同体的发展需要社会稳定作为支撑，但是公民政策参与行动一般源自政策期待与政策现实之间的差距，参与行动的发生就意味着对原有政策平衡的打破，因此，社会稳定一定会受到影响。倘若旁观者与参与者之间不能就政策议题达成共识，旁观者就无法感知到自己同属一个社会范畴，会对参与者产生对抗性。那么，这里就涉及一个"在场"的问题。参与者对政策议题而言自然是在场的，而不在议题网络之中的旁观者从物理意义上来讲是不在场的，但是他们可以通过心理在场产生政策问题讨论的共情心理，从而包容政策平衡被打破后暂时的社会稳定失衡，并从政策网络外产生额外的支持力量。

旁观者面对政策议题时的表现通常经历五个决策阶段，包括：注意到政策议题；将政策议题解释为紧急事件，并确定是否紧急到需要提供帮助；承担对参与者进行干预的个人责任感，以中断政策参与行动；知道如何进行干预或提供帮助，对自己的知识和技能是否能够帮助别人进行评估；决定是否帮助别人（如果他们害怕负面结果或动机不足，都会导致不作为的情况发生）。每个阶段都会存在一些因素影响旁观者的态度和道德认知，并决定他们对公民政策参与行动的解释，以及是否产生共情性行动。对公民政策参与而言，旁观者一旦生成共情心理，在与参与者互动中就会站在对方立场上进行思考和理解，进而扮演援助者、强化者、局外者和保护者等不同的角色，这实际上已经将旁观者转化为"不参与的参与者"。要想唤醒旁观者的这种共情心理，就需要那些"参与的参与者"的行动得到旁观者的认同与理解，因此，参与者需要帮助所有的社会成员，包括利益相关者和不直接相关者关注政策议题。《宪法》保障的公民知情权是一条有效途径，是旁观者对自己的行为选择继续决策的第一阶段，此外，作为参与者的公民需要通过各种公开途径公布与政策议题相关的公共信息。由此，旁观者就可以继续发挥自己的政治判断力，来决定是否对经过信息解释、加工和过滤的议题提供帮助，或继续保持不作为的状态。如果旁观者决定中断公民的政策参与行动，他们就会采取干预措施对其进行干预；若否，他们则会思考如何提供帮助，推动政策参与者进一步的行动。同时，他们会评估自己是否具备相应的知识和技能，并评估公民政策参与行动的动机与后果，最终决定只是提供援助，还是继续旁观或采取呼应性行为对公民政策参与行动进行强化，使其继续发生，或采取保护性策略，使公民政策参与在合法性框架内和理性轨道上展开。

旁观者的心理在场与参与者的心理在场共同构成公民政策参与的图谱，公民通过这种在场性能够获得大多数社会成员的认同，是合法性原则的一种影响因素。它不同于那些非理性的从众与盲从。人们由于担心自己在与别人意见不同的情况下被孤立，往往会产生自我怀疑，出于自我压力或外部压力，主动或被动改变自己的意见，尤其当大多数人的意见与自己不同的时候，会出现社会从众心理。社会从众心理多始于人类社会的一种生存哲学，并没有个人理性作为支撑基础，有可能造成集体非理性，这是在集体行动中需要规避的。如果将社会公众分为参与者和旁观者，并力求实现旁观者的心理同时在场，就会减少公众的盲从，因为当公民在政策参与中关心旁观者的心理活动及场外行动时，收获的是旁观者对参与者参与议题网络与政策网络的认同，因此成为合法性的另一种建构途径。

三 公共伦理底线上的参与过程

"伦理"作为人类社会中人与人之间、人与社会之间、人与国家之间的关系和行为的秩序规范，关涉"所有人应当如何自由生活"的普遍性问题，是人与人相处的各种道德标准的内在要求。公共伦理直指公共的善，"善"是公民参与行动伦理的出发点和归属。亚里士多德在《尼各马可伦理学》中以"什么是人的善"这样的问题开始，给出了"灵魂的活动合乎德性"的答案。他认为，"我们的德性既非出于本性，也非反乎本性生成，而是自然地接受了它们，通过习惯而达到圆满"①，要使人成为有德性的人，就必须具备勇气、自制、慷慨、真诚的品格。因此，在公民政策参与行动中设置一定的伦理底线，并让人们在共同生活中形成这种习惯且沿袭下去，就等同于在行为和心灵上培养一种遵循善的习惯，合法、合规、合理、合目的性地进行参与。从某种程度上说，公共伦理底线的设定相当于形成了一套伦理共识，进而形成一种公民参与行动通约，为公民政策参与提供了合法性保证。

公共伦理底线包括两个方面的内容：其一，生态伦理底线，即尊重生态环境的可持续发展。保护生态平衡是人类共同体所有成员应尽的义务和责任。公民参与公共政策活动不能背离公共政策的初衷，即在社会成员之间更好地配置资源、保护生态系统与人文自然环境，进而提升公共福祉。在公共政策活动中，人与自然的关系问

---

① ［古希腊］亚里士多德：《尼各马可伦理学》，苗力田译，商务印书馆 1992 年版。

题是人类所面临的、必须予以解决的根本基础性问题，人与自然的当代关系与代际关系均需纳入考量。人类需要在与自然和谐共生之中实现绿色发展，谋求利益实现。习近平总书记认为，人与自然是生命共同体，需要尊重自然、顺应自然、保护自然。政策过程中的任何利益诉求都不能违背自然规律和生态保护的底线，否则人类就会受到惩罚，一如人类正面临的雾霾、洪水、高温或极寒天气一样。公民的政策参与行动应该以生态文明建设为目标，以资源开发与循环节约利用为工具，最大限度地尊重自然、顺应自然和保护自然，在每一项公共政策中体现从源头上扭转生态环境恶化的趋势。实际上，任何政策参与都应该以人与自然、人与后代之间的和谐相处为首要原则，在商谈如何分配资源的时候充分考虑到代际公平，尤其在生活必需资源的分配上充分考虑后代人的生存境地。当代人需要控制自己的物质需求和欲望，避免"享乐主义"的生活方式，不因贪图自己的享受而剥夺后代人可使用的资源，削减资源消耗总量，尽量做到以低碳节能、环境保护为政策方案的前设条件，保证自然和社会的可持续和谐发展，使当代人和后代人都能够享有一种充满尊严的生活。

从本质上来讲，生态伦理的组成部分包括对自然环境与后代人的不作恶、最小错误与道德关怀；与土壤、水、植物和动物组成"大地共同体"，进而形成（道德）共同体，并把人的角色从大地共同体的征服者改变成大地共同体的普通成员与普通公民等。如果不重视对下一代人的利益保护，就会导致可供分配给下一代的资源匮乏，代际公平被打破，共同体无以为继。地球上的自然环境属于所有人（包括当代人和后代人），为了保证公平分配人类共有的资源，国家间、地区间和民族间应该建立合理的合作性秩序和公民行动规则，它不应因国家、地区或团体的利益差异而发生属性上的改变，资源分配的公平性也不能因为上述的差异性而发生变化。人们不仅要尊重共同体中的其他伙伴，还要尊重共同体本身，形成与命运相互关联的情感与意识。公民在参与相关政策活动的时候需要在内心把后代的人和生态系统同样作为主体来对待，确立后续世代的人和自然环境同等的主体地位，这一原则应该与我们内心敬仰的道德法则一样崇高。

其二，性别伦理。性别伦理是关于处理男女两性关系的道德原则和规范的一系列基本伦理思想和理论体系。由于男性和女性生理构造和心理结构的不同，性别差异问题一直都存在，性别伦理并不能用男女平等来简单概括。从母系氏族公社向父系氏族公社的发展，女性的自然优势开始衰落，男性的体能优势使社会权力中心围绕他们逐渐形成，女性却在无意识中丧失了均衡的社会地位。随着社会的进步和发展，女性力图实现对社会的回归，寻求与男性同等的尊严、自由和社会角色。事实上，男性与女性谁优谁劣的问题是无须争论的，因为大自然创造了不同的性别，不同性别之间无须彼此相像或绝对平等。但是，不同的性别之间应该有选择的自由，并在政策制定的过程中重视不同性别的需求，使其共同分享政治权利和权力。因此，在参与公共政策问题讨论的过程中，男性和女性需要根据自身的特点发挥不同的作用。公共政策制定也必须按照性别平等的价值观来展开，任何女权主义思潮和男性沙文主义都不能影响公共政策活动的价值取向，那些性别不平等的现象与价值偏离是公共政策致力于解决和调整的对象。有西方学者秉承社会建构论的思想，提出两性关系折射出了政治关系，认为父权制更长久，并试图用风俗、语言等文化要素改变自然选择，以所谓"性别政治"控制女性，将男女角色的定位界定为先天赋予。这一系列观点显然是不可取的，因为是文化造就了两性的差异，而文化的创造者也是不同性别的人，如果在性别关系的背后蕴藏着权力关系，那么，性别差异就会直接影响政治权力的拥有者、运行模式和一定的社会关系。因此，在公共政策参与活动中将性别伦理作为底线也就意味着将性别平等的精神体现在整个公共政策过程之中。从女性关怀的角度来看，公共政策本身需要关注女性在资源获取、政治权利、家庭地位、职业成长等各方面的公正性，作为公共政策参与者的女性，应该与他人一样平等享有代表、发声、选举和被选举的权利，而不因社会分工的差异被置于公共政策活动的边缘地带。从男性关怀的角度来看，在"他世界"中男性貌似掌握主导地位，但是仍然需要关注他们在某些特定领域的被边缘化现象，因为社会期待对男性显然有着很高的要求，有时甚至过分苛刻。至于两者之间的和谐发展，则需要通过对男性和女性的分别观照来实现。在任何一个历史时期，一旦我们提及全体社会成员的概念，就会产生性别之间传统性分工的路径依赖，从而产生性别差异的复制性传递，尤其当人工智能时代到来，如果不能以性别伦理为底线，则可能将农业社会和工业社会的性别歧视以乘数效应复制到虚拟社会之中，形成恶性循环，以致未来无论如何制定与优化公共政策，都难以实现真正的社会公平。

第二节　公共政策参与的合规则性维度

社会是由各种规则维持秩序的，公共政策过程中的参与行动者总会采取一些自主性行动规则去谋求自身利益的实现。规则是由社会成员共同制定并公认，或由代表人统一制定并通过，由所有社会成员一起遵守的条例和章程。行动规则基于参与行动者对自由、尊严、价值和利益的渴望，由行动关系展现，强调人的行为是在一定范围内才可以得到许可的一种行为，具有绝对的或相对的约束力，而不是一种完全无拘无束的绝对自由的行为。这种行为上的许可包括自然界的许可、社会的许可以及他人的许可。合规则性之所以成为公民政策参与有序性的重要构成，正是因为规范性的规则可以在一系列个人、组织及机构的参与行动中许可人们做什么或不做什么，阻止某些行动而倡导另一些行动，且具有持续性和长效性。如果公民依据一定的行动边界，按照协商论辩规则和相互承认原则参与政策活动，就可以使公民的公共行为更加理性、有序。

一 设定参与行动边界

民主与自由从来都是相对的，是工具理性与价值理性的统一，为民主设定边界是保证行动效果的必要条件，公民政策参与需要对公共行动的边界做出回应，通过形成规则意识引导个体进入公共空间，使主体间更易于达成政策意见的理性趋同，进而提升公民政策参与的有效性。

首先，公民政策参与需要以《宪法》作为行动的元准则。"许多问题的处理，都必须从国家与宪法情势的具体脉络去观察"①，因为《宪法》是对公民自由权利规范性的回应及以法治保障民主思想的践行，其生成的合法性"形成了法权的基础，……标志着它所证明的政治体制是尽可能正义的"②，在政策协商层面为理想的协商程序提供规范的组织基础与法律依据。《中华人民共和国宪法》（2018年修正）总纲第二条规定："人民依照法律规定，通过各种途径和形式，管理国家事务，管理经济和文化事业，管理社会事务。"这一目标的实现包含了对公民政策参与的需求及规范，以直接或间接的形式规定公民政策参与理念和方法，秉承宪法精神，让公民自由、平等、理性地参与到公共利益相关议题的公共活动之中。公民进行协商的时候必须将《宪法》作为行为边界，而《宪法》文本也在实质上给公民政策参与释放了足够的行动空间，既从制度层面保证了公民政策参与的必要性，也从行动层面提供了公民政策参与可能的行动方案。

《宪法》具有公民政策参与的目标引导性。一方面，《宪法》规范了协商民主在不同层次的元程序性地位。《宪法》明确了人民行使国家权力的机关是全国人民代表大会和地方各级人民代表大会，肯定了中国共产党领导的多党合作和政治协商制度将长期存在和发展，还规定了基层群众自治制度、企事业组织的民主管理制度等，

---

① ［德］卡尔·施密特：《宪法的守护者》，李君韬译，商务印书馆 2008 年版，第 5 页。
② 莫纪宏：《现代民主与宪法之关系新论》，《江苏行政学院学报》2007 年第 2 期。

并设定全国人大和地方各级人大对人民负责、受人民监督。其中，协商特色明显的"两会制"已经成为国家政治生活中的宪法惯例。另一方面，公民政策参与是宪法价值的一个主要要素。有些学者甚至将宪法的价值特征概括为"民主法"，承认民主是政治或社会组织的最高形式，标志着在现代社会和政治制度的最高目标上取得了基本一致。① 民主的宪法不但能够为具有相同思想的人们提供议题讨论的空间，而且还能增加某些群体成员与持不同观点者之间进行对话的可能性。将公民政策参与限定在宪法框架内能够保证政策参与的合法性，使政策协商的结果进入政策子系统，体现并作用于政治系统。

　　《宪法》对于公民进行政策讨论的动态过程具有工具意义。参与的过程也是协商对话的过程，具有非静态、非线性的特征，需要为不断出现的对话主体间矛盾与冲突寻找化解的方法与依据，《宪法》以元政策的原初设计成为化解与缓和冲突的约束性工具。《宪法》提供对话空间的功能是通过创设和规范协商公共领域来实现的，而公民政策参与的发展依赖于一种程序主义的制度安排。从宪法精神来看，《宪法》是民主实现的制度依凭，民主是统摄于宪法内涵之中的要素，是依宪执政的目标之一，公民政策参与自然也不例外。以《宪法》为边界的公民政策参与过程意味着凡在公民参与过程中出现有争议性或模棱之处，均可诉诸宪法本身。其中最为显著的是，当政策对话中出现多数人与少数人之争时，《宪法》框架是可资求助的权威之处，也是妥协与折中的立足点。《宪法》的真实意蕴是中华人民共和国的任何公民都有参与政策活动的权利，没有谁的权利能够凌驾或超越他人。因此，《宪法》首先应该保证的是全体社会成员都能通过某种途径和形式参与到那些与他们切身利益相关的政策讨论之中，随后再对不同主体间的利益博弈与均衡进

---

　　① ［英］弗里德利希·冯·哈耶克：《法律、立法与自由》（第二、三卷），邓正来等译，中国大百科全书出版社 2000 年版，第 428 页。

行协调。就像哈耶克所认为的，现代民主的关键问题并不是多数的问题，而是法制，尤其是宪法问题，因此，他主张一种"宪法性安排"的解决方式。① 至于多数问题的解决，学者们大致认同，民主的真正价值并不是取决于多数人的偏好，而是取决于多数人的理性。② 和谐的宪法关系确立了多数与少数之间的关系应该是多数对少数的尊重以及少数对多数的服从，兼顾人民主权和人权保障的宪法原则。也就是说，《宪法》对于公民政策讨论中的多数人与少数人关系实际上已经做出了解答。任何围绕公共议题的协商对于每一个社会成员都应该是平等进入的，那些大多数人的理性共识理应进入公共决策之中，保护少数人的话语权也不可忽视，这是宪法精神的要义。

《宪法》的根本是确保每一个公民权利和义务的相等，因此从来都不会在多数人和少数人之间做出选择，它不是为不同权力机关之间提供谈判的机会，而是在最广泛的意义上保护了更广范围的协商。需要注意的是，《宪法》提供的合法性是公民参与政策活动本身，而非参与结果，它为公民政策参与创造了一种工具性与目的性的情境，从而有效保证大多数普通公民的政策意见不被精英思潮所淹没；也不致使政策社群之间的妥协和折中难以达成。只有在包容真实的政策对话与协商情况下，公民政策参与才是有效、理性与合法的。因此，从本质上来讲，宪法在设定政策参与边界的同时，也为政策参与创设了更多的可能性。

其次，公民政策参与需要以角色认知为行动前提。政策参与者需要相互承认彼此的价值观和思维方式，对参与者角色的准确认知是相互理解、达成共识的前提。公共政策过程不是竞争的市场，公民间的议题讨论更像是公共论坛，带有明显的公共利益导向，理性、平等的交流和对话推动了合法决策的形成。公民并不是最终的

---

① 季卫东：《法治秩序的建构》，中国政法大学出版社1999年版，第51—52页。

② John S. Dryzek, *Deliberative Democracy and Beyond: Liberals, Critics, Contestations*, Oxford: Oxford University Press, 2002, pp. 10 – 14.

决策者，而只是公共讨论的参与者。他们在公共论坛中提出自己的政策意见，进行政策论辩，并通过一定的途径将意见输入政治系统，直接或间接地对公共决策产生影响。换句话说，在政策参与中的公共发声是为了被倾听而不是成为决策者。参与者角色设定的主要原因在于：在社会主义体制下，公民政策参与中的议题协商发端于中国社会基层，无论是村庄协商还是国有企业内工作场所协商的成功，都显现出一个不容忽视的变量，即参与者的角色认知。他们在参与之初目的明确，在公共讨论中的倾向性也很鲜明，主要是表达自己对公共议题的意见，而不谋求对最终决策的影响。这与社会主义制度中公民的主体地位密不可分，因为社会主义协商民主框架中即便存在委托—代理的偏差，也可以通过社会主义制度中公民的主体地位得到部分矫正。作为参与者的公民即便主观动机不在于影响决策，其政策意见也一定会经过制度设计的矫正功能，被政策系统中的决策主体纳入考量。因此，公民在进入政策子系统采取公共行动之前要先认识到自己的角色定位。

　　"参与者"角色增强了公民对作为政策制定主体的"代理人"内涵的理解。参与者是社会主义制度下公民主体性地位的元规则设计框架下的一种角色设定，与民主制度本身是一致的。中国现有的政治体制和传统的政治文化都决定了政府永远都是不可或缺的重要决策主体，在政府与公民的关系中，政府与公民均为公共政策主体，但政府才是决策主体。目前，我国的公共政策大多是以精英为主要主体通过有限理性决策的方式进行决策的，公民参与政策协商形成的主流政策意见自下而上地聚合后，进入政策过程。有时，政策协商的结果跟最终的政策输出并不一致，因为全国人民代表大会才是最高权力机构，拥有政策的最终决策权。如果公民试图超越参与者角色，直接进行政策决策，那么就可能直接挑战"以人民为中心"政府的合法性，混淆了政府元治理的角色。在以代议制民主为主要民主形态的情境中，政府代表普罗大众进行决策本就是公民让渡权力的初衷，厘清政府与公民的各自定位至关重要，政府乌托邦和公民原教旨主义的思维方式都是不可取的。对公民来说，最富吸引力的民主理想是，每个公民拥有真实的利益诉求，政府为他们提供超越社会背景和从属关系的连续的、结构性的机会。在面对面的情境中，不仅每个人都有发言权，而且每个人都能体验到与行为和偏好直接相关的包容性，在围绕问题解决方案的对话中利用这种发言权。① 对于政府来说，政策协商中公民的声音是值得且理应倾听的，"它的结果有规范性力量，因为那是人民在有机会思考的情况下发出的声音"②。在明确的参与者身份认知前提下，从民主协商到政策决策有一个缓慢的过程，从非规制和包容的协商到受规制的理性协商，再到意见聚合，最终到政策决策。随着民主协商的加深和广泛化，公民参与协商的机会日益增多，公共论辩更为开放、正式和多元，公民推选代表"参与讨论并与其他代表辩论，听取他们的意见、呼声和观点，并与他们一起为达成明智和争议的决策而努力"③。因此，将公民定位为参与者和论辩者并不影响民主社会的发展进程，反而能够成为渐步优化公共政策决策的有效路径。

政策参与前公民的"参与者"角色认知还决定了公共行动的目的和组织形式。参与公共讨论的权利是《宪法》赋予公民神圣不可侵犯的权利，但如果我们以为这种权利代表着公民参与政策协商的结果必须体现在最终政策产品中，那我们对公民角色就产生了认知偏差。通过不同参与方式聚合起来的民意会体现在政策备选方案中，但都不会成为最终的公共政策文本，即便决策者充分考量了政策协商后形成的主流政策意见，民意也未见得会体现在最终的政策产品中，但这并不影响程序正义与结果正义的融合。当然，参与者一般都希望看见自己的政策意见体现在政策文本之中，但如果按照

① ［美］玛莎·麦克伊、帕特里克·斯卡利：《协商对话扩展公民参与：民主需要何种对话?》，林莉译，转引自陈家刚《协商民主》，上海三联书店2004年版，第105页。

② Fishikin J. , *Democracy and Deliberation*: *New Directions For Democratic Reform*, New Haven CT: Yale University Press, 1991, p. 4.

③ Young Iris Marion, *Inclusion and Democracy*, New York: Oxford University press, 2002, p. 131.

一定的规则，在合法性框架内表达出自己的政策意见的话，其公共利益取向理应会促使其政策意见进入政策子系统，而且有些政策意见在进入政策子系统之后可能与其他政策意见融合、整合或变形，它们会以不一样的形式保留下来。同时，"参与者"角色决定了公民政策协商的非正式组织形式。公共领域不是旨在达成决策，因此不是有组织的①，政策决策必须对公共领域充满活力的信息输入开放，并被恰当建构起来以保障各种类型的理性话语实现。如果公民想要获取最终的决策地位，政策协商就应该成为有组织形式的活动，它将会与其他形式的组织同质，无法对政策活动形成补充，从而存在失去协商民主活力的可能。除去其他因素，仅仅是时间限制就已经使协商失去其优势，因为协商绝对不可能是达成集体决策的唯一程序，它总是需要投票或讨价还价或两者一起作为补充②，甚至协商、投票、讨价还价也不能成为决策程序的全部。这样，以松散的组织形态聚集在公共领域中的公民个体的主要任务应该是政策信息的输入和聚合，进而以无具体组织质态的形式保证政策话语的实现。

最后，公民的政策参与行动范围不应超越政策议题场域。划定参与者的活动范围旨在消解复杂社会条件中公民参与行动的易变性和不确定性。事实上，人的行动都会受到行动所发生场域的影响，议题场域依赖参与者的内在发展机制而实现，各种隐而未发的力量和正在活动的力量在其中型构着公共协商的空间，不同的个体通过政策协商对话进行利益博弈。议题场域是参与者进行活动的有结构的社会空间，它为参与者的行动塑形，规范其行动边界。参与者需要在议题场域之中按照特定的逻辑要求行动。

---

① Habermas J., *Popular Sovereignty as Procedure*, Cambridge：The MIT Press, 2018, p. 57.

② Michael Saward, "Less than Meets the Eye：Democratic legitimacy and deliberative theory", in Michael Saward, ed., *Democratic Innovation：Deliberation*, *Representation and Association*, ECPR Studies in European Political Science, London and New York：Routledge, 2000, pp. 66 – 77.

　　具体来讲，议题场域是指地理场所、议题选择、议题讨论方式以及议题意见的言语选择等要素形成的有限性结构。其一，在地理场所的设定范围上，政策参与并不是不分时间、场合进行的，只有当宪法规范下的公共领域接受真正的政策协商对话，才有可能做出有效、理性与合法的决策。纳入程序规范之内的政策协商应该在公众可进入性的公共平台上进行。由于政策协商的民主性，这个平台上每一个社会成员平等，一如"无知之幕"下的"原初状态"，不存在所谓的"差异公民"，即便经济地位有差异性，也会通过文化包容性加以消解。这个公共平台从本质上来讲具有互补和规范功能，与协商民主的内涵相同。此外，这个公共平台还包括有形（实体）或无形（虚拟）的物理场所，如社区邻里集会中心、街道议事中心、乡村议事场所、网络公共论坛、政治性博客或回应性网站等，这样，议题网络每个节点上的公民可以通过他者所感知到的公共场所进行政策讨论，使政策观点的妥协成为可能。其二，议题选择的有限性是指政策议题应该有所聚焦。对于那些国防、外交、领土安全和公安消防等公共事务以及纯公共物品的供给领域，只要按照公共管理和公共物品的基本供给逻辑进行制度安排即可，公民无须对这些问题进行太多的讨论。当然，公民也可以通过正常的程序就上述公共问题进行利益诉求的表达，但是政府应当成为纯公共物品的供给主体，作为公民权力代表的政府理应将之界定为自身的职责。政策议题需要主要关注民生，具有可协商性、解决的迫切性、政策效果的短期可见性、备选方案的可争议性以及政策影响的广泛性等特征。其三，议题讨论方式也应受到一定限制。不同的共同体在结束了小国寡民的直接民主后虽然各自进行了不同的民主制度的设计，但其共同点均为代议制民主，也都设计了给予公民参与权的各种途径，如我国的人民代表大会制度和政治协商制度等，同时在法律层面也保障了公民自由结社与集会的权利，听证会、民意调查、网络论坛以及群体集会都成为公民进行议题讨论，表达自己政策意见的途径。从政治合法性来讲，政治设计认可的不仅有正式制度内的公民参与途径，还有属于非正式制度的公民参与途径。由于公民政策参与的目的是能够将公民的政策意见输入政策子系统，并且在最终的公共政策中有所体现，所以，选择正式制度内的参与方式进行政策讨论是较好的选择。人民代表大会、政治协商会议、听证会、官方民意调查和民意征集、小型座谈会等应该成为议题讨论方式的首选。唯此，政策协商才能够顺利展开。利益集团和群体性事件都不宜成为社会主义协商民主制度下的方式选择，所谓的"闹大"式的公民抗争更不应该成为公民进行议题协商的常态性方式。其四，公民进行协商时的言语选择应该是审慎的。"一个人在公共场所鼓励人们造反即犯大逆罪，因为这时言语已经和行为连在一起，并参与了行为。人们惩罚的不是言语，而是犯罪行为。在这种行为里，人们使用了这些语言。"① 尽管《宪法》赋予公民表达自由的权利，但是言语作为思想与行为之间的桥梁，是思想的表达方式与物质外壳，可以在一定条件下转化为行为。言语并不构成罪体，他们仅仅栖息在思想里，在大多数场合，他们本身并没有什么意思，而是通过说话的口气表达意思。因此，在公民进行政策协商的过程中，审慎地选择言语来进行表达，可以避免由于言语不当造成的对民主的侵犯，以及可能造成的理解误差，进而促成政策共识的达成。言语选择的审慎具有两个层面的意思：第一层面是公民在理解政策议题后将自己内心感受通过适当的言语载体表达出来。人类充满魅力的思考能力及将其思考的结果外显为行为是一种本能，无须经过选择，但是除了行为之外，让别人感知并理解还需要言语的包装。在一个公民教育并不成熟的共同体内，想要将自己的思想通过话语外显，是需要经过反复思考的，即人们必须思考用什么样的言语来表现自己思考某一问题的内容。这种审慎既能够对最初的思想进行自我过滤，增强公民的公共理性，又可以建构一种和谐的公民与公民之间、公民与政府之间的关系。第二层面是公民在政策协

---

① ［法］孟德斯鸠：《论法的精神》，张雁深译，商务印书馆1995年版，第198页。

商中需选择适当的言语在彼此之间进行公共沟通。有时候过激的群体性事件发生就是因为政府与公民在公共沟通中彼此选择语言不当，甚至常常出现语言外壳背离了表达者初衷的现象，进而造成不必要的冲突。

二 遵从议题论辩规则

在协商对话中，参与者进行理性讨论，试图说服对话的另一方改变原有的政策偏好，或与他者达成政策意见共识。公民参与公共政策活动的过程通常需要通过协商对话来实现。协商民主的论辩本质在于它是"一种不受强制的论证交换，它涉及实践推理并总是潜在地导向偏好的转变"①，对于"在做出某些集体决策之前，人们可能拥有什么样的良好理由来讨论问题""平等的公民间如何开展公共论证和推理""如何才能在对话的公民间达成共识"等问题是需要反复思考的。协商民主作为代议制民主的补充形式，能够通过程序设计帮助参与者充分表达并聚合民意，进而提升公民政策参与行为的合法性。作为一种言语活动，政策协商的社会性在于展开主体间的公开活动，其理性品格就是通过按照一定程序展开的论证来说服他人，论辩之前的意见分析往往可以折射出存在于社会生活不同层面和领域的多元化现实。因此，按照一定的论辩规则进行议题讨论有助于建构公民政策参与中协商对话的有序性。

（一）协商对话原则

第一，可理解性。公共论辩中的基本观点应该是可以被政策参与各方所理解的。使用能够被相互理解的、恰当的词句描述政策问题是公民在公共论辩中应当具备的品质。语言的目的大多是出于交往，所以语言要能够被听者理解。我们不仅自己要具备充分的认知和充分的知识储备，还需要学会理解他人的处境。改革开放40多年来，中国社会情境与话语表达方式已经发生了变化，公民在

---

① Maeve Cooke, "Five Argument for Deliberative Democracy", *Political Studies*, Vol. 48, No. 5, December 2000, p. 948.

对话和论辩过程中需要就一些基本理念达成共识，比如共治、共享、精准扶贫、良善治理、绿色环保、可持续发展、公平正义等，从而使意见分歧者能够进行交互式对话。事实上，观点共识本身就是各阶层互为生存、竞争、保护和争取权益而和平形成或共同遵守的协议或社会规则，它构成了公民政策协商中相互理解的基础。

第二，主体间性。主体间性主要指主体之间的地位应该是平等的，每一个主体都能够自由表达自己的意志，彼此之间需要进行双向交流，而非单向沟通，这是一种平等性的交往结构。在现实世界中，不论进行公共论辩的主体是谁，拥有怎样的社会、经济、政治地位，都应享有选择参与论辩和不参与论辩的自由，都有权利拒绝权力的干扰和暴力的阻碍。语言所构成的主体间性结构是公共论辩的出发点，它建构了一种尊重和认同，每一个参加论辩的人原则上都能在行动意愿的自主性、言语选择的目的性和交流对象的选择性等方面获得自由，从而使公共论辩形成自己的规则，指引公民朝着"序"的方向采取行动。

第三，基本论辩术。公民需要使用最基本的论辩术进行论辩，而不是使用市井语言随意发挥或离题太远。基本论辩术包括语用论辩术和商谈论辩术。语用论辩术是对亚里士多德的论辩术的继承和超越，主要强调对实际论辩给予描述性的分析和重建，并致力于从标准和规范的角度消除意见分歧，其最有效的是关于成功进行论辩的用语和程序方面的原则，具体包括：自由提出论点与疑问、为自己论点辩护的防守、对他人论点的攻击必须与已经提出的论点相关、不偷换概念故意歪曲理解进行诡辩、承认共同的基本认知常识、强调恰当的论辩模式的正确应用、只使用在逻辑上有效的论证、对论点的决定性防守要导致对方收回其质疑、不使用不够清晰或容易引起歧义的表达式。商谈论辩术来自哈贝马斯对交往行动中言语行为的余冗分析，主要揭示参与者做出的各种有效性认定。他认为只有在理想的言语情景中主体间才能解决分歧、达成共识。将语用论辩术与商谈论辩术相结合方能使公民在公共论辩中保持理性的态度，并提高达成共识的可能性。

第四，罗伯特议事规则。开会是现代社会沟通的最主要形式，人类往往通过会议来商谈和决策，协商论辩也不例外，但开会议事的规则不是自成而是建构的，有序、得体、规律是一个基本品质。亨利·罗伯特（Henry M. Robert）设计出"罗伯特议事规则"规定在开会议事的过程中有必要对个体进行限制，才能辅助一个会议以尽可能最佳的方式来完成，具体包括动议中心原则、主持中立原则、机会均等原则、立场明确原则、发言完整原则、面对主持原则（参与者不得直接辩论）、限时限次原则、一时一件原则、遵守裁判原则、文明表达原则、充分辩论原则即多数裁决原则等。"罗伯特议事规则"是一套通用议事规则体系，蕴含重要的价值理念，如民主、法治、权利保护、权力制衡、程序、竞争、自由与制约、效率与公平，在公民政策参与过程中是一种具有可操作性的秩序建构，以程序正义来保证和达到平衡各方利益的目的，将多数人的权利、少数人的权利、每个组织成员的权利、缺席者的权利和上述人群组成一个整体权利。"罗伯特议事规则"提出即便是绝对多数也必须要通过充分自由的论辩过程进行协商，但对少数人存在某种程度的忽略，其秩序建构和规则引导的特点与公民政策参与有序性相契合。诚如孙中山先生阐述其民权思想时所述："是集会者，实为民权发达之第一步。然中国人受集会之厉禁，数百年於兹，合群之天性殆失是以集会之原则、集会之条理、集会之习惯，皆阙然无有。"传统的政治文化和公民固有的思维方式在新中国成立后虽几经熏陶和培养，但仍未形成足够的公共理性，容易造成公民政策参与中的非理性、被动和失序的状态。因此，在政策协商中的公共论辩中合理使用罗伯特议事规则不失为一个有效的思路。

（二）相互承认原则

在公共政策过程中，不同参与个体之间的相互交往构成了政策活动场域，蕴含着相互承认而产生或更新自我意识的过程。新生儿睁开眼睛面对社会环境时就开始接收社会互动，他们不再是单纯的有机体，而是会逐渐向陌生的外部世界渗透，主体和客体、内在和外在不再抽象地对立。成长过程中的人要想形成一个有自我意识的内在生活核心，具备认识到自我的能力和品质，就需要将自己外化在通过交往建立起来的人际关系当中。因此，相互承认成为公共领域中进行社会交往所必需的原则。相互之间并不认识的公民，只有通过公共领域中公共意见和意志的形成过程，才能形成一种脆弱的公共性，这种公共性将会随着自我认同和相互承认而强化。相互承认是关于共同体成员身份、地位归属、社群认同的规范性建构，包含着公民从共同体获得的权利和应该承担的责任。在政策参与活动中以个体与个体之间的相互承认原则，使参与者既相互独立又相互依赖，建构出的秩序可以降低个体行动风险，共同谋求公共利益的实现。

　　"承认"的概念可以追溯到柏拉图和亚里士多德①，由费希特（Johann Gottlieb Fichte）、黑格尔（Georg Wilhelm Friedrich Hegel）、泰勒（Charles Tayler）等人进行了发展。费希特认为，承认是决定合法关系的个体之间"互动的结果"；黑格尔将承认直接运用到个体间的互动行为，认为社会交往方式也属于伦理的范畴，其中存在主体间的相互承认。相互承认的关系结构意味着在主体能力和品质方面主体间的互相认同与和解，以及对个体特殊性的尊重。② 因此，形成不同个体之间的相互承认在和解与冲突之中交替运行。从本质上来讲，相互承认就是指"我"与他者是一种互为前提的辩证关系，"我"之所以存在是因为被他者所承认，它不可能在抽象的自我关系中形成。我们对他人的认同、对政府的认同、对政策的认同

---

① 陈良斌：《承认话语的当代阐释——霍奈特思想的研究评述》，《哲学动态》2008年第 7 期。
② ［德］阿克塞尔·霍耐特：《为承认而斗争》，胡继花译，上海世纪出版集团 2005年版，第 22 页。

以及对公民行动规则的认同都建立在相互承认的基础上。可以说，相互承认是现代国家治理的重要构成。如果得不到他人的承认，或者承认不是相互间的，就会对认同产生影响，公民个体或群体就会产生受伤害感和压迫感。"我"的认同是通过与他者的协商对话形成的，公民之间在政策议题上的认同依赖于"我"与他者的对话关系。在查尔斯·泰勒看来，人类生活的本质特征是其根本性的对话特征，包括词语等语言表达方式以及艺术、姿态和爱等其他表达方式。有意义的他者的承认对我们的贡献具有无限的连续性，就像我们已经脱离的他者，如父母或曾经亲密的友人。只要我们活着，就会在内心深处继续和他们进行交谈，只是表达形式不一样而已。在公民参与政策问题讨论的时候，不能忘记我们对美好生活的理解并不是自己独立决定的，而是与自己所爱的人共同分享，从而使认同变得更有意义。在这个意义上，人们可以认识到自己是社会合作语境中的一员，自我能够在共同体中持续生存是因为在共同体中得到了承认，是同一共同体中成员的立场、观点和态度决定了自我的地位。社会的"自我"是通过与他者的关系得以实现的，必须为他者承认才能获得应有的价值。

相互承认原则并不代表一致同意，相反，它派生出了平等承认政治与差异政治，对人的潜能和人的尊严具有巨大的认同。人们彼此之间相互依赖，向往自由与平等，并不是因为他们依赖的人在社会占据主体地位，而是他们渴望得到他人的承认。同样，社会公众参与公共政策议题讨论并试图影响公共政策，是因为他们期待获得他人的响应，从而在政策议题领域得到承认，体验到自己与他人是平等的，才能够通过对话来实现这种平等，弥补曾经的差异。相互承认在公共领域建构起的是一种完全均衡的交互作用，使我们独立而平等，无须依赖舆论就能够形成自己的政策观点和话语方式。在承认中，自我已经不复称为个体，它在承认中合法地存在，被承认的人通过他的存在而得到承认，相互承认原则因而被整合进社会事实的自然状态。① 如果忽略相互承认原则，就会在公共政策活动中出现女性主义、种族关系或多元文化的讨论。事实上，这些关于公民身份平等与文化包容性的问题在相互承认的原则下是无须讨论的，因为大家彼此之间已经形成了彼此尊重的默契，扬弃排斥在相互承认中已经发生，每个人都在他人身上意识到自己的存在，每一方又自外于自己而存在于他人的世界里，平等也会随之自然发生。

当我国社会发展到人人都可以平等地分享他人的关注时，社会充满了活力，这就意味着相互承认应该成为公民参与政策活动的一种主要原则。在私人层面，相互承认的重要性是因为在与有意义的他者交往的过程中，认同有可能发生变异，比如离婚率的上升，这是"80 后""90 后"在精神和物质上寻求认同与承认失败的结果。在社会层面，公共领域的对话不断发生，平等承认的政治从未间断过。需要注意的是，单方的或扭曲的承认缺乏应有的尊重，不符合"人人都应该享有尊严"的民主社会命题，因为"人是目的"这一哲学主张要求承认每一个体的价值，将每一个人视为独一无二的、具有个性和特殊性的人。传统社会中，尊重往往取决于人的社会地位，但时至今日，我们需要做的是召唤人内心深处独特的存在方式。这种独特性是内在自省的，而不是社会派生的产物。实际上，独特性决定了公共空间中公民间的交往不可能独白式地进行，必须得到他者的认同，同时，我们的交往也需要从他者处习得超越自我的特质，比如表达方式和思维模式。有些他者对我们的影响是永远不可能摆脱的，他们的爱和关切深刻地影响并造就了我们，我们通过关系来实现自己。他者总是有意义的，认同总是相互的，承认也是相互的，正是在与他人的对话之中，我们才能涉及我们的共同基础。相互承认的原则可以在公民行动中消除孤立独白性的主体性，不断地将"他"变成"我们"，维护公民个体之间、公民与共同体

---

① ［德］阿克塞尔·霍耐特：《为承认而斗争》，胡继花译，上海世纪出版集团 2005 年版，第 49 页。

之间、公民与社会之间的平等关系。"与爱、法律和团结相关的承认形式提供了主体间的保护屏障，保护着外在和内在自由的条件，无强制表达和实现个体生活目标的过程就依存于这些条件"①，因此，相互承认原则能够保证公民行动规则的确立和个体对其的遵从。

第三节　公民政策参与的合情境性维度

公民政策参与过程一定要符合中国特色社会主义发展的理论语境与实践情境。要符合中国特色社会主义发展的理论语境，就是要在符合社会主义协商民主理论的框架中进行公民政策参与；而中国特色的公民参与实践要在社会主义协商民主理论的指导下，以在社会公众间达成共识的公共价值作为行动基础。这个基础性框架的设定更多凸显了新时代中国公民政策参与的行动逻辑的特殊性。

一　社会主义协商民主的理论论域

社会主义协商民主除了具备协商民主"通过自由平等的公共协商参与决策"的一般含义外，还具有符合我国语境的特殊规定性，即在中国共产党的领导下，社会各党派、阶层、团体、群众等，就共同关心或利益相关的问题，以适当方式进行协商，形成各方均可接受的方案，作出决策或决定，以实现整体发展的协商民主方式。

社会主义协商民主伴随着中华人民共和国的建立确立起来，改革开放以来得到不断发展和完善。2006年2月中共中央《关于加强人民政协工作的意见》以文本的形式提出强调坚持和完善"协商民主"的形式，既符合社会主义民主政治的本质要求，又体现了鲜明的中国特色。2007年《中国的政党制度》白皮书正式出现"协商

---

① ［西］雷蒙·潘尼卡：《看不见的和谐》，王志成等译，江苏人民出版社2001年版，第182页。

民主"。党的十八大报告提出了"社会主义协商民主是我国人民民主的重要形式"的论断，指出要"坚持人民的主体地位"以及"最广泛地动员和组织人民依法管理国家事务、管理经济和文化事业、积极投身社会主义现代化建设"；要实现中国特色社会主义对公平正义的内在要求，应"努力营造公平的社会环境，保证人民平等参与的权利"，并"加快推进社会主义民主政治制度化、规范化、程序化，从各层次各领域扩大公民有序政治参与"。这是社会主义协商民主概念第一次在党的代表大会报告中得以提出，标志着社会主义协商民主理论的正式确立，是以胡锦涛同志为总书记的党中央对党的三代中央领导集体关于协商民主思想的继承和发展，是运用马克思主义对我国协商民主政治实践的理论升华和伟大创造。如果说以往中国特色的协商民主主要体现在中国共产党与民主党派的协商，还没有上升到国家权力运行和社会管理的各个领域，协商的主体、对象、领域以及内容都有一定的局限性，那么，党的十八大则将政党之间的协商民主提升到了国家民主制度的层面①，党的十九大更是提出了建构程序合理、环节完整的协商民主，聚焦协商民主的可操作性及其在国家治理能力提升中的重要作用。

（一）社会主义协商民主的理论特色

不同于西方协商民主理论对讨论与对话的强调，社会主义协商民主更倾向于咨询和审议，因此在英文翻译上也普遍采取不同的翻译方式。西方协商民主多来源于协商民主理论论著，为"Deliberative Democracy"；社会主义协商民主则多用"Consultative Democracy"来强调协商民主的治理功能。学界自党的十六大以来就展开了对社会主义协商民主基本内涵的讨论。有学者认为，协商民主的本质是尊重并保护公民的权利，推进公民有序的政治参与，实现人民当家作主，中国特色的协商民主与中国社会主义的基本政治结构相适应，形成多层面的协商民主实践形态，使人民切实感受到有权决

---

① 李景治：《中国协商民主制度化新进程》，《南京政治学院学报》2013 年第 1 期。

定自己的命运。① 学者们尝试给出社会主义协商民主的定义：其一，社会主义协商民主主要是指在中国共产党的领导下，各民主党派、各人民团体、各少数民族和社会各界的代表，对国家大政方针以及政治、经济、文化和社会生活中的重要问题在决策之前举行协商和就决策执行过程中的重要问题进行协商。② 其二，在中国共产党的领导下，社会各个政党、阶层、团体、群众等就共同关心或利益相关的问题，以适当的方式进行深入的讨论、沟通、协调、整合，使各个协商主体了解彼此的立场、观点和利益诉求，在追求共同利益最大化的前提下，为实现共同目标达成比较统一的意见，形成各方均可接受的方案，做出决策或决定，以实现整体的发展和多方共赢。③ 其三，在中国共产党的领导下和社会主义制度中，人民按照自由、平等、公开的原则和符合真实性、正确性和真诚性的有效性要求，通过对话、沟通、辩论表达利益诉求和愿望，或者对国家和社会政治、经济、文化生活中重大问题进行政治参与。④ 还有学者概括了社会主义协商民主的特征，包括中国共产党的主导性、高效性和多层性，如齐卫平、陈朋提出，中国形态的协商民主是从国家内部、社会内部、国家和社会的多层政治关系上推动民主政治发展，而且这种多层政治关系有从基本政治制度到政治体制和运行机制的保障，这种多层次性有利于推动和谐政治关系的构建。⑤ 另外还有学者研究了社会主义协商民主的实现形式，大致包括国家层面的协商民主、基层民主层面的协商民主、社会层面的协商民主以及公共参与层面的协商民主⑥；此外还将社会主义协商民主的发展路

---

① 朱勤军：《中国特色社会主义协商民主的发展和创新——基于政治文明发展的视野》，《北京联合大学学报》2009 年第 4 期。

② 乔谦：《浅议中国特色协商民主》，《中共济南市委党校学报》2008 年第 2 期。

③ 李贺林、左宪民：《中国特色协商民主研究》，中共中央党校出版社 2008 年版，第 74 页。

④ 韩冬梅：《西方协商民主理论》，中国社会科学出版社 2008 年版，第 268 页。

⑤ 齐卫平、陈朋：《协商民主：社会主义政治文明建设的生长点》，《贵州社会科学》2008 年第 5 期。

⑥ 刘俊杰：《当代中国党际协商民主研究》，博士学位论文，吉林大学，2012 年。

径纳入思考，如完善政治协商制度、建立公共政策协商机制、创新基层协商民主新形式以及充分发挥大众传媒的功能等。他们对社会主义协商民主的功能也有了一定的认识，主要包括扩大公民有序政治参与、健全政府公共决策、化解社会冲突以及增强中国共产党的领导。

在对社会主义协商民主概念进行思考的时候，最重要的是对不同社会制度条件的观照，因为这是社会主义协商民主不同于西方协商民主理论的关键所在。事实上，就其理论渊源来讲，社会主义协商民主理论并不是起源于西方协商民主理论，而有着马克思主义的理论渊源和社会主义民主理论的支撑，是中国共产党在总结和借鉴国内外民主政治发展经验教训的基础上，随着民主化进程发展起来的。社会主义协商民主理论融合了马克思主义经典作家的人民民主理论、人民主权思想、统一战线理论以及群众路线理论，并结合了邓小平中国特色社会主义发展总体设计、"三个代表"重要思想、科学发展观战略思想以及习近平新时代中国特色社会主义思想，其发展过程"承载了马克思主义关于民主理念的特殊含义和价值取向"①；必须坚持中国共产党的领导、依法治国和马列主义普遍原理的指导。社会主义协商民主特别强调党内协商的内涵、方式与价值，并将其作为制度建构与实践的切入点。中国共产党领导下的多党合作和政治协商制度是党派之间实行民主协商的一种制度性安排，强调协商与共存，是完全不同于西方竞争性政党制度排他性特征的一种实践探索，是中国特色社会主义协商民主的核心，旨在谋求认同与共识，而不仅仅将之视为目的，在民主与效率之间更能实现一种平衡。

社会主义协商民主的确立与发展与传统政治文化紧密相关，始终坚持以马克思主义理论为指导思想并体现社会主义性质，有着和

---

① 韩冬梅：《西方协商民主理论研究兼论比较视野中的中国协商民主理论构想》，中国社会科学出版社 2008 年版，第 265 页。

合思想传统①以及对差异性的包容。周恩来总理曾经提出中国现在的情况是很难做到普遍的、平等的、直接的、不记名的投票的②，由此，相较于选举民主而言，中国语境中的社会主义协商民主反而有了更大的发展空间，它与选举民主共同构成社会主义民主的组成部分。事实上，社会主义协商民主不仅从应然性理论探讨的层面期望弥补代议制民主的不足，还具有更强的操作性和实践性，"……它既强调协商程序的合理性，也强调结果的共识性"③。从本质上来讲，社会主义协商民主不仅是基于政治合法性的考量，而且将协商民主的过程视为一种治理手段，通过制度化的协商过程将最大多数公民纳入参与主体，并通过协商论辩改变公共偏好，产生妥协和折中性的民意，进而使公共政策更具合民意性，从实质上提高公共福祉，让社会公众通过参与感受到自身生活的改善。

（二）参与主体

马克思指出，"民主制中任何一个环节都不具有本身意义以外的意义。每一个环节都是全体民众的现实环节"④。西方民主理论对于政治参与的主体并未达成共识。戴维·米勒认为，政治参与的主体是"从事这类行动的任何人，无论他是当选的政治家、政府官员或是普通的公民"⑤；而在亨廷顿看来，政策参与的主体应该是平民而非职业政治人物⑥。社会主义协商民主的主体与政治参与、政策参与的主体是一致的，它将政府、执政党、社会团体、社区、公民全都视为参与及对话主体，正如党的十六大报告所提出的"……包括知识分子在内的工人阶级，广大农民，始终是推动我国先进生产

---

① 林尚立：《协商政治与中国的政治形态》，《人民政协报》2006年12月25日第C3版。
② 李仁彬：《中外协商民主比较分析》，《党史文苑》2009年2月下半月刊。
③ 齐卫平、陈朋：《中国协商民主60年：国家与社会的共同实践》，《中国延安干部管理学院》2009年第5期。
④ 《马克思恩格斯选集》（第四卷），人民出版社1995年版，第280页。
⑤ ［英］戴维·米勒：《布莱克维尔政治学百科全书》，邓正来等译，中国政法大学出版社1998年版，第563页。
⑥ ［美］塞缪尔·P.亨廷顿、琼·纳尔逊：《难以抉择——发展中国家的政治参与》，汪晓寿等译，华夏出版社1989年版，第5页。

力发展和社会全面进步的根本力量。在社会变革中出现的民营科技企业的创业人员和技术人员、受聘于外资企业的管理技术人员、个体户、私营企业主、中介组织的从业人员、自由职业人员等社会阶层，都是中国特色社会主义事业的建设者"。社会主义协商民主主体将各党派、各团体、各阶层等社会各界、各方面人士囊括在内，是最广泛的自由平等的公民普遍参与的主体建构，其目的就是尽可能使所有的社会个体在场体验政策参与表达自己的政策建议，为政策参与的有序性提供了主体的存在和合法性。

中国共产党作为唯一的执政党是社会主义协商民主最主要的参与主体，它规避了西方协商民主中党派之间的竞争性和对抗性，将公共事务的治理回归到公共领域的讨论之中，避免使其成为不同利益集团争夺权力和利益博弈的产物。执政党推动协商民主过程，在民族纠纷、宗教冲突或区域矛盾等问题上主导政策方向，建构协商的社会基础。它与政府共同承担顶层设计的角色，坚持倾听社情民意，为社会主义协商民主提供了制度性可能。政府是社会主义协商民主的主导者，对于那些进入政府议程的问题，政府责无旁贷，在政府部门内部以及社会公众之间主导公共讨论；对于那些未能进入政府议程的公共问题，政府的角色与其他主体一样，是平等的讨论参与者。社会团体将那些不属于任何组织、身份模糊的边缘人口涵盖其中，尤其是一些容易被忽略的利害关系人，通过相关的代言人发表自己的政策意见和建议，从而参与到公共政策过程中。企业和各种营利性的经济组织往往会主动参与经济性政策议案的讨论和协商，因为他们有着强烈的政策诉求，对于那些可能带来自己利益变动的经济性政策议题尤为关注，会积极主动地参与这些政策讨论，甚至会主动利用公共媒体发声。社区是中国特色协商民主中一个较为特别的主体，当涉及民生，特别是涉及本地方或本区域相关议题时，它能够在工作场所之外为原子化的社会公众提供一种社会角色。社会主义协商民主的制度设计在基层的层面上往往立足于社区居民，社区居民的参与是公共政策民主化和科学化的基本保障。当然，公民个体也是公共协商和讨论的参与主体，他们可以通过上述的组织化身份参与，也可以通过自由的个体表达参与到工作场所或利他性的协商民主过程之中。

（三）活动场域

场域是指在各种位置之间存在的客观关系的一个网络或一个构型，这种关系是独立于行动者意志的客观存在，又与行动者所占位置、所掌握的资本和行动者的禀赋及其所采取的策略有关。这种网络关系有着自己的逻辑和运作规律，构成对行动者行动的限制性制约条件，当然只对置身于该场域的行动者才有意义。同时，场域也是一个力的较量场所，通常资本和权力是场域争斗的主线。在社会主义协商民主的场域中，所有公民争取的是公共利益和共同的福祉，不同的参与主体通过人民代表大会、政治协商会议、听证会、大众传媒、邻里中心、业主委员会以及工会等场域进行协商和谈判。

作为民主共和政体，人民代表大会制度是适应中国社会的基本政治制度，它由选民或选民代表按照民主集中制的原则，依法选举产生人民代表，由人民代表组成全国和地方的各级人民代表大会，行使国家权力。人民代表大会是人民代表大会制度的主要内容和核心，人民代表一经选民选出，就受命于民，要负责把选民的各种意见和要求上升为国家意志，从而使选民通过人民代表大会制度来实现参与公共政策活动的功能。从协商民主的角度来讲，人民代表能最广泛地联系人民群众，了解民情民意，并通过人民代表大会这个有效途径反映人民的意见和要求，排解人民的不满情绪，搭建政府与人民沟通的桥梁。因此，每年人民代表大会的召开是社会公众进行协商对话的最佳场域，它将人民主权从理想变成现实，获取"民意的最大公约数"，使政府获得了合法性基础。

政治协商会议是各民主党派在接受中国共产党领导的前提下，以民主监督、政治协商、担任国家公职等方式参与国家政治生活，协助共产党做好社会主义各项事业建设工作的一项制度安排。作为共产党与民主党派合作的一种表现，政治协商主要采取两种形式：一是政协全国委员会的全体会议、常务委员会会议、主席会议、常务委员会专题座谈会和各专门委员会会议。它与全国人大、政府一起构成我国现行政治体制的基本框架。二是中国共产党与各民主党派之间的合作共事，主要体现在中国共产党吸收各民主党派部分成员到国家权力、行政机关和司法机关中担任领导职务，鼓励民主党派和无党派人士建言献策，坚持正确观点。民主党派对共产党的监督形式包括向政协的各项会议提出建议，向政协会议提出议案，通过政协委员视察、举报，或以其他形式提出批评和建议。

听证会是具有双重特性的社会主义协商民主场域，它既可以自上而下地由政府部门召集，也可以自下而上地由社会成员或社会组织发起。当与民生相关议题出现的时候，部分感兴趣的社会公众就会聚集起来，形成议题网络，听证会成为他们提出相关政策意见和建议的场域。听证会召开之前，社会公众就会主动或被动获取相关资料，并向周边群体搜集政策意见，同时关注公共平台上的相关信息；听证会召开期间，自动报名或经民主推选产生的听证代表们会公开表达自己的政策意见，彼此之间展开论辩，在说服与被说服的过程中对自己的政策意见进行修正后达成共识，或形成一种折中的意见；听证会结束之后，召集者会将会上形成的共时性意见提交政策制定主体，如果在政策文本中能体现听证内容，则召集者会向听证参与者做出解释，并再一次就备选方案进行民意征集。因此，听证会为社会公众直接提供了表达自己政策意见的地方，是能够连接政策制定主体和目标群体以及利益相关方的对话平台。

大众媒体是社会主义协商民主不可或缺的对话场域，包括传统媒体和网络媒体、纸媒体和流媒体在内的大众媒体是社会公众获得政策认知和进行对话的公共话语空间之一。大众媒体本身就具有增量民主的特征，提供协商对话的场域是其可以被感知的表现形式。其中，传统媒体更多的是传播政策信息的手段，帮助公众形成政策认知；网络媒体则因其多样性和互动性使对话成为可能，具有协商特性。相比而言，传统媒体的公共理性特征更为明显，与网络媒体形成互补之势，共同构建公共场域。如果不同的大众媒体能够秉承其真实、快捷、公共性的报道精髓，就可以避免群体极化和新闻报道同质性明显的情况，社会公众就可以获取真实信息，使理性有序的对话成为可能。

工会是工作场所协商民主的主要场域。工会是一个上下意见聚合的连接点，被企事业单位雇用的人常常并不直接与雇佣者对话，当他们对工作相关的事务产生诉求的时候，往往会求助于工会组织，再由工会组织的代表将政策诉求传递给雇佣者。但是，工会作为工作场所的协商民主场域，并不适用于所有的政策议题，它主要涵盖与工资、福利、培训政策有关的议题。

邻里集会是社会主义协商民主的一个增量场域，它与业主委员会共同成为最为微观和基层的协商对话场域。一般的公共政策问题讨论往往是个体讨论汇聚而成，当一个政策议题出现，一个社区的居民总是会在其共同活动的公共空间对其进行讨论。对于个体协商对话能力的养成则发端于个体所生存的空间及其政治民主实践。目前新建成的社区常常有邻里中心这样的配套设施，为居民聚集讨论提供物理场所。此外，居委会也是居民聚集对话的另一种选择。在这样的围观活动场域中，居民主要讨论具体的、与其生存紧密相关的民生问题，是对其他层面上协商民主活动场域的一种有效补充。

（四）适用领域

社会主义协商民主并不涵盖所有政治、社会、经济、文化领域，而是主要聚焦于民生政策，因为社会主义协商民主建立在对政治制度的认同和共识达成的前提之下，对于那些政治系统内部元制度设计的领域理应交由人民代表通过代议制民主的形式来解决。协商民主应该是代议制民主的有效补充，这一民主形式并不旨在替代代议制民主，而是要弥补那些代议制民主的缺陷，如果代议制民主形式能够有效运转，则应仍然保留原来的议事规则和程序。由此，社会主义协商民主的适用领域更多偏向于教育、医疗、住房、就业、收入维持、城乡公共事业管理、人居环境等民生领域。这些公共问题的解决需要来自政府和公民双方的共同努力，是一种建立在协商对话基础上的共治共享。如果仅采用代议制民主的形式，可能会导致公民在投票的同时失去了对于自己切身利益相关的公共事务的话语权，因为代议制民主难以规避委托—代理关系的偏差，会加大政府与公民之间的距离，甚至偏离公众需求，使社会主义民主受挫。

教育、医疗、住房、就业和收入维持这些准公共物品性质的服务供给本身就应该由政府与社会共同供给。政府与社会组织，包括有志于参与公共服务民营化过程的私营企业之间的合作性伙伴关系决定了他们需要经常就公共服务供给的方式、政策工具的使用、公共服务供给的范围等进行对话，共同探讨出一种较好的治理之道。比如教育议题的创设更应该来自底层的社会公众，而不是自上而下的议程设定，因为教育不是能够单方进行的事务，一旦教育政策制定出来，就需要教育者及其生存环境的配合，所以学生、家长、老师、学校和他们生存空间中的利益相关者更懂得如何设计政策内容和执行政策。此时，关于教育政策的听证、座谈和辩论显得尤为必要。实质上，社会主义协商民主对于此类政策活动的意义在于：围绕教育问题的协商可以将教育行政主管部门、学校、教师、受教育者以及家长聚合在一个活动场域中，通过各种形式进行对话，不同主体的参与能够使政策主体对教育政策做出可信度较高的后果预测，同时也会提高未来教育政策执行中目标群体的遵从度。围绕医疗领域的协商可以使政策主体及时获得来自医患双方的真实感受和政策建议，适时调整医疗卫生政策，使其惠及大多数普通公众。围绕住房问题的协商主要解决的并不是如何遏制商品房价格，而是如何增加公共住房的供给，包括如何设定公共住房的准入门槛，如何鉴别符合最低申请限制的人群，如何确定公共住房的面积、位置和物业管理等。而包括围绕就业和收入维持问题的协商对话在目标群体、政策主体、社会保障部门以及企业之间展开，协商的目标就是要保持目标群体的生活不因国家经济政策的调整而发生巨大的变化，而是通过各方达成一致性认知，即一旦中断收入来源或收入低于国家最低标准，社会保障就会补足，从而不会因经济政策调整或企业发展差异在社会上形成新的贫困人口。当然，协商的内容应涵盖各地区低保标准和最低工资标准，以及社会救济的形式。

城乡公共事业管理和人居环境治理问题是社会主义协商民主应用较为广泛的领域，并正逐步形成以基层协商民主推动社会主义协商民主深化的局面。修桥筑路、社区治理、基础设施定价、公共绿地管理等议题都必须经过政策主体与利益相关方共同协商形成决策。一方面，这是公民权利的题中之义。每一公民都有责任思考与自己利益直接相关的公共事务管理，并就其发表意见，与其他政策主体进行意见争辩，从而在互相承认、妥协的基础上形成政策产品。另一方面，城乡公共事业和人居环境在未来社会资本成熟的时候可以实现自我供给和自我管理。城乡公共事业和人居环境问题都是较为微观具象的问题，社会公众比较容易形成直观的政策建议，较低的专业度使公众有能力将自己的看法直接表达出来，并展开公共讨论。这种对协商民主的应用为未来社会自治和社会治理共同体的建构培养了一大批成熟的公民，也是协商民主程序的实践演练，是为未来社会主义协商民主领域的拓展和延伸所做的有益准备。

二　共识性公共价值基础

社会秩序之所以成为可能就是因为存在被共同接受的价值，"价值是构成社会秩序的绝对必要的条件"[1]，能够为社会公众共同认同并接受的价值基础也是生成秩序的必要条件。从某种程度上来讲，公民政策参与活动是一种共同生产和实现公共价值的过程。公民参与实践的价值基础如同贯穿公民参与行动的轴心，在主观和客观之间形成理性的一致，如果参与行动不是围绕效率、公平、秩序和发展等公共政策价值目标，就无法谋求公共利益的实现。相反，

---

[1] 高宣扬：《当代社会理论》，中国人民大学出版社 2005 年版，第 537 页。

公民政策参与行动如果能够以社会公众共同接受的价值基础为出发点，则公民政策参与行动必然是有序的。共识性价值基础包含的信任关系具有社会控制功能；共识性价值基础包含的社会公平具有道德整合功能；共时性价值基础包含的公共利益取向具有价值冲突化解功能。共时性的价值基础为公民政策参与的实践提供了规范性的行动出发点。

（一）以信任关系生成社会结构运行的秩序

达成共识的价值基础包含了参与者之间的信任关系，它所具有的社会控制功能可以保证社会结构按照一定的秩序运行。公共政策参与行动价值共识生成的信任能通过人为性和操作性直接外化到社会生活中，规范和调节社会公众的参与行为，起到一定的社会控制作用，为公民在公共政策过程中的进一步活动提供秩序基础。信任通过表达和维护基本的价值观念创造社会团结，生成社会秩序，是除了政府和市场之外影响社会秩序的另一个基础性要素。信任不是社会控制的唯一工具，却是重要的、不可或缺的一种工具①，彼此不信任和人心不齐会使社会变为一盘散沙②。大卫·休谟（Dawid Hume）曾经担心，人们在玉米成熟的时候因为缺乏互相信任和保障而没有进行合作，最终大家都会失去丰收的果实。如果人们因为信任而相互合作，则每一方都会从中受益。可见，信任是一种治理元素和社会资源，是一个行为主体评估另一个或另一群行为主体是否会采取某一特定行动的主观概率水平，它一般发生在该行为主体对某一特定行动的监控之前，并直接影响到这一行动中该行为主体自己的行动。③ 可见，信任关系形成合作预期，具有社会凝聚性。一般来说，"在开始合作之前，不仅必须相信他人，还要确信自己是

① ［美］伯纳德·巴伯：《信任的逻辑和局限》，牟斌、李红、范瑞平译，福建人民出版社 1989 年版，第 21—22 页。
② ［美］塞缪尔·P. 亨廷顿：《变化社会中的政治秩序》，王冠华、刘为译，上海人民出版社 2008 年版，第 24 页。
③ Diego Gambetta, *Trust: Making and Breaking Cooperative Relations*, Oxford: Blackwell Publishers, 1990, p. 213.

被他人所信任的"①，因为社会公众彼此信任，就会对未来合作产生期待，也就会对自己的行为设定一定的限制，甚至形成自我约束和自我规范，进而为个体的公众停留在一个行动场域中提供可能。此外，信任是一个包含风险与回报算计过程的行为，如果行动者相信自己对他人的信任能够有回报，并且得到别人的重视，信任就会发生，否则则相反。② 也就是说，信任只有在行动者认定他们对于他人信任的收益会超过不信任的收益时才会发生，因此，信任关系能够形成分享预期，具有利益整合指向。

在信任关系中存在"计算理性"。信任关系中的各方主体存在一定的利益分享动机和期待，所谓的利他式信任有可能是因为存在通过帮助或信任他人而期待获益的心理，那些长期的纯利他性行动甚少存在，且持续性动机不足。参与公共政策活动的行动者是否相信他人部分取决于对他人回报能力和动机的可能性预期。但是，这种利益动机并不是什么坏事，在付出与获得的利益循环中，离散状态的原子化个体逐渐聚合，于是他们更愿意选择信任，也更愿意在信任框架下以潜在的心理契约进行合作和公共政策的参与。"社会控制的要素是从信任关系之中建立的。"③ 在社会结构的运行过程中，不同的社会阶层、利益群体、社会成员承担着不同的地位和角色，他们的生活方式不尽相同，正是因为彼此信任，才有可能进入共同的议题场域进行政策讨论，形成政策网络和政策社群。事实上，人们需要相互交流涉及信任的利益关系，进行自我揭露从而显示自己的可信度，并在彼此之间进行信任交换，这个过程既提供了机会，也形成了约束力，生成社会控制。信任关系的社会凝聚功能和利益整合功能改变了社会结构中的不确定性和易变性，内生性地

① Diego Gambetta, *Trust: Making and Breaking Cooperative Relations*, Oxford: Blackwell Publishers, 1990, p. 216.

② 谢坚钢：《嵌入的信任：社会信任的发生机制分析》，《华东师范大学学报》（哲学社会科学版）2009 年第 1 期。

③ Luhmann Niklas, *Trust and Power*, New York: John Wiley & Sons Chichester, 1979, p. 64.

控制和矫正公民政策参与中那些偏离社会规范和道德底线的行为，行动主体在一定的规范内行动，使公民政策参与朝着推动社会发展和公共福利提升的方向行动。

（二）以社会公平推动道德整合

作为价值基础的社会公平具有道德整合功能，能够建构社会规范实施中的秩序。在现代社会，提供社会秩序的社会控制可以有基于法律制度的控制、基于权力运行机制的控制和基于道德习俗等力量的控制三重途径，其中基于道德习俗的控制是具有整体性的控制。① 道德在一定程度上整合了法律制度和权力关系，是社会秩序的内在化建构。一个社会共同体的基本道德目标就是社会公平，包括社会成员的权利公平、机会公平、规则公平、分配公平、社会保障的公平，是公共政策活动中社会关系的反映，建构了一种规范性的秩序，社会公平成为公共政策过程及参与行动的最低行为标准。随着社会急剧转型，社会平衡不断被打破，新的平衡尚未形成，社会公平此时可以发挥道德整合的功能，约束人们的欲望，从而在不确定的复杂情境中帮助人们找到社会公平目标的平衡，而其他多元价值诉求则必须服从于社会公平的实现，因此控制了社会失序的程度，有利于社会规范的持续有效实施。

社会公平的道德整合功能体现在内、外两个层面：内在的道德整合功能主要指公民个体的道德习俗养成中社会公平目标的嵌入，比如在个人习得道德规则的过程中，以"应得"的分配概念贯穿始终，以互惠的人际交往作为原则、关怀同世代与代际的资源传承，这些道德规则会植入公共政策参与者的内心，成为公共行动的价值准则以及衡量政策合法性的行为规范。外在的道德整合功能主要体现在政策设计的目标引导上。当社会公平内化于社会公众内心的时候，公民在政策参与活动中就会与执政党和政府呈现出利益一致

① 张康之：《道德整合：社会公平与社会秩序获得的根本出路》，《学习与探索》2002 年第 1 期。

性。利益分配在这种情况下总是会体现出自由平等原则和差异原则，致力于消解自然天赋和社会偶然性造成的资源与禀赋占有的随意性，对不同性别、种族、智力和体力的社会成员进行额外的补足，采取普惠与差别化分配共进的策略，最大限度实现社会公平。社会公平的道德整合功能本质上就是以社会公平作为价值基础，纠正和修补社会中的不公正状态，谋求程序公平和结果公平的双重结果，从而在政策制定中将社会公平置于优先地位，构建具有共识性的基本政治价值、理想和观念体系，使社会公众能够按照一定的社会规范参与到公共政策活动之中。

（三）以公共利益取向化解价值冲突

作为价值基础的公共利益目标具有价值冲突化解功能，能够整合多元利益诉求，消解公民政策参与行动的不确定性和多变性。所有的公共政策都以提升社会公共福祉为最终目标，公共利益是公民参与政策过程的价值出发点，也是最终的价值归属。因此，公共利益本身就是一种社会秩序，是全体社会成员所需要的，但不可为任何社会成员独自占有，是一种全体社会成员参与利益分配与共享的秩序。公共利益既不是个人利益的简单叠加，也不是某一团体利益的体现，不是政府利益可以涵盖，更不是社会大多数人利益的综合，其实质意义是在充分补偿那些利益受损的少数人基础上的多数人利益的实现。可见，公共利益的社会整合性主要通过公共利益的共生性和共享性来体现。

公共利益的共生性主要体现在利益整合过程中社会成员的不可或缺性。当我们试图给公共利益所涉及的时间与空间单位设定界限时不难发现，全体社会成员赖以生存的自然环境中每一个体为了生存发展的需要都有自己的利益需求，也都会努力谋求自己的利益实现。生物学家曾经提出不同种属的生物按某种物质联系共同生活即为"共生"，人类的共生与生物相似，只是联系不同个体、群体、社会或阶层的不是某种物质，而是公共利益，否则人类共同体就很难延续，推动人类进步和提升人类生活质量的公共政策也不能发挥其应尽的功能。社会成员个体在公共政策活动中被"公共利益"这条纽带连接在一起，随着参与活动的深入，成员之间会生成共同的情感、道德、信仰以及价值观，进而形成政策网络和政策社群。这就意味着公共利益目标的实现过程调整了社会的多元利益诉求，推动社会成员之间形成利益的趋同性，促进社会成员从"原子化"向"晶体化"结构逐渐转变，在一定程度上实现了社会团结和社会整合。公共利益的共享性主要体现在设计利益分配规则时对所有成员利益的关注，致力于在多数人和少数人的利益平衡中追求公平和正义。在利益分配的规则设计过程中，需要充分考虑一个逻辑前提，即在一个社会共同体中，没有永恒的多数人，也没有永恒的少数人，在 A 议题中如果认同多数人得到利益和资源就具有合法性的话，那么，在 B 议题中，一旦他们成为少数的一方，则会转为利益受损者。因此，对多数人利益实现和获取的合法性认同实际上就是对"多数人暴政"的认同。公共利益的共生性原则指向了共享性目标，每一个社会成员的利益都必须体现在公共利益之中。也许我们无法在最终的政策文本中找到自己具体利益诉求的内容体现，但以共生共享为原则的公共利益目标一定会将所有社会成员的利益考虑在内，使每一个体都成为改革开放的受益者。

第四章　公民政策参与有序性减损的归因

　　缺少有意识的有序性建构使我国公民政策参与活动很难实现其公共利益指向，难以切实提升政策民主和政策质量。公民参与现实体现出公民参与有序性的障碍源自系统论、社会学、政治学和心理学等多重因素，具体在于社会情境的复杂性和不确定性、社会资本的日渐稀薄、政策过程需要优化、民意表达机制运行低效等方面，它们消减了公民在政策参与过程中自生的秩序，并阻滞了公民政策参与有序性的增量。

第一节　社会情境层面

　　社会情境是公民政策参与的微观环境，是参与主体所依赖的生活条件，包括那些对个体或群体心理产生影响的具有文化特质的要素。随着社会结构转变和社会阶层进一步分化，社会系统反复出现从有序到无序、相互作用与重新组织的运动，混沌、不确定性等后现代特质较为明显，人们的思维也处在不断变动之中，充满了复杂性和不确定性，社会情境的复杂性达到一种从未有过的状态，公民政策参与的有序性受到了深刻的影响。从历史观来看，冲突性集体记忆模糊了公众身份认同，削减了政策意见的聚合；传统户籍制度离散了公民政策共识。从现代特征来看，社会的发展与急剧转型催生了多元社会思潮的兴起，造成了民意的碎片化；网络技术的发展导致泛娱乐化媒体环境的出现，弱化了公共理性；多元文化间的对崎生成了反智化思维特质，破坏了共识性价值基础。正因如此，在公民政策参与实践中出现了各种无序的情况，且经过政府等政策主体反复解释和沟通都无法达成共识。

一　历史视野中的社会情境影响

（一）冲突性集体记忆模糊公民身份认同

认同是指个体向他者表示的赞许，是"我"与他者之间的差异性消除之义。公民身份认同"实际存在于人们生活的意义之中，表现在人们的社会和文化背景、物质环境影响他们作为公民而存在的方式之中"[1]。予以公民资格、权利和责任是政策参与活动的"通行证"以及参与者展开政策议题讨论的基础。一旦形成公民身份认同，人们就会认识到自己对所生活的共同体应该承担的责任，认识到公共利益的实现才是保障个人权利的真实途径，由此产生合作的动机，与共同体中其他成员和谐相处，共同面对公共事务，谋求共同的善。英格尔斯认为："许多致力于实现现代化的发展中国家，正是在经历了长久的现代化阵痛和难产后，才逐渐意识到：国民的心理和精神还被牢牢地锁在传统意识之中，构成了对经济与社会发展的严重障碍。"[2] 正因如此，转型期的中国公众在心理和精神上受到传统意识、现代价值和后现代观念的交互影响，他们的集体记忆存在着一定的冲突性，对公民身份认同造成了一定阻碍，影响公民政策参与的有序性，使公民政策参与难以实现其应有的价值。

记忆起初是一个心理学概念，用以说明如何在头脑中留存和理解往事。伏尔泰在《哲学词典》中谈道："只有记忆才能建立起身份，即您个人的相同性。"[3] 我今天的身份明显来自昨天的经历以及

---

[1]　Tom Hall, A. Coffey and H. Williamson, "Self, Space and Place: Youth Identities and Citizenship", *British Journal of Sociology of Education*, Vol. 20, No. 4, December 1999, pp. 501 – 513.

[2]　[美] 阿历克斯·英格尔斯：《人的现代化——心理·思想·态度·行为》，殷陆君编译，四川人民出版社 1985 年版，第 3—4 页。

[3]　[法] 阿尔弗雷德·格罗塞：《身份认同的困境》，王鲲译，社会科学文献出版社 2010 年版，第 33 页。

它在我身体和意识中留下的痕迹，人们在社会中获得记忆，进行回忆，识别记忆，并定位记忆。① 集体记忆是共同体成员对历史的共同记忆，包括他们在互动中形成的叙事和概念，是族群文化传承的意义之源与族群认同的基本依据，既是共同体合法性的重要来源，也是价值共识形成的基础。社会成员的自我公民身份认同部分来自个体对自己在共同体中历史性的集体记忆，因为只有拥有集体记忆，才能以"我们"为基础进行公共讨论，有共同的命运感和共持的价值信念。个体、族群、国家间生命力旺盛与否和它保持的集体记忆紧密相关，同样它也影响着社会成员公民意识的自我认知和自我建构。

集体记忆定格于过去，却受当下所限定，且规约着未来。五四运动、新文化运动、中华人民共和国成立及改革开放等不同阶段多种文化的冲突与抗衡仍未消减几千年的文化惯性，新时期参与式民主文化的倡导并不能使社会成员的传统价值观发生自觉的嬗变，在面临着利益分化和结构重组的同时，在新旧时代形成的不同价值共识催生了冲突性集体记忆，"价值真空"、选择迷茫和行为失范的现象时常发生。一般来说，社会成员的集体记忆受到诸多因素的影响。集体行动规则影响个体记忆和集体记忆的构成，所有的个体记忆都无法脱离集体，而集体记忆之中也充满了个体策略，由个体记忆和集体记忆共谋。此外，凝聚性的文化结构在特定时空中构成了集体记忆，对内促进认同与融合，对外实现区隔与"划界"。② 一个具有特定文化内聚性与同一性的群体对自己过去的记忆在后天习得的基础上通过家庭、阶层、学校和传媒来传承，其内容取决于中介者和培养者对史实所做的取舍。这种群体可以是一个宗教集团、一个地域性文化共同体、一个民族或一个国家，人类的身体、地方与空间（记忆的场所）是记忆的保留和繁衍这种集体过程所进行的载

---

① ［法］莫里斯·哈布瓦赫：《论集体记忆》，毕然、郭金华等译，上海人民出版社2002年版，第68—69页。

② 胡百精：《互联网与集体记忆构建》，《中国高校社会科学》2014年第3期。

体。正是充满瑰丽奇想的神话、先辈开疆拓土的壮烈故事、凝练民族智慧的典籍、历经岁月磨砺的格言、脍炙人口流传至今的诗歌、小说、戏曲等历史性集体记忆构成了各个族群或国家自我认同的基础，使群体生存得以延续、历史得以延续，社会记忆和社会忘却都是选择的结果，有些属于权力选择，有些属于集体的选择，如神话、传说、仪式等或姿态语言、手势等。① 但是当社会成员审思自我身份的时候，其集体记忆已经被外力作用重构，经过人类和社会的加工、润饰、过滤或完善，最后可能会成为一种充满了魔幻色彩的东西。政治制度也是重构中国人集体记忆的重要因素之一。20 世纪以降，社会成员历史性集体记忆最明显的特征就是受政治宣传的影响深远，他们的集体记忆被融进了相应的价值理念、政治符号和意识形态。那些被官方或权威否定的内容被集体记忆所忽略，集体记忆体现出正统记忆的特色，社会通过人为嵌入正统记忆的方式为社会成员提供一种共同的经验分享，从而产生一种能够创造共同记忆、经验和共同文化的社会黏性，使社会制度得以稳定，而参与者为了维护这种稳定性也必须分享共同的记忆。

为了化解不同群体和阶层间的差异性可能造成的冲突，异质性社会中共同记忆的嵌入和对某些公共事件的共同性忽略是公民参与公共事务管理、形成公共理性及进行公共对话的必需，对弱势群体的公共关怀和农民工的城市融入已经成为一种共同的记忆，并延伸为公共政策的价值认同、对执政党的合法性认同、对计划经济向全面的市场经济转型的认识。此外，由于 20 世纪后期中国社会政治场景更换较为频繁，"60 后""70 后""80 后"的代际认同鲜明，在共同体内部形成了新的社会群体与群体界限，不利于公民身份差异性的消解和公共行动一致性的架构。由于同代人间拥有共同的"记忆框架"，可以交换集体记忆，在参与公共政策讨论的过程中可以使用类似的话语和标签，易于与他人形成"重叠共识"，但是不同

---

① 王纪潮：《有选择的社会记忆》，《博览群书》2006 年第 5 期。

代际的认同情况则完全不同，因而这种历史性集体记忆或许会造成社会成员整体感的缺失，更多地将活动和思考的场域局限在同代之中，消减共同体内公共对话的有效性。同时，集体记忆是一种社会建构而不是历史本身，社会成员对公共事务的认知及其公共行动的动机在建构中形成，个体记忆受制于外在的、结构化的集体记忆，一旦集体记忆被重构，保留下来的往往是那些顺应主流思潮、符合主流判断的公共行动，那些主动参与政策讨论和对话的行为有时候会被过滤掉，不再保留在中国人传统的集体记忆中，或影像模糊，甚至呈现出负面的图景。如果那些痛苦的记忆因参与而起，那么不参与也许会成为一种理性选择，这正是人们在公共事务和公共政策问题上产生对政府及他人强烈的依赖性的根源。

随着社会转型的深入和民主政治的推进，因集体记忆冲突造成的不同群体、不同阶层、不同族群和不同代际的认同缺失，影响着"我们"和"他们"之间互相理解性的达成，难以使不在场的共同体想象成为可能，进而阻碍公民意识的觉醒和积极的参与行动。在集体记忆存在冲突的情境下，公民要认识到参与公共对话并落实在行动上是需要动力去触发的。因此，在共同体发展中被形塑，甚至被扭曲的历史性集体记忆，对于公民意识的觉醒和公民身份的自我认同与彼此认同存在一定阻力。

（二）户籍管理制度离散公共政策共识

身份的平等本身具有能量聚合的内涵。"在人类某些共同体中，我们互相分配的首要善是成员资格（成员身份）"①，"使所有共同体成员能够基于那些确定他的成员身份的条件，尽可能好地生活，这是社会共同体的利益所在，也是伙伴关系的原则所要求的"②。不平等带来的身份认同障碍会影响共同体成员的行为能力、过程及结

---

① ［美］迈克尔·沃尔泽：《正义诸领域：为多元主义与平等一辩》，褚松燕译，译林出版社 2002 年版，第 38 页。
② ［英］A. J. M. 米尔恩：《人的权利与人的多样性——人权哲学》，夏勇、张志铭译，中国大百科全书出版社 1995 年版，第 47 页。

果，造成力量分散和公共场域的破碎。中国传统的户籍制度影响了人口选择居住地的权利，创设了共同体成员的身份差异，间接影响政策共识的达成，这就意味着身份的差异性阻滞了公民有序地参与到公共政策讨论中，也影响了政策参与的有效性。

1958 年的《中华人民共和国户口等级条例》以法律形式限制城乡人口流动，在城市与农村之间构筑了一道高墙，由此产生了城乡分离的"二元经济模式"，户口与劳动用工、住房、教育以及社会福利等公民权益紧密联系。到 2005 年年底，随着城乡交流的广泛性增强，中国开始着手改革户籍制度。几经变迁，原计划经济体制下的二元户籍制度开始转向了市场经济体制下的有限二元户籍制度。但是这种改革的尝试并没有真正解决城市居民和农村居民之间待遇的差异性，那些离开农村的打工者们没有因为进入城市、为城市建设做出贡献就能够得到市民待遇，他们的利益关系总是与户籍捆绑在一起。同样，根据相关户籍规定，城市居民并不能享受到与农村居民同等的宅基地或农用地等优惠待遇。在新型城镇化背景下，随着城乡基本公共服务均等化的大力推进，城市户籍的附加功能逐步剥离，农村户籍因为土地流转方式创新、农业税费减轻以及城乡差别的弱化反而产生了较强的逆向吸附作用，但城市居民想要迁入农村也受到限制。2018 年前后，实务界人士与学者都曾提出"积分落户农村"的新型户籍改革模式，说明从城市向农村的逆向人口迁移问题已经得到了重视。可以说，中国现行的户籍制度在追求社会稳定的同时，对社会成员的自由流动是具有阻碍作用的。它早期在一定程度上控制农村人口向城市迁移，特别是向大城市迁移，现在又控制城市人口向农村的逆向迁移。这种控制本身就影响了人口的自然聚集，消弭了因自由流动而生成的公共空间，也破坏了城乡居民之间的身份公平。

从本质上来讲，人口的流动属于个体的自由选择，直接关系到公民的政治平等权，因为公民的自由迁徙权属于公民权利的一种。人口无障碍的自由流动能够打破社会阶层的分野和固化，使每一个体都能获得公平面对、认知和讨论政策议题的机会,为公共政策过程中参与者之间的对话建构平等基石。如果人口流动受限,则会在一定程度上影响社会公平,因为它造成社会与个人、个人与个人之间利益关系的失衡以及个人间身份差异,比如在城乡二元户籍制度下,城市居民对收入维持和物价的敏感度与表达强度超过农民,而农村居民对于降低农业生产相关费用有着强烈诉求,他们彼此间议题兴趣不同,政策信仰不同,政策认知存在差异,缺乏政策认同作为政策讨论的前提。

户籍制度对整个社会产生了深刻的影响,即便物理场所划分有所改善,或吸附功能强弱有差异,但其造成的城乡差异性衍生出社会阶层、受教育机会、平等待遇等方面的差别,对社会阶层的流动产生了干扰作用。户籍制度设定的人口流动门槛和"农民工""外来工""新市民"等身份标签有可能导致社会结构僵化,在城乡以及处于不同发展水平的地区之间形成更深的差异性。那种与户籍捆绑在一起的受教育机会、就业、社会保障政策都应该是不分城乡身份差异、作为公民应该负载的权利。倘若世袭的户籍传承使孩子一出生就继承了父辈的社会阶层和身份,享受或无法享受相应的待遇,这种不合理性在实际生活中已经直接影响到了身份背后所隐含的经济平等权利。此外,户籍制度派生出的许多社会政策还带有一定的歧视性,如高考政策对北京、上海等大城市的倾斜,房地产限购令与户籍的捆绑,城乡养老双轨制等。从现行的户籍制度改革不难发现,中国的改革实践尝试的是从公共服务均等化和城乡社会保障一体化政策的完善和执行,化解城乡差异的既成事实,以及在调整城乡居民利益关系的基础上完善户籍制度设计。但是,"路径依赖"会导致部分城市居民习惯性的优越感和对农村居民的歧视,这种行为已经在城乡居民之间画上了一条难以消灭的印记。城市居民仍然拥有公共服务供给方面的便利,城市居民身份附着的更多发展机会和受教育机会也造成了城乡居民在下一代培养方式的差别,并且已经使进入高校就读后的学生们在生活方式、消费结构和人际交往上出现差异。因此，当政策议题出现的时候，社会公众并不能以平等的身份和平和的心态进入议题场域，"社会相对剥夺感""政治犬儒主义""政治冷漠症""沉默的螺旋"各种现象同时出现，形成重重阻力，使共识难以达成，间接导致他们在表达途径选择、话语逻辑和行动规则等方面的失序。

二　现代与后现代视野中社会情境的影响

（一）多元社会思潮导致民意碎片化

随着每一种社会制度的巨大历史变革，人们的观念也会发生变革，中国社会的飞速发展和急剧转型使其在现代化进程加速的同时，兼具了农业社会、工业社会和后工业社会的特质，并不时受到西方各种社会思潮的冲击。中国公民在公共领域中形成了各不相同的观点和观念，当一个政策议题提出的时候，多元社会思潮影响着民意的发生、发展、理性度与表达性，进而造成民意碎片化特质，为公民政策参与带来复杂性和不确定性。事实上，20世纪六七十年代兴盛的公民参与运动遭遇最大的困境就是社会思潮的复杂性，因为时代的变迁改变了人们的利益诉求和心理状态，社会政治、经济、思想文化复杂性的加深致使全球社会思潮都处于蓬勃汹涌的状态，公民政策参与过程中共识的达成存在相当的难度，致使公民政策意见难以形成主流民意输入政策子系统。

具体而言，社会思潮由社会心理和社会意识形态两个层次构成，包括社会心理层面的群体愿望、知识层面的思想理论、背景层面的特定历史条件以及实践层面的群体运动。当前对民意形成影响最大的几种社会思潮有新自由主义、民粹主义、历史虚无主义、新左派思想、全球主义、普世价值、消费主义与物质主义。其中，新自由主义是近年来对我国渗透最深的一种社会思潮，在政治上主张代议制民主与宪政，在经济上尊崇市场原教旨主义，在伦理上过度宣扬个人价值。民粹主义反对代议制，缺乏核心价值观，强调过度大众化、平民化以及激进改革，承诺改变大众的福利预期，崇尚全民公决和人民创制权，蔑视权威和成功者，在互联网上极易产生网络群体暴力。历史虚无主义则与民粹主义恰巧相反，否定党的领导和人民的作用，割裂历史发展观，造成人们思想的混乱。新左派思想突破了传统经院式马克思主义的研究和传播，将"人民主权"思想和对弱势群体的人文关怀与对当代中国社会严重不公的警示结合在一起，但是不具有理论上的一致性，少有建设性意见。从全球来看，那些"人权高于主权""国家过时"的论调隐含着意识形态消亡论，甚至美国中心主义的倾向；普世价值提出的通用价值体系与观念具有去时代、去人、去民族或去国家的色彩，从实质上来说就是对各民族之间文化差异的否定。消费主义思潮的本质就是利益主义和自我中心，物质主义思潮与唯经济主义、极端功利主义和享乐主义紧密相连，片面夸大物质或物质利益功能，弱化了精神文化与伦理道德。质言之，多元社会思潮的出现在某种程度上形成了物质生活的丰富与心灵世界的焦虑浮躁、人文价值缺失的鲜明对照。

中国现下的多元社会思潮使人们的价值观念发生变化，在议题场域中容易造成众说纷纭的现象，成为民意聚合的阻力。具体来讲，第一，多元社会思潮影响了公民社会生活方式与思维过程，其内生性的爱国主义情结伴生着偏执、政治犬儒主义和社会冷漠等情绪，使协商对话缺乏共同的基本逻辑和思想基础，造成政策观点的离散。第二，多元社会思潮兴盛于中国的社会结构变迁中，对社会不公、贫富差距、生态环境、民族、宗教、上学难、看病贵、官员腐败等现象产生的回应和论断有时具有煽动性和短视性，且常常与主流价值观不一致，影响民意的流向。第三，自媒体时代社会思潮的传播门槛较低，速度更快，社会公众处于"人人都有麦克风"的状态，削弱了共识和信仰的构建途径，甚至侵蚀了主流意识形态的传播阵地。一旦带有偏见的意识形态进入思想领域，社会公众就会形成较为偏颇的观点，甚至可能会嘲笑完美的道德，或质疑坚定的信仰，这也就是为什么社会思潮的多元、变动与不确定性会造成认同危机。第四，多元社会思潮良莠不齐，考验着社会公众，尤其是青年人的政治判断力，其极强的扩散性容易造成思想混乱，因为信仰的力量在于通过可供交流的话语影响受众，以内而外改变他们的参与行为，具有正负双向功能。在各种社会思潮各自寻找合法性的过程中，多个秉承共同信仰和价值观的利益群体形成，造成公民政策意见的离散。

（二）泛娱乐化媒体环境导致"返魅"现象

赫胥尼曾经在《美丽新世界》中预言，人们失去自由、成功和历史并不是奥尼尔在《1984》中所描述的"老大哥"之过，而在于人们会渐渐爱上那些使他们丧失思考能力的工业技术。技术通过人类的身体统治了人类的精神，具体体现为电视、网络等彻底改变人类生活质态的东西。启蒙运动宣扬话语的解放曾经松开了对人类思维的束缚，但如今人们又因那些被视为人类进步手段的新技术走向了新的奴役。尼尔波茨曼因电视的出现提出对"娱乐至死"的警惕，并随着传播媒介的持续现代化和多元化有增无减。在以文字为中心的印刷术向以图像为中心的多元媒体转化后，人与人之间交流的媒介取代内容成为文化本身，人们因其对生活的全方位渗透而耽于玩乐，追求感官刺激，欲望至上，且以现代媒体上的游戏规则取代实际生活规则，人们在某种程度上因享乐和自己所热爱的那些东西而失去甚至毁掉了自我。全球化影响下的中国社会在分享经济一体化得益的同时，毫不例外地处于"泛娱乐化"时代，不同文化背景下对"娱乐至死"的担忧也影响着这个有着悠久深厚文化历史积淀的共同体。① 那么，我们不禁要问，过度娱乐化环境中成长的人们还能在公民政策参与过程中发挥其应有的作用以推动政策民主吗？答案显然是否定的，因为公共理性很难确立。

首先，传播媒介的图像化弱化了阐释的重要性。人类社会传播的本意是在无法相互理解或无法及时获取信息的人之间进行沟通和传输，但是现代化媒介不同于传统印刷术时代的功能，它更推崇图像化的呈现方式，从而使传统印刷术时代的阐释功能衰弱。"幽赞

---

① 参见文萌川、刘易平《内在的监狱：致死的娱乐》，《改革与开放》2011 年第 4 期。

太极，阐释元本。"① 阐释是一种思想的模式，一种学习的方法和一种表达的途径。印刷术主导的文字化传播过程阐释了所有成熟话语拥有的特征，也生成了逻辑思维、高度理性以及秩序。然而，电视、网络等现代媒体是随着现代技术的发展和商品经济的深入而发展起来的，它们内生着与受众之间的信息提供者与消费者的关系，因此，方便快捷、低成本地将受众吸附在这些媒介周围是其本能，随着电视出现的图像化传媒与网络媒体远程隔空对话在实际上都是信息提供者与受众之间的一种妥协。人们越来越少去关注传播的阐释功能和理性诉求，将注意力放在了收视率和点击率上，从而偏离了传播媒介的政治社会化功能，被电视广告和同质性过滤后的网络新闻影响的社会公众越来越远离真理和真相，而耽于媒介的悦纳功能。

其次，泛娱乐化的信息内容钝化了思维的敏捷度。公民政策参与的前提假设是公民的思想生产与意见形成，对公共政策有建设性的思想与意见均建立在质疑精神与反思性追问的基础上。现代媒体将信息变成商品之后对信息的内容产生了直接影响。为了吸引受众的注意力，媒体经营者常常对将要传输的信息进行包装，现代媒体已经不再仅仅反映并帮助受众理解文化，而是塑造着文化以迎合受众的心理需求。媒体传播的内容呈现出"泛娱乐化"的特质就是因为当今的受众更青睐娱乐化内容，甚至连严肃新闻也受到了影响。各大传播媒介都受到了收视率、点击率的冲击，最令人不安的是，那些虚拟世界对我们而言成为一种熟悉的存在。但是它并不意味着一种进步，而是说明了人们对现代媒体的适应，正是因为这种适应，我们曾经在阅读纸质信息时常用的那些批判性思考方式日渐远离，取而代之的是电视或现代媒体对视觉系的引导，信息内容目标导向的变迁决定了信息内容的变化，受众视觉的满足成为媒体的目标。长久在现代媒体浸淫中的社会公众所形成的世界观多为接受型

---

① （晋）葛洪：《抱朴子·嘉遁》，上海书店出版社 1986 年版。

而非批判型，感官的追求使人们甚至对文字载体也有了新的诉求，"是什么"的问题超过了"为什么"的问题，"单向度的人"成了一种趋势。正如尼尔·波兹曼所担忧的，当所有的话语都通过娱乐呈现，并成为一种文化精神，政治、经济、教育、体育等领域都为娱乐所占领，我们最终只能娱乐至死。①

最后，现代媒体的娱乐对话形式削弱了理性与条理。通常，人们不会去直接接触周遭的事物，而是不断地与自己对话，电视、网络平台等现代媒体作为人为的媒介物，对人们的对话方式产生着深刻的影响。现代媒体的娱乐导向、引导民意的电视与网络媒体对话方式大多会经过包装，以迎合大众的偏好，再严肃的电视节目都不具有训练逻辑的特性，因为现代媒体的思维方式是创新的，也是跳跃的、动态的。从某种程度上讲，现代媒体的对话形式总是娱乐性的。娱乐本身没有过错，但是一旦人们沉溺于其中，就会改变传统的语言形式和艺术想象，从里到外彻底被娱乐所桎梏，甚至对网络、手机、电视成瘾，直接导致"陌生人社会"的到来，街头巷尾随处可见"低头一族"。哈贝马斯眼中公共领域生成的最初场所——咖啡馆中早已没有口若悬河的演讲者，人们之间甚少交谈和对话，却愉悦于网络空间里与熟人或陌生人的对话，即便有朋友坐在对面，人们也愿意选择微信、QQ 等虚拟对话方式，这本身就被染上了一种娱乐的色彩。

（三）反智化公众思维破坏共识性价值基础

"反智"是 20 世纪 30 年代出现的词汇，指对知识分子或有智性的观点和方法的反对或者敌意②，反智主义则是对知识和知识分子的怀疑与反对，以及对尚未达成共识的社会秩序的拒绝态度，内隐着理性精神，但无法避免自由与秩序之间的冲突，容易在不同参

① ［美］尼尔·波兹曼：《娱乐至死》，章艳译，广西师范大学出版社 2004 年版，第 202 页。

② Merriam - Webster Inc., *Merriam - Webster's Collegiate Dictionary*（10ᵗʰ edition），Merriam - Webster Inc., Springfield, Massachusetts, 2001, p. 51.

与主体之间形成价值观念上的对立。美国作家苏珊·雅各比在《反智时代》中曾经写道："……在一种半自觉的新型反理性主义影响下，美国特有的反智主义倾向大大加剧。这种反理性主义与由视频图像和无休止噪声构成的无知的流行文化互相促进。它不但与这个国家 18 世纪启蒙理性的遗产相矛盾，也有悖现代科学知识，由此激起的一轮反智主义大潮将给美国文化与政治带来以往的反智潮流所不能及的巨大危害。……普遍的反理性主义和反智主义如今已经成了同义词。"[1] 反智主义可能存在两个目的：一是个体的天然冲动；二是统治阶级重构统治秩序。美国社会的反智主义催生了特朗普的当选，这并不说明美国人民不具备理性，而是他们产生了误解，以为这位经常没有理据胡乱发言或者自己编造事实作为依据的总统候选人代表了一种反思的精神，却忽略了知识和权威历来扮演的重要角色。这不得不使人警醒反智主义的危害。

反智主义在中国社会出现较晚，有着不同于西方的表现形式，主要出于个体自由的冲动，渗透在社会的各个领域，具体表象有四：第一，蔑视传统书籍。人们推崇的碎片化阅读在本质上是对传统书籍传承的知识体系的否定，或多或少会影响知识的系统性和完整性。在地铁、公交站台或行进中的各种交通工具上，进行纸媒阅读的人曾经随处可见，但这些群体现在已经被拿手机、电脑的"低头一族"所替代。媒体或评论家们常常援引中外不同的图片表明今日中国年轻人对手机、电脑的沉迷，但不争的事实是，全世界都呈现出这样的趋势，碎片化的知识似乎更匹配人们用在交通上的间断性时间，只是作为微信的发源地，中国公众更爱这种速食化的阅读方式。更令人担忧的是，微信受众已然覆盖了高知人群，如果知识的传播者不再依赖系统的知识习得，而成为速食文化的一员，其危害更甚。也有人认为，电子阅读与纸媒阅读差别不大，但事实上，

---

① ［美］苏珊·雅各比：《反智时代：谎言中的美国文化》，曾隶非译，新星出版社 2018 年版，"序言"ii。

那些曾经隔空与智者的理性对话、掩卷沉思后的冷静质疑、书眉页脚的笔记无论如何是电子阅读方式不能替代的，更何况即便到 21 世纪第二个十年中期，电子书始终没有突破小众市场。① 第二，轻视学校学习。"读书无用论"是反智主义的变种。自 2014 年以来，山东、河南等省高考考生弃考现象频发，连各地公务员考试考场中也不断出现弃考的考生。因为人们认为，在学校的学习并不一定会优化未来的职业选择，不如早日工作多挣钱；而随着"阳光工资"和反腐倡廉的推进，公务员也不再是"金饭碗"。在高等院校，大学生在选课或决定是否考研的问题上首先考虑的是其功用，是否能够找个好工作或能够多挣钱成为一种流行的评判标准，在学校中进行人文社会科学的学习成为一种奢侈品。可以想见的是，这样一批年轻人 20 年后很难在公共政策制定过程中主动建言发声，甚至不会参与公共事务治理。但是，学校学习给予学生的修身治国之道并不是能够从社会轻易获得的。第三，藐视权威伦理。尽管质疑精神的培养是教育的应尽之义，但质疑不等于藐视，对权威的质疑恰恰源自尊重。对权威的藐视从"塔西佗陷阱"中可见一斑。政府及其官员通过官方途径发布的信息总是难以被人接受，小道消息和谣言却并没有止于智者，法理性权威屡屡受到挑战。对伦理标准的蔑视最典型的案例就是"基因编码婴儿"的诞生，其基本理念是通过改造人类的基因，使人从婴儿阶段就具备基因上的先天优势以具有某种目的性和功利性的能力。这种技术建构的社会已经远远越过伦理底线，动摇了现代人的基本生存权，进而威胁自然人类社会。第四，忽视观点论辩。不愿意认真倾听对立的观点或者强调中心论也是反智主义的一种表征，这一点在虚拟空间表现得尤为明显。反智主义的出发点通常是网络上的焦点事件，对立观点之间从知识之争迁移到言说者对彼此阵营的挑战。网络信息传播具有协同过滤机制，容

① ［美］苏珊·雅各比：《反智时代：谎言中的美国文化》，曾隶非译，新星出版社 2018 年版，第 15 页。

易形成政策意见的群体极化，大多数人会向同质性的意见聚集，这就会造成政策意见不是多元意见的聚合，而只代表单一的意见，违反了公民政策参与的初衷，因为真正有效的政策参与需要公民"和而不同"意见的表达。此外，网络公共论坛的即时回应性特点不利于公众意见的完整传递，一些理性的网民因为惧怕话语暴力还有可能出现偏好的伪装，反智主义遏制了意见的自由，也不利于真正保护个人边界的自由精神的培育。

转型期中国面临的反智主义趋势与美国不同，它不是一种反智的回潮，而更多的是混杂在多元社会思潮中的一种社会反思，但是如果不加上秩序的"马辔"，就会走向极端的虚无。那些对生活本源价值的贬低、对权威的不敬以及对仪式感的蔑视无不令人担心当下公民参与的能力。无论我们是否意识到，抑或承认与否，反智主义已经成为一种社会现象，改变着社会公众的心态和思维方式，造就了一批或狂热或犬儒或冷漠的公众，裹挟在草根民主的诉求之中进入公共领域，消耗着社会公共话语空间，模糊了政策参与中秩序的重构及边界的厘清，尤其是伦理底线的追寻以及共识性价值基础的生成，需要从学校学习到终身学习、从碎片化阅读到回归系统性阅读、从去权威化到尊重智者、从忽视观点论辩到倡导质疑反思的转变，否则反智化的思维方式会阻碍价值共识的形成。

第二节　社会资本层面

社会资本是社会学家创造出来的一个术语，指的是社会组织的特征，诸如信任、规范以及网络。① 帕特南认为社会资本能够通过促进合作行为来提高效率；奥斯特罗姆和青木昌彦把社会资本当作

---

① ［美］罗伯特·D. 帕特南：《使民主运转起来》，王列、赖海榕译，江西人民出版社 2001 年版，第 195 页。

能够理解个体如何实现合作，如何克服集体行动困境以达到更高程度的经济绩效的一种重要资本①；林南眼中的社会资本则是"个体为了嵌入性资源中获取回报，通过工具行动和表达行动而在社会关系中的投资"②，他强调了社会资本是先在的，存在于一定的社会结构之中，人们必须遵循其中的规则且通过有目的的行动才能获得相应的社会资本。社会资本与公民参与之间互为因果，有序的公民参与能够孕育出更多的社会资本，社会资本的丰盈反哺公民政策参与，以更良善的规范、更深厚的社会信任和更具凝聚力的公民网络提升公民政策参与的有效性。中国传统社会的社会资本存量较为丰富，熟人社会带来的亲密关系和社会成员彼此之间的连接对于一个共同体内的集体行动起着相当大的推动作用，但是社会的飞速发展导致碎片化与社会结构变迁，社会资本存量不敷，从而影响集体行动的效能。因此，对社会资本的透视是分析中国公民政策参与问题的一个有益工具。

一　自我概念的认知缺陷降低入场动机

"政治机器不会自行运转……它需要的不是人们的单纯的默从，而是人们积极的参与"③，但同时，积极参与的主体必须是具有自我概念的个体。自我概念作为一个人对自身存在的体验，是一个有机的认知结构，由态度、情感、信仰及直观感受等组成，贯穿整个经验和行动，并把个体表现出来的各种特定习惯、能力、思想、观点等组织起来，包括一个人通过经验、反省和他人的反馈，逐步加深对自身的了解，有反映评价、社会比较和自我感觉等形式。人们通过从自己的行为推断自我，从他人的行为推断自我，通过社会比较推断自我，以及通过自我意识来推断自我等方法来构建自我概念。

---

① 曹荣湘选编：《走出囚徒困境——社会资本与制度分析》，生活·读书·新知三联书店 2003 年版，第 3 页。

② Nan Lin, *Social Capital: A theory of Social Structure and Action*, New York: Cambridge University Press, 2002, p. 8.

③ ［英］J. S. 密尔：《代议制政府》，汪瑄译，商务印书馆 1982 年版，第 7 页。

从第四章案例可以看出，在公民政策活动中参与失序的那些公民对自我概念的认知是存在缺陷的，他们在公共行动中以"我"为中心进行政策知识的建构，采取行动前忽略"我"的行动是不能妨碍"他"的生活，也很少从全局考虑共同体的利益。如果能够有准确的自我概念认知，就会懂得以理性自我进入公共领域应该采取的行动是不能对环境和非利益相关主体造成任何形式破坏的。

公民自我概念的建构对于个体行为从私人领域向公共领域的转变至关重要，直接影响了个体是否会主动参与进入公共领域，成为其中的公共话语主体。公民自我概念的形成其实是一个政治社会化的过程，作为公民身份的自我概念的建构应该贯穿社会共同体成员的成长始终，公民教育和公共政策参与的实践都应该是培育合格公民的有效手段。一般来说，如果一个人从婴儿时代到成熟公民的成长过程中经常得到肯定评价，那么他就会有一个良好的自我概念，此外，公民自我概念的建构需要共同体有一个民主参与公共事务管理与公共政策的氛围，以使公民从小就能开始接受到来自他者和社会的信号，并受到其他社会成员参与行为的熏陶，激励其认识到自己的公民身份并采取与之相适应的公民行动。但是中国社会恰恰在这一点上有所缺失：公民教育尚未完全铺陈，共同体中的行动者因为缺乏自我概念的建构，对公共领域中的相互性认识不充分，在公共政策活动中常常过分重视自己个人利益的得失，而忽略他人的尊重和赞赏带来的社会体验，在群体中寻求认同的动力不足，从而产生不适应社会交往基本逻辑的公共行为，最终不见容于公共政策子系统。

公民的自我概念实质上是公民意识觉醒的前提，即公民政策参与的一种心理基础和动力机制。"如果一个国家的人民缺乏一种能赋予这些制度以真实生命力的广泛的现代心理基础，如果执行和运用着这些现代制度的人，自身还没有从心理、思想、态度和行为方式上都经历一个向现代化的转变，失败和畸形发展的悲剧是不可避免的。"① 但是，事实是中国的公众在成长的过程中普遍缺乏自我概念的建构。从孩提时代开始，中国的教育通常是一个去个性化的过程，课程设计并没有培养公民身份认同的内容，听话、成绩好是中国好学生的衡量标准，而那种公民意识明显且主动积极维护自我权利、学着承担公民责任，并参与到公共事务中的青年学生常常会在应试型的教育体系中遇到阻碍，逐渐失去了来自他者和社会的认同感。同样，家长和老师通常是不鼓励孩子参与公共领域中那些与学习及考试无关的事情，青年学生因为得不到正面的肯定评价，不能获得对自己公共行动的正面激励，失去持续行动力，甚至中断他们公民身份的自我概念构建。对那些能够主动承担公民责任的青年人来讲，与其他埋头于书山试卷堆中的同伴们相比，他们在接受教育的过程中似乎花费了太多的时间参与公共活动，对成绩或多或少产生影响，心理上自然会产生一种相对的失落感，这也不利于其作为公民的自我概念建构。归根结底，人才评价机制的过于单一和人才选拔机制的公共性缺失造成了公民自我概念建构的不足，进而也影响公民责任和公民身份认同，不利于成熟的公民社会形成，也不利于未来公民的理性公共对话和有序政策讨论。

二　个体间合作规范不足影响理性自觉

弱规则性无序参与的出现是因为个人间的合作规范显然并没有建立起来。一个政策议题出现的时候，议题网络开始形成，非理性的不合作行为和缺少规范的合作也随之出现，公共空间中群体之间会产生一种排斥的情绪，此时如果再出现一些非理性的意见领袖，个体及群体就会产生一种反抗性心理，并通过各种方式进行情绪宣泄，比如群体聚集时口号式的大声喊叫，或影响公共安全、公共交通的人群聚集。科尔曼认为，规范一旦出现，便可以引

---

① ［美］阿历克斯·英格尔斯：《人的现代化——心理·思想·态度·行为》，殷陆君编译，四川人民出版社 1985 年版，第 4 页。

导个人的行动。① 如果能够形成个体间合作的一种规范，则会增强社会合作，也会丰厚社会资本的存量，因为在建构个体合作规范的时候，需要致力于建构与维系合作联盟中的各方关系。个体合作的规范事实上就是一种行动默识，保证个体和他人行为的预期，但是在个体间合作存在问题的情况下，合作规范是很难在公共政策参与者之间建构起来的，这时候就需要关注个体间的互惠关系。然而，中国传统的政治文化和社会结构中并没有蕴含太多的互惠因子，人们对他人的期待相当于"期货"，对自己利益的追求相当于"现货"，更多个体希望得到即时的回报，那些需要建立在互惠关系上、更为牢固的个体合作很难实现，一旦社会转型中出现的某些因素影响了未来期望的实现，就会干扰个体未来在公共领域中的参与行为和话语。

事实上，如果社会排斥合作或者漠视合作，个人就只能是碎片化的存在物，共同体成员要么不参与集体行动，要么成为"乌合之众"中的一员，难以保持理性的自觉。个体间的合作在一定程度上会增强个体行为的灵活性和多样性，促进合作行动者之间的合作互补，提升社会资本的存量。如果社会资本存量增加，就可以缩小共同体内个体间隔阂，使不同的文化包容性增强，使更多的合作与自治成为可能。换句话说，提升了社会资本的存量，就可以增加合作的可能性并扩大合作的场域，因此，构建社会资本有可能打破隔阂，增加合作并且获得多方位的收益，从商业市场到社会公共领域等。当然，合作反过来也会作用于社会资本。

处于一个共同体内的个人、组织通过与内外部对象的长期交往、互惠合作中形成一系列认同关系及与之相关的非正式制度、信仰和行为规范，个体通常会权衡在何种情境采取何种行为最为恰当，这是规范的雏形。合作规范形成的前提是个人的整体性和信息的透明

---

① ［美］詹姆斯·S. 科尔曼：《社会理论的基础》（上），邓方译，社会科学文献出版社 1999 年版，第 286 页。

性，具备个体整体性之后，共同体内的合作便拥有了更多的可能；获得透明信息后，人们可以进行最优策略选择。一方面，个体整体性的获得需要社会支持网络的形成。在公民政策参与过程中，个人的整体性是个人知识储备与参与实践的统一，是从感性到理性的发展。个人的整体性不是自在或自成的，只有当我们的社会支持合作和能够为合作提供坚实的基础时，才会使我们个人的整体性得到恢复①，它需要社会生活的体验和来自他人的认同来强化那些理性的行为或表现，进而将这种理性思维和行动嵌入个体的心理过程中。政策议题一旦出现，具有个体整体性的行动者会独立地参与到政策过程之中，与其他有着相同议题兴趣的人形成议题网络，并在逐渐形成模糊的多种解决方案的过程中形成更为紧密的政策网络，生成一种相互支持的格局。如果个体间的边界模糊，也就说明共同体中的个人没有明确的理性思维，他们容易受到他人影响，缺乏合作的平等前提，容易在议题场域中进进出出，难以形成社会支持与合作。另一方面，信息的透明决定了个体间合作的生成与合作程度。目前来看，在所有的共同体中都存在囚徒困境，也都存在集体决策中的博弈，因为共同体中的每一个个体都努力追求自身利益最大化，常常造成的态势是个人的理性决策之和等于集体决策的非理性。要想解决囚徒博弈，就需要将零和博弈的传统思维转变为共赢博弈，消除那些"搭便车者"，但是，个体对利益最大化的追求又很难做到这一点，除非他们处于信息对称和透明的政策环境之中，能够明确地了解到对方的决策依据和思维过程，从而建立相互信任，推动合作的达成，即"在合作之前，不仅必须相信他人，还要确信自己是被他人信任的"②，这也是个体间的合作规范的实质。从目前诸多失序参与行动可见，中国社会信息透明度不高，个体间的相互信任度较低，人们不愿意将决策建立在未知或知之甚少的他者

---

① 张康之：《走向合作的社会》，中国人民大学出版社 2015 年版，第 80 页。

② Percy A. Allum and Amyot G. , "Regionalism in Italy: Old Wine in New Bottle?" *Parliamentary Affairs*, Vol. 24, No. 1, January 1970, pp. 53 – 78.

决策之上，觉得这是一件很危险的事情，就算在网络技术如此发达的当下，也常常有人质疑公共信息的真实性和可信度，遑论将这些信息作为自己决策的基础，因为"在给予他人信任时，人们接受一定量的潜在伤害的风险以换取合作的好处。不论这些好处是直接来自他人还是来自对那些超越时空距离协调各种努力的抽象制度的依赖"①。公众常常会发问，那些潜在伤害的风险真的与获益对等吗？真的值得行动吗？出于自我保护的本能，个体更信任传统差序结构中的血缘、亲缘或地缘关系，对于多中心结构中陌生人间的合作持有怀疑态度。事实上，他们所需要的百分之一百的信息公开和透明在转型社会中不能完全实现，大数据技术的发展虽然推进了信息的透明，但是不能保证信息真实度，同时大数据技术带来的数据伦理问题形成了公共信息公开新的困境，增强了个体间合作的难度。

三　社会信任缺乏破坏集体合作

信任是社会共同生活的基础，社会公众需要建构信任才能转变参与动机，成为积极的参与者。当我们从属性层面去探究信任，可以发现社会信任是个人特质的构成之一，社会人需要更多相信一般人的诚意及善良，学会信任他人。人是在正确地期盼他人有所作为这层意思上使用"信任"这个词的，某人对自身行动的选择是与他人这种举动有关系的，他必须选择这一行动，而后才能去对他人的所作所为进行督察。② 在充满社会信任的环境中，一旦人们预期某件事情会发生，就会根据他们的预期做出相应行动，即便其预期无法实现，他们也会认为一定是因为某种不可抗拒的原因，并非有人刻意为之。相反，如果没有充分的社会信任，即便预期按照人们的心理期待发生了，人们都有可能给出不同的非理性的解释。因此，社会信任直接对社会资本丰厚与否产生影响，是公民政策参与行动中的重要决策因素。如果仅仅只是对别人的行为有所期待，不考虑

① ［美］马克·E. 沃伦：《民主与信任》，吴辉译，华夏出版社2004年版，第289页。
② ［美］金黛如：《信任与生意：障碍与桥梁》，陆晓禾译，上海社会科学院出版社2003年版，第32页。

自己的责任，无疑是一种功利主义的表现。比如，在"辽宁氧化铝争端"①中，由于缺乏社会信任，人们无法冷静地就此问题进行理性的讨论。其实，参与者也应该考虑自己在此类案例中应该承担的理性参与者，而非决策者的角色，需要超越"邻避效应"去讨论此类决策。因为，人们只有在相信共同体中的他人，信赖自己所处的共同体时，才能推动政策民主的进程，进而推动社会的发展。

　　然而，中国社会的转型中缺乏主动的、持续性社会资本的培育，曾经丰盈的社会资本存量随着差序结构的改变日渐稀薄，阻碍了公共领域中的公共行为发生与共同体中的公共生活。其一，多元价值取向与去主流化的价值观破坏了社会信任赖以形成的价值基础。社会急剧转型解构了曾经同质性的价值基础，也破坏了信任的价值共识，市场的逐利功能拉大了不同社会层级之间的距离，阶层的固化使社会底层弥漫着悲观主义情绪，社会公众缺乏安全感和对外部世界的可控感，功利主义倾向不断扩散。其二，社会信任的习得来源自身缺乏信任支撑。社会信任的习得大多来自社会成员的生存环境和父母的影响，当人们环顾四周，卖假货者得利而未遭惩罚，说谎者获益而不被谴责，劣币驱逐良币，道德风险和逆向选择普遍存在，社会成员个体自幼时起就无法得到正面的教导，书本上的习得与现实生活相去甚远，人们互相影响，彼此间不再信任，甚至自私的计算被带进传统的兄弟关系之中。其三，工业化社会使陌生人社会到来，改变了信任的模式。乡土社会中由于熟悉建构起来的社会信任不再，工业化社会以及后工业化社会的社会流动性使亲缘关系疏离，基于亲情和熟悉的信任关系被打破，人与陌生的他者之间产生怀疑成为一件自然发生的事情。中国的社会资本存量长期不足，市场经济推动了人口的流动，传统的亲缘、血缘、地缘关系建构起来的社会信任已经逐渐瓦解，取而代之的是较为普遍的"杀熟"现

---

① 经济观察报：《辽宁朝阳市总投资230亿，年产1000万吨氧化铝项目为何会被取消？》，2018年8月2日，搜狐网，https://www.sohu.com/a/244657920_118622，2020年7月20日。

象，朋友、老乡、同学、亲属不能成为信任关系的基础，传统的差序格局与均衡分布被打破，与市场经济相匹配的契约关系又没有成熟，社会信任自然难以建构。其四，公共精神的缺失破坏了社会信任的期待基础。公共精神体现为一种集体性的自我意识，是支撑公民间相互信任的内在依托。那些建立在中国传统仁、义、礼、智、信基础上的正义、理智、胆识等品质，以及对民主、平等、自由、参与、秩序、责任、公共利益等一系列最基本价值认同的公共精神需要进一步孵化，才能重构社会信任，奠定对他人的期待基础。公民精神目前不是没有，而是被包裹在个体意识之中，个体的慎独、修身、格物之目的往往不是为了公共领域的活动，而是为了整体稳定修炼自我德性，缺少对个人权利的主张和平等观念的内化，更缺少相互合作与社群间合作的准备。在公民政策参与实践中，政策主张很难与个体分离，在一定程度上存在浅薄和急功近利的情况，公民政策参与的成就感更多来自有效参与带来的金钱或利益实现，那些市场不可交换的德性、爱情、信仰、知识，甚至良心是不被重视的，利己主义情况非常明显，集体行动充满了不可控因素。

四　公民网络断裂阻碍参与者在场

由信任、规范与网络构成的社会资本存在于人际关系结构中，被看成公民社会的黏合剂，它不同于其他形式的资本，是一种社会组织的特征，是合作行为的促进剂。当个人行为、国家调控或民主程序无法解决集体行动困境的时候，共同体可以使用社会资本进行自我调节。布迪厄将社会资本看作一种社会资源，共同体中具有资格的成员往往相互认识，连接在一起形成社会网络，汇聚成社会资源。因此，社会资本量可以推动集体行动困境的化解。同时，"某一主体拥有的社会资本量取决于他能有效动员的关系网络的规模"[1]。当我们认同社会资本始于社会网络分析，并将其视为来源于

---

① Pierre Bourdieu, "The Forms of Capital", in John G. Richardson, ed. , Handbook of Theory and Research for the Sociology of Education, New York: Greenwood Press, 1986, pp. 241 – 258.

关系网络结果时，公民网络便成为其中不可忽视的主要组成部分。就目前而言，传统的差序格局基础上建构的社会资本，随着人口流动受到挑战，新型社会关系的建构缺乏相应的文化基础，平等关系需要的参与式公民文化并没有成熟起来。通过参与共同体的公共事务形成的公民网络具有一定的封闭性，每个人都处在网络联系中，没有人能够逃脱别人的注意，但是如此稠密的网络却在一定程度上阻碍了个体对公共信息的获取，一旦个体间的信任无法扩散到他人，就会形成网络的断裂，从而对整个关系网络造成伤害。就像我们在讨论个体合作规范和社会信任时所提出的那样，目前公民政策参与的理性与合作已经受到了社会信任不足的影响，那么作为社会资本内涵之一的公民网络自然也不可能独善其身，其断裂和薄弱都是一种必然。

公民参与网络目前在个体间建构的是一种弱联系，人们在任何参与或交易行动中仍然存在着遭受欺骗的潜在成本，仍然无法相信个体间互惠关系的存在，也不愿为建立这样的互惠关系承担自己的那份成本，没有连接起来的公民参与网络也很难促进公民间的相互交往，个人品行的信息仍然难以流动，以往成功的合作大多不是来自社会自身，而是需要通过自上而下的政府介入、法律的支持或权威的认可，未来的合作难以寻找到可复制的模板。这些特征都倡导着公民参与网络中的弱联系向强联系的转变，否则就会影响所有公民在政策过程中的"在场"。改变弱联系为强联系的关键在于改变形成公民参与网络的动力机制和运行机制，努力实现公民的在场和发声。从规范的视角来看，如果公民在场意识有所缺乏，个体尚不能从共同利益出发，不能对社会关系形成共同假设和共同责任，就难以规避逆向选择和道德风险的出现。目前，社群自我调节能力不足影响了公民参与网络的重新建构和黏性增强，具体表现在包括社会团体的培育、平等的对话平台以及参与式的文化生态方面的薄弱。其一，公民参与网络的触角尚未延伸到各类社会组织，难以将社会组织纳入共同体的协商对话之中，也就意味着难以从公民网络外部增强黏合剂并以秩序重构公民信任,需要通过调整公民之间的关系、公民与社会组织的关系以及公民与政府的关系,从外部增加社会资本的存量。实际上,帕特南眼中的社会组织就是一种社会参与网络,公民政策参与和社会组织密不可分。其二,如果共同体内缺少平等的对话平台,或共同体成员没有充分认识到平等的对话平台,那么那些拥有相似人格特质、相同或相近政策诉求和机制取向的个体聚合在一起形成的政策网络就会选择其他非制度化甚至合法性不足的途径表达政策诉求,即便公民参与网络使个体发生连接,他们与那些在制度内、参与渠道内表达的人在行动上也难以保持一致性,随着政策讨论的深入,政策网络可能破裂,他们可能成为政策参与的反动力,生成更多其他的社会公共问题。要想把离散的个体编织进横向或纵向的网络中形成正式或非正式的关系,需要通过公平和对等基础上多次的政策协商和对话来完成。其三,参与式的文化生态建构了一种非正式的集体行动逻辑,使公民间合作不依赖于自发性的社会习俗,而是通过公民间信息资源、知识储备、身份等差异性互补扩展公民网络的包容性,弥补公民网络中每个端点力量不均衡的缺陷。参与式文化生态尚未成熟严重阻碍了公民网络的强度,因为如果稠密的公民网络中每一节点的力量不一样,就会造成整个网络的扭曲,长此以往就会产生变形和断裂。

第三节　政策过程层面

从阶段论角度看,公共政策过程始于政策问题建构,从政策议程、政策规划、政策决策和政策合法化,进入政策执行和评估,从而完成公共政策的过程。虽然公共政策活动并不是一个线性过程,但过程论能够反映公共政策发展的一般逻辑机理。现实中公共政策通常不是按照这样的过程来展开活动的,其随机性和随意性较为常见，优化政策过程可以使我国的公共政策制定和执行回到规范化的路径中。公民政策参与实践显示，无序的参与行动有些是因为公共政策过程内生性的问题，如政策子系统没有对参与者的力量均衡性进行控制，导致聚合后的民意无法全面代表各方利益诉求；政策对话中缺乏包容性的文化特质，阻碍不同的公众意见进入政策议程，使真正急需解决的社会公共问题无法转化为政策问题；政策规划阶段对备选方案的多样性要求不高，过于单质的情况使公众无法选择，容易形成不满和对立情绪；政策效果评估不完善，不足以向政策参与主体及时提供有效的反馈信息，影响政策参与者对参与效能的感知度，进而减弱了公众持续参与的动机。

一 参与力量失衡

根据伊斯顿（David Easton）对政治生活的系统分析，我们可以将公共政策系统理解为输入社会公众的要求与压力以及输出政策决策的行为系统。公共政策系统的均衡既包含政策的供给与需求之间的均衡，也包括不同的利益主体之间的利益均衡。较为常见的是，政策参与者与政策主体之间的利益博弈。在政策系统的形成与运作中，人们总是会或多或少，主动或被动地出让一部分个人利益，在系统运作中与他人利益相融合，形成整体利益或公共利益，即公共政策系统的运行总是要在利益让渡和整合中维持均衡。但是，公民政策参与更多关注政策参与者之间的力量均衡问题。在现代政治背景下，利益的冲突和分化总是存在的，不同的社会群体具有多元利益诉求，且无法通过简单参与实现。事实是，来自不同阶层、不同群体、不同界别的公民在公共政策的参与动力、参与广度、参与深度和参与效果等方面都存在差异性，参与政策过程的公民之间力量从来都是不均衡的，政策诉求感知和形成能力的不同、经济基础的差异、资源可获取性的区别、参与者或群体利益代言人的影响力大小、参与途径和博弈策略选择的分歧等都决定了公民个体和群体间的力量的不均衡，从而打破了公共政策系统的均衡性。

李普塞特认为，经济发展能够增加收入，提高人们的受教育水平，从而壮大中产阶级群体，调和社会冲突，支持民主。①但就中国社会而言，具有良好经济条件、受过良好教育、作为社会道德载体、对公共事务热心的庞大中间阶层尚未形成，由经济基础的差异形成的大小不一的利益集团却日趋成型。利益集团的问题在于存在垄断公共政策的隐患。每个集团拥有的资源不同，影响力也不同，广泛的不平等始终并存。利益集团成员的短视和以自我利益为中心会导致公民整体意识的缺乏，也会通过影响政府议程来扭曲公共议程，从而形成对公共政策的控制力。其中，强势集团存在绑架或垄断公共政策的隐患，而弱势群体常常被代言，影响政策制定主体对公众意见的感知。因此，在政策协商和对话之前需要消除不同参与群体之间的不均衡性，防止任何利益集团力量过强或对政策的影响过大，使每一个社会公众都能够平等地参与协商对话。从团体理论的视角来看，公共政策一般是不同团体利益博弈后达成的妥协和折中，强势利益群体在其中总是会引起均衡点的迁移，政府此时应该加大对弱势群体一方的扶持力度，为弱势群体配给足够的资源，以提供博弈均衡的可能性，必要时甚至应该通过公共企业等政策工具参与博弈过程，发挥其去除不均衡性的作用。但是，现实是政府没有能够形成有效的强弱力量控制，那些经济组织的垄断行为都会增强利益集团的力量，在政治上对大型或超大型经济组织的约束明显不够。利益群体的活动使政策子系统力量不均衡的情况加重。强势群体拥有更多的资源和活动途径，在利益分配的时候能够影响最终的决策者并谋求更多的资源，形成"马太效应"。而弱势群体因为能力不足，无法与其他的政策主体进行平等的对话，表达出的诉求无法引起足够的重视。如果对强弱群体不进行有针对性地控制和引导，"沉默的螺旋"现象将无法规避，强势群体的意见替代公共偏好，即便政策意见聚合为主流民意，也不能代表弱势群体的真正利

---

① Seymour Martin Lipset, *Political Man: The Social Bases of Politics*, New York: Double-day Company, 1960, p. 31.

益诉求。这样，政策讨论和对话就会成为强势一方的独白，民主危机立显。只有参与主体之间的力量趋于均衡，所形成的主流民意与价值共识和基本的公共伦理相契合，公民政策参与才能算得上有序和有效。

二　政策讨论欠包容性

政策讨论的包容性是指公民在进行政策讨论时所隐含的妥协和折中逻辑。任何一项公共政策都是谈判、协商、妥协与折中的结果，"国家、民族、阶级、政党和政治集团之间在利益冲突时，冲突双方通过政治谈判、协商或默契，互相做出让步"[①] 是必不可少的。这种政治妥协发端于西方，是一种政治理性与解决群体间冲突或矛盾的有效手段。一个共同体通常有成百上千项公民关注的事项需要政府处理，其中只有一小部分能真正进入政策过程[②]。如果公共问题进入不了政策议程，就无从考虑政策活动，政策活动的首要问题是政策问题的建构，它决定了政策议题的适度性与适宜性、效率与效果等一系列的指标达成，因此，政策问题的建构至关重要，为了使问题得到承认，公众往往会围绕议题进行大量的讨论和行动，公民大多数的非理性抗争行为都是为了议题能够进入政策议程。大量的政策讨论影响着公共政策的公众议程，问题的强度、时效与持续性决定了政策议程的触发机制。公共问题是否进入议程转化为公共政策问题的关键在于多元政策主体的意见，包括政府、公民、大众传媒、非营利组织以及不同的利益集团。可以想见，在多元利益诉求并存的社会情境中，如果不能持有妥协和折中的包容性态度，在政策讨论阶段公众意见中那些与政策主体不一致或相悖的内容就会被排斥或过滤，无法融入主流民意输入政策子系统。

议程设定发生在一个由政府和多元社会行动者组成的复杂网络

---

① 《中国大百科全书·政治学卷》，中国大百科全书出版社 1992 年版，第 503 页。
② 吴熙、［澳］饶墨仕、［加］迈克尔·豪利特、［美］斯科特·A. 弗里曾：《公共政策过程：制定、实施与管理》，叶林等译，格致出版社、上海人民出版社 2016 年版，第 13 页。

之中，复杂性决定了大部分政策议题由行政官僚提出，而非公民及社会组织，包容性的缺失成为目前政策议程排斥公众意见的主要原因。中国公民政策实践中政策议程包容性不足的原因主要在于三个方面。其一，妥协文化的缺失直接导致公民政策参与的无效、低质或弱势。亚洲并不存在类似于古希腊那种谈判、参与和妥协的民主文化传统。中国传统政治是平等理念与成王败寇文化共存的，并有着强大的生命力，影响着当代政治特征。国家与社会、政府与人民、不同社会群体之间内含着一定的对立情绪，即便受到西方民主思潮的影响，行动上也没有明显的差异性，只是行动包装与口号不同而已。与此同时，公民参与政策过程的需求增长速度远远超过了相应的民主政治文化发展速度。因此，"沉默的螺旋"效应在中国政策过程中显现得尤为突出。其二，行政官僚为了提高政策效率，根据对政策接受性的期望决定哪些议题由公民参与。对政策接受性的期望值与公民政策参与直接关联，它显现了政策主体对公民政策参与有效性的担忧。正因如此，政策主体有时会选择性地强化公民参与，有时候又会有意识淡化公民参与，从而使议程设定中的政策讨论并不充分，出现在一定程度上筛选与过滤政策议题的情况。公民政策参与的本质应该是公共政策过程的合法性来源，没有公民参与的政策是缺乏足够的合法性支撑的，政策主体从本质上来讲不应该在政策接受性上形成期望，而是应该对政策质量和过程提出要求。其三，未经合法程序规定的公民政策参与难以形成主流政策意见影响政策结果。议题协商的生态尚未成熟，原子化的政策意见在大范围公共讨论后无法聚合，仍旧漂浮于社会之中，导致政府及行政官僚只能发挥其议题选择和议程设定的功能。如果对公民政策参与的有序性进行设计，通过在政策制定流程中给予公民政策参与法定地位，就能确立公民参与的合法性，也就在程序设计上将公民意见作为衡量政策问题建构良好与否的主要标准，公众议程因此处于与政府议程相同的地位，进而使民生相关的公共问题通过自上而下与自下而上两种不同的方式触发政策议程设定。由此，征集民意成为政策规划中不可或缺的环节，是备选方案形成的主流方式之一。公民既是政策智囊，也是政策决策的多元主体之一，他们与专家学者、政府官员一起形成最终政策方案，彻底改变议题屡经筛选的情况，使公民通过参与议题讨论起到议程设置的作用，不仅不再缺位，还能体验到政策参与的效能感，形成持续性参与的动能。

如果政策讨论缺乏包容性，普通公众很难进行利益表达途径的理性选择，也不太能够对自己的利益进行主动的适度退让，更难以理解，在现代社会繁杂的公共政策议题中，"全部一致的同意"带有强烈的"乌托邦"色彩，不可能实现，谈判和妥协是唯一的途径。放任型的公民政策参与无法自动实现妥协和折中，反而会影响自由的真正实现，也无法保证公共理性的实现。处于剧烈转型中的中国社会，公共政策论辩中的基本景象是，谁具有说服力谁就可以占据话语权；谁在公共空间更善于表达，谁就能够控制政策讨论，那些无意识的、被动的参与者自身的政策偏好强度不足，或不明确，如果在政策对话中不被包容的话，他们几乎无法成为真正的参与者，也不会生成理性的公共行动。

三　备选方案单质

公民政策参与过程中有序的民主协商以秩序和程序为基调，强调有目的的主动、理性、积极参与，对于政策规划来讲无疑是一种合目的性的厘清，将多种备选方案的形成作为公民协商讨论的最终目标，政策意见的表达并不是为了宣泄情绪或让政策意见为人所知，而是为了形成多种备选方案，供社会公众进行进一步的讨论，并为政策决策做好准备。

按照阶段论的观点，公共政策规划阶段应该产出各种各样的备选方案，才能形成好的解决方案，推动公共政策决策的科学性和民主性。因此，备选方案的形成是公民政策参与过程中进行协商对话的重要任务之一。备选方案要体现出公共性和民主性，并遵循政策规划的基本原则。备选方案的公共性是指备选方案必须围绕公共问题拟定，方案的目标归属和出发点都应该是公共利益。备选方案的民主性则需体现在形成备选方案过程中政党组织及其代表、政府各部门负责人、利益集团、政策研究机构、大众媒体以及社会公众代表等多元主体的参与。政策规划的基本原则包括公正原则、个人受益原则、弱势群体利益最大化原则、分配普遍性原则以及持续性原则。一般情况下，政策规划阶段形成的备选方案均需经过民意征集的环节，然后汇总民意，进行方案调整，最终保留少量进入政策决策阶段进行抉择。虽然这种思路带有阶段论的色彩，但是如果能够根据这样的逻辑演进进行备选方案的制定，则可以保证备选方案的质量和数量。只有从政策规划阶段生成足够的备选方案，才能在政策决策阶段输出好的、令人满意的公共政策。由于备选方案越多，可行性论证越难，政策预案优化途径越难探究，因此，政策规划过程大多终止于某一两种备选方案的形成，未做进一步探究。有时，根据公共政策逻辑，政策规划也会探究多种备选方案，但各种方案之间彼此交叉重叠，你中有我，我中有你。单质的备选方案常常边界不清，A方案与B方案也许相互包含，概念重叠，问题边界呈现不饱和状态，使公众难以进行选择。这种边界的模糊性也会导致备选方案多样化的动力不足。

在中国目前的公共政策过程中，政策规划阶段形成的备选方案的数量不足与方案间边界模糊等单质性特点非常明显，因为政策规划阶段没有将形成多种备选方案作为目标导向，而只提出以形成解决方案为目标。这就带来了一个问题，也就是，即便政策协商充分，政策协商行动的目标感不足也会使备选方案拟定时政策目标模糊、行动方案和途径选择具有盲目性，且事件主体选择不确定，进而造成政策方案的轮廓形成与细化方案难以确定，政策可行性难以预测，更毋庸说政策预案的优化。一旦政策备选方案过于单质，政策活动也会表现出相当程度的片面性，政策决策的可选择范围就会受限。

备选方案往往是下一步政策决策的基础，是政策议程设定之后进一步进行政策论争的环节。衡量备选方案的标准除了技术可行性，还包括价值的一致性等。如果没有足够的备选方案以供选择，政策决策的意义不足，决策方法也难以保证科学与民主，因为单质的备选方案已经带有决策的色彩，政策行动者没有更多可以替代的其他方案，政策活动存在以偏概全的可能，参与行动容易走向极端。有利于推动政策参与理性的状况是一个政策议题周围允许多种政策社群的产生，形成多种备选方案。一种备选方案会在一个政策社群中产生，不同的政策意见形成不同的政策社群，多元行动主体聚集在行动方案的周围，有着共同的物质利益和精神追求作为支撑。因此，单质的备选方案减弱了政策对话的作用，会使政策讨论成为形式，难以对政策过程产生实质性影响，所有的论辩规则和原则显得作用不大。

四　政策评估失语

政策评估是整个公共政策过程的重要环节。公共政策活动从议程设定阶段到政策评估阶段虽然不是线性过程，但公民参与是贯穿始终的，从政策问题讨论到政策效果检验的过程中，均可看见公民身影、听见公民发声。但是在政策评估阶段，公民参与明显不足，直接结果就是政策效果的反馈机制没有真正运行起来。那些从政策子系统输出的政策与一定的政治、经济、文化环境发生作用，所产生的对政策新的不满，形成新的诉求，需要再次被输入政策子系统。如果反馈机制运行不畅，公众无法获知关于政策效果的评估结果，也难以参与到政策评估过程，那么对于政策是否持续、调整或终结都缺乏民主性，公众参与政策活动的持续性动力不足，在新政策的遵从行为上也就会存在掣肘。

公民政策参与与政策制定活动到底有多少相关性？能够在多大程度上推动政策与主流民意的对接？是否提升了政策质量并使公共政策更加接近善治目标？这些问题都没有得到学界和实务界明确的回答。实质上，公民政策参与存在一定的悖论。一方面，公民政策参与是民主政治在公共政策活动中的必然反映；另一方面，参与并不保证政策质量的提升。因此，公民政策参与和政策效果之间并不总是呈现正相关关系，有时公民参与行为的盲目性和非理性恰恰会影响政策效果，阻碍政策活动的展开。但是，公民政策参与也不会因为对政策效果可能产生的负面效应而终结，它是一种不可逆转的全球化政策民主的体现。根据目标设置理论，目标会引导行为，行为导致结果，结果需要通过一定的程序进行评估，并及时向参与者及政策制定主体通报相关信息与数据。如果参与者并不知道自己的行为会导致何种结果，也不关心该结果会对公共政策产生什么影响，或已经产生的影响情况，那么他们的参与行为就会缺乏明确目标，从而导致参与过程存在发生偏差的可能。因此，需要对公民政策参与效果以及政策效果进行评估，再以评估的结果引导下一次参与行为。

公民政策参与实践表明，由于缺乏围绕现行政策结果与潜在政策结果进行的政策宣传与沟通，公共政策的利益相关方、参与者、制定者、执行者对政策评估知之甚少，公众往往难以理解参与行为、参与效果与政策结果之间的逻辑关联。"上海磁悬浮项目""辽宁氧化铝项目"与曾经甚嚣尘上的 PX 项目一样，环评报告是合格的且符合相关的公众参与程序，在项目实施中存在的问题也可以寻求到折中可行的方案。但是，因为公众没有参与事前评估环节，项目相关方的事前评估结果也未能与公众及时、明确地进行沟通，造成了最终项目的停滞。要想摆脱"一闹就停"的状态，政策的事前、事中、事后评估都需要有公民参与，公共沟通一定要充分、多向、有效。比如，可以通过程序设计让政策制定主体首先向社会公众宣讲有关该项目的常识和可能出现的后果，并在预评估基础上组织政策讨论；提前传播"邻避效应"对整个社会福利可能产生的积极影响，推动参与项目立项讨论的公众进行深入的审慎思辨，增强参与理性，避免群体性事件的发生；引导市民思考自己的参与和城市长期发展之间的关联性，并激发他们对自己参与行为的后果进行更多责任性反思。

目前公共政策评估结果与公众之间的断层主要在于政策评估自

身存在的问题和政策评估反馈机制的缺失。一方面，政策评估自身存在的问题很多。如评估主体以官方内部评估组织为主，缺少非官方的外部评估组织，公众参与评估的途径不足；评估方法过于单一，除了官方评估之外，更多采用的就是专家评估法；评估内容过于注重政策产出，更关心的是政策文本本身和政府行为，而对于政策执行后产生的影响，即政策意图在多大程度上实现以及政策目标的导向，评估明显不足；评估标准倾向于效率主义，在评估内容上公正标准因其设计难度和量化的难以操作性难以融于评估过程，在对经济增长效率的评估中较为常见，等等。另一方面，政策评估反馈机制设计明显不足。评估的结果多在政府制定和执行机构之间传递，并没有一种规范的途径告知社会公众。在公共政策活动中，政策主体常常认为，政策的制定和执行地位是远远超过政策评估的。因为这两个方面的原因，社会公众对于政策产品的效果与执行结果不甚清晰。如果存在信息不对称的情况，政策主体没有让参与者充分知晓政策评估的效果，就会影响参与者的体验和认同，降低参与者持续参与的动机和动力。同时，如果缺乏对公民政策参与效果的评估，也弱化了对其参与行为与过程的引导和矫正。

第四节　意见表达层面

造成公民政策参与中无序、失序或非理性参与行动的原因部分来源于公民自身在政策意见表达中存在的问题，比如公民参与动机的利己主义倾向，容易造成他们冲动化、情绪性的参与，并且在政府主导的政策宣传与沟通中不愿做出利益让步，难以形成政策认同。在选择参与途径的时候，参与者更愿意选择便利、快捷的方式，而不是根据问题情境来进行选择，尤其过分青睐虚拟网络中的匿名表达会形成"数字鸿沟"，弱化参与者的责任感，影响政策意见的理性程度。公民表达意见时的言说能力偏弱，容易造成群体极化现象，无法使多样化的利益诉求真正地、充分地得到显现。

一　民意表达动机各异

是否参与政策讨论、如何参与政策讨论、参与到什么程度以及自己对结果的期盼都取决于公民在参与过程中的意见表达动机。公民在政策过程中的表达活动受到自己的思想感情和政策议题的属性影响。对意见表达动机构成影响的政策议题属性不仅包括政策问题本身，还要包括政策的问题情境。首先，公民对新的政策议题及其问题情境有所认知，这也是政策主体预先宣传和沟通的原因；然后，公民对政策议题形成心理体验。如果没有事前的心理体验，就要通过共情心理的建构改变传统思维模式。接着，公民需要了解未来的政策目标，并对政策目标持有信心，对社会情境的改变有预先的心理准备，并随时接受利益关系的调整。影响公民意见表达动机的因素主要包括，公民对政策问题形成的原因和背景了解与否，政策问题是否属于"第三类错误"①，政策问题的结构是否良好等。其中，"第三类错误"影响问题的建构，为错误的问题找到的错误答案无益于改变社会状态，会影响后续民意表达动机。那些结构不良的问题复杂性高，有许多决策者介入，且各自的目标迥异，冲突性较强，难以做出理性决策，也无法达成共识。事实上，社会情境的复杂性使人们很难建构出结构良好的政策问题，比如形成海峡两岸问题的要素除了意识形态，还有国家力量介入、民族文化认同等。因为政策问题结构不良，公众的认知度和理解度存在偏差，在某种程度上难以形成明确的价值偏好，价值上也有冲突性存在，表达的动机显然会降低。

公民参与公共政策活动并从政策结果与参与结果中得到相关性反馈，就能获取快乐，主观上感到满足。此时，他们参与政策并表

---

①　人类容易犯的错误有三类，包括 EI：行动中针对的不是能够解决的问题，也没有找到解决问题的办法；EII：行动要解决的是真正的问题，但却使用了错误的解决办法；EⅢ：人们花气力解决了一个不是真正的问题（Errors of the Third－Type），即第三类错误。

达诉求的内在动机就形成了。内在动机需要每一次政策参与构成行为链条，通过此次行为激发下次动机，如果行为断裂，就会降低内在动机。目前，中国公民政策参与的行为具有随机性、突发性的特征。尽管制度内的表达途径设计是充分的，但是公民没有形成常态的诉求表达习惯，程序性的认知也不充分，同时，他们发起诉求表达行动的利己主义动机比较明显。人们更多会考虑自身的个人利益，或所在群体、地域、社会阶层的利益，并将其视为首选的生活态度和行为准则，公共利益是弱化的。外在动机主要指个体由于自身行为所伴生的结果而实施行动。在没有上级权威要求的情况下，公民意见表达的外在动机各种各样，参与者往往并不是为了某一项奖赏或回避惩罚，而主要是因为受到社会从众心理的影响。如果个体所在的群体中大部分人就某一政策议题进行了意见表达，没有参与的话就会受到排斥或蔑视，尽管有时他们的内在动机不充分，但为了表示自己不是异类，也会进行意见表达，且有时会隐藏自己的不同意见，出现偏好伪装的情况。这种情况下表达出来的政策意见常常是令人担忧的，因为那些貌似融入大众中的个体在表达政策意见的时候并没有以公共理性和真实诉求作为基础，从而为后期的群体性过激情绪和激进行动埋下了隐患。

有时候，民意表达的动机是为了避免内疚、焦虑，或者为了自我提高，这是一种接受动机。个体一般会认可外在的规则，但其行为驱动多来自自我约束力，属于自我控制型动机。但是，个体在受到群体动力作用之后，较强的自我控制性是否还能保持个体的独立性成为问题。勒庞等左翼作家之所以担心"乌合之众"的形成，就是因为理性个体在进入群体之后失控的可能性很大。出于认同动机的参与者意见表达的主要决定性要素是自己的兴趣和自身行为的实用性。兴趣缺乏稳定性容易造成民意的流动性，难以对公共政策产生影响。此外，公民政策意见表达的整合动机决定了他们的动机受所接受信息、教育程度以及伦理知识作用。个体将所接受到的内部规则完全内化，在行动中显现一定的规则性和自我价值基础，外显的行为比较复杂，政策意见比较坚定。具有接受动机的个体比较容易成为参与过程的主导者，他们往往是意见领袖类的人物，有时候能够改变、引导和塑造其他人的政策意见。但是，这样的个体在目前的中国社会并不多见，即便存在居民代表群体，因为权威性不足，最终还是出现了意见分歧。

公民参与中的意见表达只是将民意输入政策子系统，使其与其他主体在各种政治、经济、文化因素的作用下共同运转，生成政策产品输出政策子系统。各不相同的政策意见表达动机对公民政策参与秩序产生了影响，随着参与的深入，容易造成各种分歧，理性度也很难保证。公共政策总是会对社会资源进行分配，那些以民意表达为初衷的群体性事件之所以在后期会发展成非理性的暴力事件，主要是因为民意表达动机中利己倾向过强，参与者通常对政策决策的改变充满期待，他们希望最终从政策子系统输出的公共政策就是他们的政策意见的体现。如果参与者没有将自己的动机建立在对公共利益的追求上，就会在行动中表现出表达强度上的差异，有时甚至会剥夺那些意见相左者的偏好表达，对他人尊重不足。每个人都想通过参与行动实现自己的利益最大化，强势利益集团在这一点上表现得尤为明显，这也是我们要谨防利益集团"绑架"公共政策的原因。

二 民意表达途径选择单一

中国现行的政治体制预设了多样化的民意表达途径，包括人民代表大会、政治协商会议、听证会、信访制度、民意调查、社会组织（非营利组织或利益集团）、大众媒体、网络论坛等。多元途径并不是静态的存在，而是处在动态运行之中，需要在不同途径之间建构起和谐的共同运行机制，推动政策主体与公众之间的政策协商，并保证其政策质量。实际上，每一种表达途径都应该得到充分使用，公众可以自由选择。在公众选择任何一种途径进行政策协商的时候，公众的审慎思辨需要成为一种必要程序，既要避免因准入门槛低导致的途径选择单一的情况，也要防止公众就同一政策议题选择多种途径而占据公共信息资源的情况。

目前，公共政策过程中公民比较依赖网络这种补充性的民意表达途径，而不常选择其他制度内的民意表达途径。BBS、公共社区、论坛、贴吧、聊天室；新闻网站时评；博客、播客、微博、QQ/MSN 空间、个人网站、即时通信工具、电子邮件等网络自媒体形式；网站民意调查；电子投票及远程视频会议；手机互动短信等都成为公民表达政策意见的主要方式。网络在一定程度上将以物理场所为载体的广场政治从大街搬到了电脑的虚拟空间里，存在窄化公民参与深度和广度的可能。因为人们常常希望技术手段形成的民意表达新生态能够彻底改变公众对公共政策的参与，于是，这种带有科技管理主义色彩的思潮，加上公众对各种民意表达途径的模糊认知，使网络途径成为社会公众较为青睐的参与途径。网民在虚拟空间的表达往往比实体空间中更大胆、更踊跃，但网络特有的协同过滤使公共偏好伪装的现象更为严重，就像桑斯坦所描述的那样，网络参与者在缺乏有效约束机制的情况下易出现"群体极化"问题，这不符合公共领域的理性精神。[①]

网络时代的到来对公民政策参与而言是一把双刃剑。一方面，表达方式多样化增加了民意表达的可能性。互联网上"所有人对所有人的传播"丰富了民意表达的技术手段，降低了参与门槛，使参与广度的扩大成为可能。另一方面，互联网多样化的技术载体并不能消解公众政策意见表达的负面效应，反而对政治、经济、文化等外部因素的变动更为敏感。网络毕竟是"人造物"，无法代替人类政治生活的全部。互联网带来的隐蔽性、开放性和自由性有利于增强参与的民主特质，但并不能保证参与的质量。网络对信息的协同过滤本质使公民的政策意见趋同，群体极化效应破坏了意见分享，公域与私域边界的模糊性增加了公民的政治冷漠和防范意识，"哄

---

① ［美］凯斯·R. 桑斯坦：《网络共和国：网络社会中的民主问题》，黄维明译，上海人民出版社 2003 年版，第 44—49 页。

客"和"人肉搜索"现象严重阻碍了网络上的自由表达，持不同政策意见的人在网络上很难真实表达出自己的意见并持续地为自己的观点辩护。因此，在网络虚拟世界里，公民政策参与时常会出现偏好伪装，网民的群体情绪也难以得到有效控制，一个政策议题极易在网络空间发酵并影响常态的政策讨论。此外，爆炸性信息的处理能力、网络技术的应用能力、公共论坛上的言说能力等方面的个体差异，导致网络参与并不像人们想象的那样必然推动政治民主进程，但政策参与者觉得选择虚拟途径更安全、更公平，却忽略了网络参与的诸多弊端，也忽略了网络之外还有其他更有效的制度内民意表达途径。

过于依赖网络途径进行民意表达会导致电子鸿沟，不利于实现公民参与的广度和深度，对公民参与理性和秩序形成阻碍。从数字上来讲，网民并不等同公民的全部。截至 2020 年 3 月，中国的网民规模达 9.04 亿人，互联网普及率为 64.5%。其中，农村网民占比 28.2%，规模达 2.55 亿人；截至 2019 年 12 月，中国域名总数为 5094 万个，".CN" 域名总数为 2243 万个，占中国域名总数的 44.0%，". 中国" 域名总数为 170 万个，占比为 3.3%。① 因此，即便在网络公共领域能够进行自主交流，电子民主也存在巨大的数字鸿沟。以新的传播媒介为基础的电子民主（网络民主、数字民主、虚拟民主、远程民主）受到了越来越多的关注，电子民主改变着人们的社会生活，越来越多的人通过互联网、移动通信和其他技术积极参与到公共事务之中，构成了全球范围内民主政治理论和实践的一道新风景。人们普遍认为，电子民主可以促进公民与政府的关系，更适应当前的民主进程。但是，如此迅速的发展状况背后无法解决的是技术与价值之间的冲突，以及未被网络覆盖人群的真实民主权利的实现问题。电子民主有着强烈的矛盾性，它在推动更多

① 中国互联网信息中心：《第 45 次中国互联网发展状况统计报告》，2020 年 4 月 28 日，中国互联网信息中心网站，http://www.cnnic.net.cn/hlwfzyj/hlwxzbg/hlwtjbg/202004/P020200428596599037028.pdf，2020 年 7 月 20 日。

人进入议题场域的同时，也会减少人们在实体世界中的社会交往时间，使人产生孤立感和冷漠感。[①] 网民们封闭在虚拟世界中，很难与真实世界中的他人发生连接，更不要说那些不使用互联网的人们。从技术层面来讲，电子民主导致社会结构发生变化，不同社会阶层因为所掌握的技术水平和应用能力不同，反而有可能形成更大的差距。于是，技术的发展反而对民主形成了阻碍，网民与非网民之间的鸿沟日益加深。事实是，电子民主只是补充了人们的政治生活，但并没有改变他们的参与水平[②]，也不会自动地实现个体与集体之间的无缝转化，个人利益与集体利益依旧处在冲突之中。那些存在于传统民主模式中的精英主义倾向在电子民主中仍然存在。从行为的正当性来看，数量庞大的网民和众多的网站没有能够真实反映网民在互联网上的行动实质，网民在个人利益的追求和公共善的包容之间也存在冲突。众所周知，网络世界明显缺乏公共理性，难以围绕政策议题进行公共沟通，达成共识。大多数网民沉迷于泛娱乐化的信息之中，并被冠以"吃瓜群众"之名，参与公共事务及政策议题讨论者甚少，公共论坛中多为"非黑即白""非此即彼"的二分思维方式，关于某一政策议题往往分为支持和反对两方，双方各执一词，不站队的网民或被排斥在外，或被不同政见者攻击。因此，网络并不能解决不同群体之间因生活背景、教育状况和语义理解等方面造成的沟通差异，更无法将网民的注意力从物质时代的过度消费转移到公共领域。

三　公众言说能力偏弱

公共领域的自我治理需要能量。公共领域中存在一个具有意见聚合作用的公共能量场，民主的、多元论的话语形态在公共能量场

---

① 李亚妤、杜俊飞：《重估电子民主：概念、分歧与研究进路》，《中国地质大学学报》（社会科学版）2016 年第 7 期。

② See Anabel Quan - Haase, Barry Wellman, James C. Witte and Keith N. Hampton, *Capitalizing on the Internet*: *Social Contact*, *Civic Engagement*, *and Sense of Community*, UK: Blackwell, 2002, pp. 291 - 324.

中多向流通，力量增强或减少①，公众的言说能力是推动公共能量场形成、从"潜在"到"在场"②的重要影响要素。身处这一场所中的人们可能会被吸引、被激发、被改变，进而形成自己的社会话语。同样，在目标和意图的相互影响、相互激变、相互碰撞的过程中，公共政策被制定和修订。公共能量场的建构本身就带着聚合力和吸引力，它所蕴含的融合、平等和对"独白式"对话的否定都是推动政策参与有序性的外部条件。

公共政策活动中的公共能量场由政策情境、政策议题、政策行动者构成的政策网络、行动者互动和博弈过程以及公共空间共同构成。尽管政策议题自身能够产生引力，但真正跟政策议题相关的是作为行动主体的公众。个体作为意见表达的主体，因被特定议题吸引，携带着各自的能量进入公共领域，形成公共能量场。行动主体的能量具体体现为观点、信息、策略、财力、专业知识、人力资源等，个体差异性使各种能量呈现非对称性，比如政府享有合法的公权力，媒体具有信息优势，非政府组织擅长志愿服务，专家拥有更多的技术和策略专长，原子化的公民经过组织后能形成强大的抗衡力量。其结果一是能量间互补的需要促成行为者的博弈互动，二是源于公共领域的能量更有可能完成能量间的汇集与聚合，形成能量以制衡和对抗源于公权力领域的能量，从而消解原子化个体在面对政府能量时的弱势地位，形成场内两大对抗性的场核，二者都在试图影响场势的走向。③ 其中，公众的公共言说能力是可控、可改变的，并对公共能量场的场势产生直接影响，如果公众的公共言说能

---

① ［美］查尔斯·J. 福克斯、休·T. 米勒：《后现代公共行政——话语指向》，楚艳红等译，中国人民大学出版社 2002 年版，第 106 页。

② 所谓现象学的"在场"或"目前"并非指钟表或日历上的某个特殊时刻或手段。目前作为一种扩展的在场是在此情景中谋划未来的积淀性行为的集合。能量场是由人在不断变化的当下谋划时的意图、情感、目的和动机构成的。参见［美］查尔斯·J. 福克斯、休·T. 米勒《后现代公共行政——话语指向》，楚艳红等译，中国人民大学出版社 2002 年版，第 103 页。

③ 韩艺：《公共能量场：地方政府环境决策短视之道》，社会科学文献出版社 2014 年版，第 93 页。

力不足，公共能量场中缺乏足够的意义建构，就会阻碍公众进入公共能量场，也无法产生激发出公共能量、影响政策活动的燃烧点。

在理想状态下，公共政策的目标和意图足以吸引公众的注意，人人都可以通过一定的话语表述自己的政策意见和建议，公众话语的准入是免费的。但是，在政治实践的真实语境中，政策讨论并非如此。民意表达中，公众言说能力不足非常明显，人们常常无法选择恰当的话语，并为其贴上能够达成共识或唤起共情心理的文化标签，以致表达出来的政策意见在"沉默的螺旋"中下沉，或被其他政策主体所忽略，话语权也因此旁落。公民需要足够的言说能力才能保证自身政策意见的充分表达。事实上，在政策网络中发生的政策对话和讨论永远不可能涵盖公众全体，而只能是一些人的对话和讨论。许多政策意见只是自利动机下的自我夸张伎俩，其参与政策讨论的原发动机并不单纯，与公共利益也相去甚远。同时，因为掌握话语权的人和强度不同，政策建议的真实性和可信度也有待考量。因此，在政策讨论中，因为那些油腔滑调的、虚假的、哗众取宠的话语表述使参与者的政策意见理性不足，政策话语使用显得无序、杂乱和微不足道；政策对话漫无目的、情绪化，甚至还会出现"哄客"式的群体表达现象。

言说能力不足的主要原因在于：一是公共理性程度各不相同。公共理性需要长期政治社会化过程的养成。转型社会中公民更关注经济主导下生活技能的培养，正规教育中也往往忽略政治思考与沟通能力的培养，即便出现政策问题，他们在没有受过政治表达和思辨能力训练的情况下，往往会选择沉默，或阐述问题时避重就轻、不得要领、人云亦云，表达政策意见和建议时的个人化倾向明显且呈现出较强的短视特征。二是从众心理也会导致言说能力的下降。中国的社会公众曾经受传统的大一统思想影响颇深，从众心理较为严重，民族的群体人格特征也限制了积极表达自己利益诉求的行为选择。多次政治变迁后形成的政治冷漠感、疏离感以及政治犬儒主义的思潮也影响参与动机，公众原本不足的言说能力在若干次的沉默和附和之后愈加呈现出下降的态势。三是倾听者的态度和回应方式直接影响公众言说能力建构。许多生活在社会底层的公众因为受教育背景和生存环境等因素的影响，不能准确认知自己的公民身份，或准确地表达自己的政策偏好，也不知道现有制度中预设了哪些途径可供选择。这些人缺乏对公共理性内涵的准确认知，难以有效参与到政策对话中。倾听者往往更愿意了解言说能力较强者的看法，政策制定主体更有可能对意思明确、见解精辟、语言表达流畅者作出及时的回应，在多次循环往复之后，公众政策观点言说能力不断分层，其中，有部分公众在受阻后会选择沉默或对近似观点进行附和。在这一过程中，民意表达途径也只能为少部分人所用，不能发挥政策制定主体和公众之间政治沟通桥梁的作用，主流民意呈现失真。因此，需要进一步思考，怎样运用完备性的理论，用恰当的、能够获得他方认可的话语形式将政策意见表达出来，怎样使话语围绕"公平的正义"，以及借助怎样的语言外壳和标签吸引资讯时代他者足够的关注力。如果公众关于政策观点的言说能力不能围绕这些问题来提升，就很难从根本上实现公众在公共政策活动中的"在场"，更难以实现公民政策参与有序性的建构。

第五章　提升公民政策参与有序性的路径设计

为了提升公民政策参与的有序性，根据有序性的规范性构成要素和对现实问题的分析，本书尝试从秩序引控、技术支撑和治理创新三个方面进行路径设计，以期结合制度、行为、技术、治理、价值等不同的要素全方位、多角度地提升公民政策参与有序性。

第一节　参与秩序的引控路径

为了使公民政策参与更加有序，可以从制度到行为，从宏观到微观，从内部激励到外部规范，以理念的体认引导参与的动机，以制度的约束控制参与的程序。因此，提升公民政策参与的有序性，需要基于内部引导和外部控制进行双向路径设计，将有序的理念内化于公民之心，以致外显于公民参与之行动，并对有序性的制度保障进行针对性的分类设计，从外部控制公民的参与行为。

一　内部引导路径

恩格斯在分析人的行为时指出，人的行为的一切动力都一定要通过他的头脑转变为愿望的动机，才能使他行动起来。[1] 为了改变公民政策参与的行为，使其趋于秩序和理性，需要一种易被感知且能持续释放的动力。这种动力理应来自公民内心深处，能够在未来

---

① 《马克思恩格斯选集》（第四卷），人民出版社 1995 年版，第 251 页。

的公共参与行动中自发自为。除了遗传因素之外，"每个人都有一种创造他或她行为潜能的特殊生物能力。然而，这种潜能实现的程度主要受我们的心理发展，我们的文化以及我们的社会结构环境的影响"①。上述动力的构成应当是政治社会化过程、共同体文化熏陶和社会结构环境共同作用的结果。其中，对己而言，需要通过政策认同的达成奠定社会合作的心理基础；对他者而言，需要建构责任意识主动遵从规则和现有制度；对群体而言，需要孕育利他精神学会保持集体行动中的理性；对政府和其他公共组织而言，需要重塑社会信任实现对共同体的共同治理。

（一）促成政策认同

马克斯·韦伯以"主观意义"作为行为研究的基本概念，认为"如果或只要行为者把行为与主观意义联系起来，行为就是人的一种态度"②，而态度是"一个人以赞同或反对的方式评价他周围世界的某些方面的先存倾向，即态度是指赞成或不赞成，喜欢或不喜欢一些社会事物和自然事物的先存倾向"③。态度观使公民政策参与行为呈现沟通取向。要想将公民参与行为引向有序，需要通过公共沟通改变参与者的态度，使其就政策议题产生心理同化和认可与赞同倾向，这就是我们通常所说的政策认同，即在特定的政治社会背景下，人们对政策价值、程序和内容等的一致性意见，是各种政策知觉、参照认知和政策边界界定的综合，是公民对于公共政策问题是什么，应该如何解决，解决到什么程度的反思性理解；是公民对政策议题反应方式的重要影响因素；是政策参与的个体与外在力量围绕公共政策议题互动而建构起来的体系。政策认同可以视为政策过程公共秩序的出发点，能够将公民个体与政策过程相连接，形成公

---

① ［美］罗伯特·伯格、罗纳德·费德瑞柯：《人类行为》，梅毅译，中国社会科学出版社1993年版，第31页。

② ［德］尤尔根·哈贝马斯：《交往行为理论（第一卷）：行为合理性与社会合理性》，曹卫东译，上海人民出版社2004年版，第267页。

③ ［美］艾伦·C.艾萨克：《政治学：范围与方法》，郑永年等译，浙江人民出版社1987年版，第241页。

民参与行为的内在规范感。根据心理学家库德和米勒的观点，社会总是通过影响自我来影响人们的社会行为①，政策认同使碎片化的个体在复杂社会环境下超越种族、肤色、政治观点、个人身份、婚姻状况等要素，聚集在公共利益指向的政策话语场域之中，通过公共沟通消除政策偏见和意见冲突，在遵从一般性秩序安排和元政策设计的基础上进一步寻求最令人满意的政策方案。

为了促成政策参与主体之间政策共识形成，不仅需要以政策目标为指针在不同群体之间进行公共沟通，而且需要防范阶层固化导致的政策观点凝结以及态度偏差。首先，不同群体间需要就政策参与目标达成共识。其主要理据来自于目标引导行为的激励理论。政策目标作为一个多层次、多元化的价值导向，总是会引导政策参与者产生出多样化的利益诉求，采用多种利益表达途径。尽管公共利益是毋庸置疑的最终目标，为了引导公民有序地参与公共政策过程，制定具体政策时需要有一个能够为社会成员共享的明确目标以聚合分散的公民。尤其在我国目前工业社会与后工业化并存的复杂社会条件下，共同目标显得更为重要。当共同目标整合时出现子目标间冲突的时候，社会主义国家的优越性应该是首要考虑的要素。社会主义核心价值观应蕴藏在每一个政策目标之中，并用于调和秩序与发展、公民与效率的矛盾冲突。其次，政策认同的达成需要阶层间的可流动性来支撑。如果不同社会阶层之间存在流动性壁垒，群体成员的结构将相对固化，并在代际传承中不断形成自我归类，不同的政策意见就会被封闭于群体或阶层内部，无法进行公共讨论，也就不能改革社会成员的信仰系统，不利于集体行动理性的形成。最后，政策认同需要实现从人际关系建构向群际关系建构转变，力图将原子化的个人凝结成不同的群体，围绕政策问题形成集体偏好，再将不同的群体进行整合，在共同体成员的身份认同基础上达成政策共识。

---

① 周晓红：《认同理论：社会学与心理学的分析路径》，《社会科学》2008 年第 4 期。

（二）提升责任意识

公民责任意识的孕育是建构公共秩序的重要条件。公民责任意识是指公民要将政策参与视为一种权利和义务对等的行为，主要包括参与责任意识、身份责任意识和规则责任意识。参与责任意识意味着公民能够将参与作为一个社会成员的应尽之义务，即无参与不公民。每个社会都应该有公民参与，"所有民主的价值和意义，只有通过公民参与才能真正实现"①。公民一旦将参与视为一种责任，就能够自觉自主地产生参与行为。身份责任意识意味着，社会成员懂得只有在参与了公共政策问题讨论和公共事务管理后才是真正意义上的公民，而不由生理年龄界定。公民身份不是自成的，它需要附着在政策参与行动上。规则责任意识意味着，一个公民理应遵守一定的规则进行公共行动。其内容主要包括参与行动需要具备理性基础，有一定的边界，以社会稳定为前提，以诉求表达为目的，以对话协商为手段，在维护决策者权威基础上的温和参与。"课以责任，因此也就预设了人具有采取理性行动的能力，而课以责任的目的则在于使他们的行动比他们在不觉责任的情况下更具有理性。"②"我们可以想象一个社会即使没有对权利加以正式表达仍然可以正常运转，但很难想象一个成员之间不存在相互责任的人类共同体仍然能够维持稳定。"③事实上，在转型时期，缺乏公民责任意识正是中国公民在民主意识觉醒，而民主制度尚未发展成熟的情境中面临的一个较为严重的问题。公民责任意识的提升需要从完善公民责任认知和改变责任情感两个方面入手，以学校教育、市民讲堂和社区宣传为主要工具。其中，学校教育是公民责任认知形成的主要场域，可以通过显性课程和隐性课程进行安排，即通过正规的课程安

① 俞可平：《公民参与民主政治的意义》，《学习时报》2007年1月1日。
② ［美］弗里德利希·冯·哈耶克：《自由秩序原理》，邓正来译，生活·读书·新知三联书店1997年版，第90页。
③ ［美］基思·福克斯：《公民身份》，郭忠华译，吉林出版集团有限责任公司2009年版，第4页。

排进行专门的公民责任意识教育，以及嵌入式社会活动来改变公民对责任的认知结构。市民讲堂秉承终身教育的理念，主要针对社会居民，其内容需要围绕公民责任认知展开。主讲人应该聚焦于那些熟谙公共事务管理的学者，从理论层面建构公民的责任意识，尤其是参与责任意识。他们需要强化参与是一种公民权利的意识，更是一种公民义务；并且设立较低的进入门槛，或利用互联网的传播优势，或作为公共物品向市民免费提供，以参与本身反哺公民责任意识。社区宣传可以由居委会、村委会等基层组织负责实施，通过公共性文化活动、仪式、标语和宣传橱窗等居民喜闻乐见的方式来增强公民责任情感，进而加深公民责任认知的深刻程度。

（三）培育利他精神

利他精神是公共精神的一种表现，是公共理性的一个重要组成部分，它解释了公民为什么要对周围的他者负有伦理责任。当为他人着想成为个体自主性观念之后，"我"与"他/她/他们"的藩篱有可能拆除，公民彼此之间的生活意义相互连接，从而重新建构一种公共秩序，即在一个公民社会共同体中，每个人与他人紧密关联，传统的以血缘作为纽带的连接转变为以道德为纽带的连接，公共议题构成行动的中心轴，他者的幸福和安定是个体行动的道德边界。利他精神的一个功效就是使公民将政策参与看作自己的事情，而不是政治家的，它能从深层次改变公民参与的态度，对于公民政策参与的秩序有着较强的正面作用。此外，利他精神所蕴含的群体互惠原则对于消减政策过程中的"邻避效应"以及防止政策讨论中的离散状况不无裨益，有助于推动公民在互相尊重中实现理性协商。

为了培育公民的利他精神，需要从道德教育、社会支持网络构建和邻里社区议事三个方面入手。其一，道德教育主要是在社会各层面结合社会主义核心价值观教育展开人的德性培养，将个人能力建构与德性培养加以结合，为个人行为设定应有的边界和规则。其二，社会支持网络是公民在互动中形成的、能够提供工具性或表达性资源的社会结构，社会支持网络的形成建立在利他精神之上，并可以被利他精神反哺。社会支持网络实际上就是公民个体之间纵横交错的、复杂的社会关系。公民身处这样的网络形成政策意见，或做出行动决定都应顾及网络中的他人，否则社会支持网络就会难以维系。其三，邻里社区议事主要选择与公民日常生活相关的事务进行讨论，且可以先从同一社区开始讨论，其目的在于培养议事过程中理性思维和表达，为未来的政策参与做好准备。比如有些农村社区学习罗伯特议事规则，并运用这一规则进行村务公开讨论就是很好的实践探索。训练有素的公民对于自己的行为规则、行动边界、表达的理性程度以及在公共空间与他人的相处方式更为了解，并更能外显于未来的政策参与过程。

（四）增强社会信任

在政策参与行动中，社会成员之间彼此信任并敢于托付是公民对其他的行动者产生的期望，它构成了公民之间就参与进行互相合作的基础，具有简化社会交往复杂性和维护社会秩序的功能。"信任这一人造的结构对于弥合暴力与理性在建立社会秩序时留下的裂缝是必要的"[1]，"离开了人们之间的一般性信任，社会自身将变成一盘散沙，因为几乎很少有什么关系能够建立在对他人确切的认知之上"[2]。政策参与活动中的社会信任产生于公民间围绕政策议题的相互交往和联系，是针对他人参与行为的一种主观意义建构，可以控制人们政策参与行为。具有深厚社会信任基础的公民共同体在政策参与活动的公共秩序建构中能够产生黏合性，减少政策活动中"搭便车"之类的机会主义行为取向，有效解决"囚徒困境"，推动集体合作，对于有序性的提升有着强大的功效。

信任缺乏会直接造成秩序混乱。公民政策参与行动在信任缺乏的情境下无法解决不确定性和风险性等问题，也无法使公民参与在

---

① Barbra Misztal, *Trust in Modern Societies*, Oxford: Blackwell Publishers, 1996, p. 26.

② Simmel Georg and Tom Bottomore, *The Philosophy of Money*, London & NewYork: Psychology Press, 2004, pp. 177 – 178.

政策过程中呈现出支持性的一面。但是，如前所述，信任缺乏恰恰是中国社会进入市场经济体制改革后较为严重的问题，公民彼此之间不信任，对政府亦然，习近平总书记也屡次提及要小心中国社会出现"塔西佗陷阱"。依据传统中国社会的差序格局，社会信任通常以血缘、地缘为中心，基础较为薄弱，需要接近关系中心才能获得更大强度的信任。传统文化在现代性背景下出现断层，契约精神并未随着改革的深入而成熟起来，削弱了社会资本的存量。因此，需要从人格信任延展开，建构制度信任和系统信任，使公民政策参与行动表现出其应有的公共秩序。首先，需要复兴传统文化，巩固人格信任。当下迫切需要发挥传统文化"诚"与"信"的要素，以乡规民约为基础拓展与现代社会契合的契约精神，逐渐改变网络节点的连接方式，增加以法理和道德为中心的社会信任网络，改"内外有别"信任模式为"内外一致"信任模式，既保留人格信任，也发展系统信任。其次，需要建构制度信任。这是政府与公民关系的应然状态，是一种互相信任的体现。从公民政策参与过程来讲，任何对制度的不信任都会导致公民行为易失控、易被操控等结果。制度信任需要通过政府与公民在公共领域的交互性活动来实现，政府应当主动积极与公民进行真诚沟通，向公民解释未来行动方案的普惠性原则。最后，需要激励社会组织在公共领域的活动，建构系统信任。公民和社会组织是公共政策活动的主要参与者，社会组织的发展使分散的公民个体加以聚集，形成公民交往活动的组织化。社会组织发展的结果可能使每个公民都或多或少地被某些社会组织涵盖，由此会产生社会组织对社会秩序安排的信任，因此，政府需要厘清自己的权力清单，将清单之外的事务交由社会组织去完成，这是系统信任建构的前提。

二　外部控制路径

内引性路径旨在将有序性的理念进行内化，但仅有内化过程还不足以保证参与秩序的建构。"在社会的无序状态与有序状态之间无疑存在着某种控制力，这种控制力的大小、强弱决定着社会实际

的存在和运行状态"①，而"公众参与的制度化水平和参与的无序
性、破坏性是此消彼长的"②。因此，制度起到了这种控制力的功
效，"更规范地说，制度是为决定人们的相互关系而人为设定的一
些制约"③，"制度的关键功能是增进秩序"④，规定公民政策参与
的理性行为边界，约束与矫正人们的行为选择。可见，需要以制
度约束、控制公民的政策参与行为，保证其稳定、有序。这种制
度的集合至少包含过程性制度、渠道性制度和惩戒性制度三个
方面。

（一）过程性制度

过程性制度设计旨在对公民参与政策过程的每一个环节作出制
度性规定，界定政策参与的主体、客体、类别和方式，解决在具体
政策制定、执行、评估环节中谁来参与、什么时候参与、在什么情
况下参与等问题。具体来说，在确立具体政策目标时，需要对政府
与公民之间达成共识的程序作出安排，比如选择什么样的公共平
台，通过何种审读步骤形成政策目标。在拟定政策备选方案的阶
段，应该通过民意征集来聚合公民、社会组织、智库的政策方案，
通过制度规定自下而上征集的政策方案在最后政策输出中所占据的
地位，并明晰备选方案的回应主体与回应方式，然后再进行政策决
策和合法性程序。因为公民政策参与行动主要聚集在政策制定阶
段，政策执行阶段的制度供给就成为公民政策参与有序性提升的有
力增长点。因为在传统的政策执行过程中，公民参与通常很不充
足，所以制度约束力对公民政策行为的控制作用更为明显。其中，

① 程竹汝：《社会控制：关于司法与社会最一般关系的理论分析》，《文史哲》2003年第5期。
② 王锡梓：《公众参与和中国新公共运动的兴起》，法制日报出版社2008年版，第3—5页。
③ ［美］道格拉斯·C. 诺斯：《制度、制度变迁与经济绩效》，刘守英译，生活·读书·新知三联书店1994年版，第3页。
④ ［德］柯武刚、史漫飞：《制度经济学：社会秩序与公共政策》，韩朝华译，商务印书馆2002年版，第33页。

需要以文本的方式规定公民参与政策执行的方式应主要为政策遵从和政策反馈，而对于已经制定出来的政策，除非存有严重缺陷或错误，一般不应再就政策本身展开讨论。政策评估阶段的公民政策参与几近空白，需要相关制度来界定，让公民与政府共同构成合作性评估主体，使用回应性的评估方式，才具有合法性。上述制度设计旨在以规范的方式约束公民政策参与行为，使其以一定的秩序进入公共政策活动过程，将政策参与的热情转化为理性的行动。同时，应对因能力、知识和经济等原因不能参与政策过程的公民提供相应的法律援助，尽量将参与主体扩展到所有群体。

尤为重要的是，应全面推进重大民生决策的听证制度，完善听证过程中公民参与的制度设计。听证制度改革是我国制度自信的体现，也是规范和约束听证参与人行为的一种有效策略。我国目前的听证制度在立法和价格领域有了相对明确的法律规定，逐渐开始延伸到重大决策领域，并在广东、湖南、重庆等地已有试行。但从具体的实践看，效果并不理想，其重要原因之一就在于，公民参与听证的被动性使公民作为听证会参与人的身份认同和角色定位是难以确定的。未来首先需要将各种听证制度进行有效融合，改变按类别进行制度设计的传统，转而以重大民生决策为主轴进行制度设计，在条件成熟时出台《中华人民共和国听证法》。其次，应该将多元的听证召集主体和多样化召集模式（包括自上而下与自下而上等）、参与人员的选择、听证流程（包括质询的安排、质询的时机、质询的回应、论辩的交互式发言、时间控制、内容控制等）以及听证召开之前的材料发放和解释、民意征集方式和过程、听证后的信息反馈，甚至新闻媒体报道的深度和广度等所有参与环节均纳入法律文本之中，尽量详尽地涵盖听证会的每一个细节。这种制度安排就是对公民政策参与的秩序进行法律规定，规范公民的政策参与行为。

（二）渠道性制度

"判定一个国家或地区民主政治建设的水平和质量，一个重要的考量指标就是政策参与渠道的开放程度、拥有数量和不同渠道间的使用频次。"① 我国现行的制度内公民政策参与渠道设计包括人民代表大会制度、政治协商会议制度、听证制度、信访制度等，同时，网络论坛、电子投票（含远程视频会议）、社会组织等也已经并继续成为公民政策参与渠道的增量。关键是需要进一步对制度内渠道进行创新，使之成为公民政策参与的首选。要继续规范制度外或非正式的参与渠道并尽可能将其纳入制度之内，使之成为正式制度供给的一部分。另外，需要不断拓展新型的公民政策参与渠道。

第一，制度内渠道的创新。目前制度内的参与渠道相对完善，需要进一步思考的是如何在网络发达的时代背景下，激励公民以制度内的参与渠道为首选。公民之所以更青睐网络，主要是因为网络政策参与是低门槛，甚至是不设门槛的，但这恰恰是威胁公民政策参与有序性的潜在因素。由此，要进行制度创新，就需要精准设定且适度降低制度内参与渠道的准入门槛，为公民有序的政策参与提供便利。在征集民意和搜集提案时，要将代议制民主和社会主义协商民主相结合，在基层社区设立各级人大代表、政协委员的提案征集办公室或工作站点。对积极主动的政策参与公民采取多种形式的激励措施，鼓励公民在正式的渠道中进行政策参与，并努力使之成为一种习惯。在信访分类规范处置的新背景下，要加大信访办理的满意度在政府绩效考核中的权重。

第二，制度外渠道的规范管理。制度外渠道主要指通过网络进行的公民政策参与活动，包括网络论坛、微信、微博、网络手机平台、电子邮件、远程视频等。我国网络参与渠道的发展速度非常快，在规范化制度尚未建立之际，就成为最受公众喜欢的政策参与场域。但其负面效应也非常明显。因此，对网络公共平台进行规范

---

① 华正学：《私营企业主政治参与渠道的选择偏好及效用分析》，《中央社会主义学院学报》2012 年第 6 期。

监管显得尤为必要。一方面，强化监管有助于过滤那些较为偏颇的意见，规避那些动机不纯的传播者和参与者的影响。另一方面，实名制、技术控制等都是网络监管的制度化尝试，通过网络监管立法规范网络上的公众言说，有利于网络论坛成为制度内的参与渠道。此外，还可以设立网络讨论警戒线，一旦政策讨论转变为人身攻击，或偏离了主题，可以通过某种软件提出警告，提醒参与者回归主题。这些制度设计的目的就在于保障互联网上的公民政策参与成为建设性的公共参与行动。

第三，新型政策参与渠道的拓展。为了使每一个社会成员都能选择到适合的渠道参与公共政策过程，需要拓展适应共同体内不同人群、不同阶层的渠道。这种拓展主要从微观层面的基层发起，包括邻里沟通机制和主动民意探究机制。邻里沟通机制是指以社区或邻里中心为物理场所，以家庭、楼道为基本单位，推选常任代表定期举行集会，对与居民生活密切相关、有话可说的那些议题进行讨论并形成行动方案。这种参与渠道对受教育程度与公共管理知识储备要求不高，是一个循序渐进的公民有序参与能力训练的过程，也是一种公共秩序的有效建构。主动民意探究机制是指在不同人群的政策参与活动空间中注入政策制定主体和其他参与者的元素，诱导性地提出一些公共议题，激发公众进行讨论。其理念在于政府主动深入民间去倾听社情民意，以改变坊间弥漫的政治冷漠情绪。其可能的结果是，无论是主动还是被动的政策参与，公民不再寻求过于激进或非理性的群体行为来表达自己的政策意见。

（三）惩戒性制度

为了使公民真正按照一定的公共秩序参与政策活动，所有的制度设计都需要有惩戒性制度作为保障。如果对于那些非理性、过激、无序的行为不进行惩罚，就可能产生群集效应，破坏共同体的有序集体行动规则。斯金纳认为，"现代生活中最常见的行为控制技术是惩罚。我们所做这一切的目的是减少以某种方式产生行为的倾向性。惩罚是消除行为倾向性"①。惩戒性制度设计的基本理念是对行为控制技术进行固化，发挥其持续性作用机理，使公民对曾经发生过的或将要发生的惩罚产生直接或间接的厌恶刺激。

惩戒性制度设计的关键在于对无序参与行为进行类型学的划分，厘清无序参与行为的表现。以《中华人民共和国社会治安管理处罚条例》为例，需要增加关于公民参与行为的条款，逐一列举哪些行为情节较轻，不构成刑事处罚，确定哪些行为情节较为严重，需要进行刑事处罚。比如网络参与中的不良信息传播、谩骂、人身攻击、造谣传谣等语言暴力行为可以作为轻度情节，直接补进扰乱公共秩序但尚不构成刑事处罚的条目，以社区服务类低成本惩戒作为手段，如以小时为单位，强制性要求无序参与者进行社区治安巡逻、幼儿临时管理、盲道占道清理、垃圾分类推广等社会服务，或处以罚款，但罚款金额不宜过小；对不以公共政策议题为主要目的，通过散布不利于社会稳定的言论挑起群体性事件、激化社会矛盾、挑唆破坏公共设施、制造小型骚乱等行为，可定性为中度情节予以刑事处罚；而对于带有政治目的、违法操纵民意，甚至打着民主的口号颠覆国家政权的参与行为，则应当定性为重度情节，予以从严惩处。

第二节　技术嵌入的增量路径

随着网络技术的发展，网络媒体和大数据技术对公民的影响全面展开并逐步深入，对其深度剖析可以发现，网络媒体与大数据技术的一些特质可以用来生成有序性的增量，如果将这些因素挖掘出

---

① ［美］B. F. 斯金纳：《科学与人类行为》，谭力海等译，华夏出版社1989年版，第170页。

来加以利用，有助于形成新的公民行动模式、思维方式和行为规则，使非理性的政策意见难以进入政策子系统，对公民有序的参与形成激励。因此，嵌入新技术对于提升公民政策参与有序性能够形成一定的增量。

一　网络媒体的有序增量

"网络重新点燃了 200 年前托马斯·杰斐逊由个人推动民主的梦想。"[①] 网络媒体的新型传播机制不同于传统媒体，它的全球性、全天候、全面性、全方位、全动态、全接触、全互动的特性超越了传统媒体单向性的局囿，突破了物理空间对公民政策参与的限制，彻底改变和重塑了社会关系，使公民间政策共识更可达成、公民公共信息获取更为便捷、公共对话论坛更易进入，从而创设起公民有序政策参与的理性前提。因此，要提升公民政策参与的有序性，需要充分挖掘网络媒体内含的秩序特质，从技术层面寻找突破公民有序政策参与困境的可能。

（一）赋能公民政策参与行动

其一，利用网络媒体的参与性政治文化特质刻画公民政治品格。公民不仅是网络媒体的受众，也是主动的传播者。民主社会中的媒体应该主要为受众而生存，而不应为所属组织、职业宣传或广告赞助人所存在。[②] 网络媒体也不例外。网络媒体上的信息具有无限的共享可能和广泛的参与度，具有去中心化和去权威化的色彩，它蕴含的政治文化也因此有了公民参与的指向，为受众提供了便捷迅速的参与途径，能够扩大一般社会公众直接参与政策的机会，使"平民试图影响政府决策的活动"[③] 成为可能，社会成员可以切实感受到网络参与带来的政治效能感，体验到"个别

① ［英］戴维·冈特利特：《网络研究——数字化时代媒介研究的重新定向》，彭兰等译，新华出版社 2004 年版，第 271 页。

② 张方华：《网络时代政府组织的变革与行政职能的转变》，《南京社会科学》2003 年第 7 期。

③ ［美］塞缪尔·P. 亨廷顿、琼·纳尔逊：《难以抉择——发展中国家的政治参与》，汪晓寿等译，华夏出版社 1989 年版，第 1 页。

政治行为对于政治过程确实有或能够有所影响的感觉"①。事实上，网络媒体能够为参与行为创造独特的归属感，完善个人自我。② 比起传统单向性的垄断性媒体，网络媒体小规模、双向性、多元化、广渠道的特质更符合社会民主价值与理想，更利于公民的政策参与，尤其是网络自媒体的出现，让公民的意见表达更为直接，参与行为更为具体。随着网络媒体中参与行为的增加，社会成员传统的身份感逐渐消减，在虚拟世界中形成彼此间新的价值认同、情感认同，甚至社群认同，进而明确感知自己的公民身份，因为"参与不仅仅是一套民主制度安排中的保护性附属物，它也对参与者产生一种心理效应，能够确保政治制度运行和在这种制度下互动的个人的心理品质和态度之间有持续的关联性"③，能够引发社会公众对于公共事务的态度和心理品质发生质的改变，将包容、理性、协商、妥协等公民性政治品格注入参与行动，公民在公共场域中相互影响，群集性地养成公民品行。参与者在形成自我思考方式的同时也有能力认知他者的思维方式及内容，具备准确表达自己以及理解别人和外部世界的能力，从而推动政策参与从依赖于动员参与转向更多的自主参与。这种能力结构的改变带来参与者行动的改变，有利于生成社会黏合特质，使集体行动变得更为有序成为可能。

其二，利用网络媒体多样性的政治社会化渠道形塑公共精神。网络媒体突破了传统的政治社会化渠道，"在大众传播史上第一次，你将体验不必是有大资本的个人就能接触广大的视听群，因特网络

---

① Angus Campbell, Gerald Gurin, and Warren Edward Miller, *The Voter Decides*, New York: Row, Peterson and Company, 1954, p. 187.

② Lee Rainie, "Networked Creators: How Users of Social Media Have Changed the Ecology of Information", 转引自〔美〕霍华德·莱茵戈德《网络素养：数字公民、集体智慧和联网的力量》，张子凌、老卡译，电子工业出版社 2013 年版，第 12 页。

③ 〔美〕卡罗尔·佩特曼：《参与和民主理论》，陈尧译，上海人民出版社 200 年版，第 22 页。

把所有人都变成了出版发行人，这是革命性的转变"①。因此，在实体世界中的学校理论学习与实践训练、政治仪式、政治宣传、对父母或教师的效仿等方式之外，以网站、博客、微信、微博、电子报刊、电子书籍等为载体的网络媒体政治社会化渠道，应该成为公共性知识的获取与政治信仰形成的主要渠道，以推动更为透明、迅速、高效及多样化的信息传播，激发社会成员的质疑精神和理性思考，改变政治思维方式并增强政治判断力。也就是说，可以直接利用网络媒体政治社会化渠道的多样性形成受众的政治信仰与政策认知。同时，那些非强制性的政治仪式也可以通过网络媒体实现，培育出更强大的公共情怀和公共精神，如每年 12 月 13 日国家公祭日的网络祭扫、人道救援网络的成立、广州的青少年红色网络行动等就是较好的典范。当社会成员的社会背景延伸到了虚拟空间，他们以自愿性选择为基础，在自我偏好的前提下进行人际交往和互动，被教化和塑造的色彩日渐淡泊，取而代之的是个体、群体与网络媒体在网络社会中的相互作用。通过这种相互作用，他们学习如何从独立的个体成长为一个社会人和公共人。由此，公共精神所包含的独立人格、社会公德意识、自律的行为规范，以及利他主义的人文关怀和慈悲情怀，会随着多样化的网络媒体政治宣传逐步增强，公民政策参与的公共理性前提初步具备。

（二）创设公民政策参与的理性前提

首先，利用网络媒体传播结构的平等性增强政策共识的可达成性。政治力量上的平等性才能使公共对话得以产生。有序的公民参与行动总是应该建立在平等的公共协商与对话之上，平等使妥协和折中的政策意见形成成为可能。当人们的社会地位并不均衡的时候，政策参与的动机不强烈，难以激发公民政策参与行动，也容易产生情绪化表达。网络媒体凭借新型信息技术提供全新的信

---

① ［美］约翰·布洛克曼：《未来英雄——33 位网络时代精英预言未来文明的特质》，汪仲等译，海南出版社 1998 年版，第 108 页。

息传输介质、多元化的信息处理、开放式的网络平台、"近距离"的对话窗口①，引发传统的单向传播模式向交互性传播模式的转变。因为，网络媒体的技术设计具有内生性的、鲜明的结构平等性，包括低门槛或者无门槛的信息获取使所有社会成员都有成为受众的可能。同时，互联网"点对点"的信息传播赋予了网民权利上的平等，使网络社会成员之间的物理距离、性别差别、贫富差距、阶层差异等不再成为政策参与的阻碍，每个受众都可以平等地跨越时空进行即时交流和沟通，每个受众也都是权力的分享者。"……国家、集体、个人在网络空间都是平等的"②，即便是作为传统公共权威的政府也要适应网络公共场域的规则，突破以往的"命令—控制"组织结构，加速行政权力的分散，成为平等的一方参与公共对话。网络媒体传播结构内生的平等倾向使彼此分离、力量不均衡的个体加以联结，强弱力量通过网络传播进行流动，个体或群体间的不均衡性趋向消解，形成虚拟的社会支持网络，受众才有可能以个体或群体的形式聚集在某种虚拟的公共对话场域进行政策论辩与协商，甚至产生相关的政策备选方案。因此，利用网络媒体孕育的平等性能够营造公民协商对话场域，并间接生成公民政策参与行动的动力。

其次，利用网络媒体传播范围的全覆盖性保证公民公共信息的可获得性。公民政策参与的首要条件是充分知晓公共政策信息，公共信息的可获取性在相当大程度上直接影响公民持续的公共政策参与行为。网络媒体能够最大化地覆盖传播范围，上至高层公共管理者和公共政策制定者，下至游离于体制边缘的街头小贩、山区居民，中间涵盖各类不同职业者，包括知识分子、城市白领等，只要他们产生了获取公共信息的意愿，就能够通过手机、数字智能电视、互联网、电子触摸屏等方式进行选择。也就是说，可以利用网

---

① 赵莉：《中国网络社群政治参与——政治传播学的视角》，中国广播电视出版社 2011 年版，第 199 页。

② 付宏：《基于社会化媒体的公民政治参与》，国家行政学院出版社 2014 年版，第 107 页。

络媒体为电子民主的实现构筑技术基础。网络媒体在政策参与中的使用为改变政治冷漠和政治犬儒主义提供可能性。即便不同网络媒体提供的公共政策信息具有同质性，公民较传统媒体时代仍然能够获取更多真实的信息，进而在拥有真实信息的基础上，结合自身的知识储备提升政治判断力，形成成熟的富有包容性的政策意见。

最后，借助网络媒体传播方式的多样性增强公共论坛的可进入性。少数人的论辩无论有无秩序都不符合政策民主的初衷，只有绝大多数公民在场，公共论坛中政策议题的讨论和对话才有意义，才能提升有序性。网络媒体的传播形式包括自媒体、他媒体，公共媒体、私人媒体，微博、微信、公共空间、博客、公知专栏等。多样性的传播方式使公民身兼传播主体和客体两种特性，既是网络媒体的受众，也是传播者，他们在参与公共论坛中关于政策议题的讨论时，也建构公共论坛。因此，公众比传统媒体时代更容易进入公共政策问题的讨论场域之中。传统媒体技术条件下，不是所有的人都能在公共论坛中发声，"沉默的螺旋"效应总是会产生作用，那些占据了一定政治、经济、文化资源的人愿意主动栖身于公共论坛发表自己的政策意见和建议，却不愿意包容太多的持不同意见者进入议题讨论，往往力图向政策制定主体施加压力，间接影响政策决策；而一般的普通公众很难进入议题网络进行讨论，公共论坛中并没有他们的一席之地，他们要参与公共政策问题的讨论就必须认同主流的政策意见。网络媒体多样性的传播方式改变了这一状况。公民可以选择适合自己的某种传播方式表达自己的政策意见，自己就可以发起或形成围绕某一政策议题的公共论坛。网络媒体的游戏规则认同公民采用匿名、昵称注册或实名登录等多种方式参与他者的论坛讨论。尽管互联网的虚拟政治生活中还难以避免群体极化的现象或信息过滤的情况，但公民进入公共论坛的概率已经大大提高，门槛也很低。因此，公民有序政策参与所需要的最大多数公民的"在场"便有了可能。

（三）生成民意聚合的动力

首先，通过网络媒体实现原子化个体的主体地位认同。大众传媒应是公众的讲坛，而不是少数人的传声筒；公民既是信息的接受者，也是信息的传播者①，而网络媒体又不同于传统媒体，任何人都有网络媒体的接近权、使用权以及接受其服务的权利。在理论设想上，网络媒体的传播方式是给予公众一个平等身份和自由权利。在网络公共领域中，精英与草根、政府与公民、企业家与雇员都被同等对待，他们既有权要求网络媒体做出客观公正的报道，又可以通过网络媒体反映自己的政策意见，即使只是转发、关注或互粉，都能将信息效果数倍放大，使转发者或粉丝也能形成强大的影响力。因此，公民在网络媒体的角色定位是诸多传播主体之一。同时，作为受众的公民角色从被动阅读转变为积极参与、从信息接收转变为信息传播、从自外于媒体转变为媒体的组成部分，他们持续不断地在网络媒体平台上参与公共事务讨论并发表政策建议，影响网络媒体的关注点及信息选择。移动互联网强大的覆盖功能将所有的传播主体涵盖，网络论坛使普通公众包括弱势群体、边缘群体也掌握了话语权，微信独特的圈子传播将手机用户加以整合，社交媒体裂变式的传播模式渗入了用户的工作和业余生活之中，将其加以黏合，互联网电视的延展性将网络媒体的可接触度大大提升，非网民政策正在逐渐进入网络媒体。可见，原本处于离散状态的原子化个体随着对个人、团体和政策所做的报道在网络世界中能够找到合理地位，增强了公民个体的社会存在感。通过网络媒体，他们自我感觉是一个"真实的存在"，并与他人通过信息交换的方式发生连接，同时也能够感觉到网络另一端口伙伴的存在，个体之间的心理距离通过对同一个公共政策议题的讨论而拉近。当个体在心理上相互靠近，政策共识则较易达成，集体行动的秩序就会得到保障。

其次，借助网络媒体形成政策意见的向心力。网络媒体存在巨

---

① 邵培仁：《传播学》，高等教育出版社 2007 年版，第 288 页。

大的社会张力，它在塑造民意的同时也被公民的信息选择和心理过程所影响，网络媒体和受众之间总在相互调适和妥协中，都在寻找一种能够达成共识的动态平衡。由此，网络媒体的公共性和对话性导致网络民意产生了围绕媒体报道的向心力。一方面，商业化运作与悦纳他人的特质决定了网络媒体在选择传播内容和传播方式上会顺应公众的社会心理需求，公民通过参与行为释放信息需求的信号，公众对于公共事务的兴趣点成为网络媒体运营的出发点，从而使公共舆论的发生和发展总是围绕着网络媒体的报道。如果某一网络媒体不围绕公众的兴趣进行即时和适时的报道，公众可以拥有大量的其他选择去获取和传播信息。另一方面，在多渠道传播的情境中，信息的透明度高，受众更易获取一手信息，公众更为理性，政策认知更为清晰。这在一定程度上保证了民意聚合所需要的公共理性前提。此外，网络媒体的"把关人"角色弱化，转而想方设法创设聚合的空间，让来自不同世界、使用不同语言、不同种族、不同性别的人能够发生交叉，从而形成一个共同的兴趣场域，并力求延续眼球停留的时间。实际上，现代数据处理技术已经能够迅速地计算出最吸引公众眼球的内容，网络媒体就此进行信息传播，其结果将是相同兴趣爱好的公众聚集在一起，公民互信网络、诚信机制和互惠行为等社会资本逐步增强。人们不仅认识了人，也了解到了自身与他人的差异，知晓公共领域发生的事情，懂得求助于外并施助于人。当然，网络媒体对受众兴趣的关注，对于他们产生共鸣、独立思考与发言均具有推动作用。因此，网络媒体初步生成了民意聚合所需的公共价值认同。

最后，借助网络媒体激发议程设置。网络媒体的发展所形成的网络公共领域，不仅是一个公共行动的舞台，还是由一种非个人的交往、信息与舆论媒介所构成的。它提供更多公民政策参与的机会，增强公民的话语表达能力。从深层机理上分析，网络媒体与受众进行的政策论辩比较像广场议事，但又突破了地理位置和物理空间的隔阂，围绕公共事务进行公共言说、对话与论辩。它并不会告诉受众应该思考什么，而是不断发起各种政策问题的讨论。受众借助网络论坛、微博、微信等参与其中，对各类公共政策问题自由、平等地发表自己的政策意见和建议。公共利益与私人利益在这里协调，个人的意见通过群圈结构多向扩散，形成较为明确的主流民意，向政府等政策制定主体施加压力，激发了公共政策议程的设定。网络媒体不同于传统媒体，互动性、海量及匿名交流使网络公共领域具有极强的包容能力，网状沟通模式使公民之间多对多的交流成为可能，公民"凭借互联网'所有人对所有人的传播'优势，对中国社会发展中的种种问题畅所欲言，能够在极短的时间内凝聚共识、发酵情感、诱发行动，影响社会"①。通过网络媒体，公民在网络公共领域中能够形成一个交错的互动网络，政策议题的发起者和参与者都是网络中的一个节点，在每一个节点上都可能产生新的政策议题及围绕在其四周的议题网络。只要个体的见解是有价值的，它就一定会被广泛传播。互联网上志同道合的受众更容易聚集在一起形成政策社群，他们就某一焦点事件自由发表意见，达成共识，进而形成舆论。现实社会要想实现这一点很难。因此，在网络公共领域中，每一个体并不只属于一个议题网络，而是会因为对诸多政策问题的关注、思考、价值认同、利益诉求以及兴趣，同时属于多个议题网络。受众身份上的交叉重叠有助于推动心理上的整合和议题网络的融合，将碎片化的政策意见加以聚合，形成向心力。

二 大数据技术的有序增量

"大数据"是指一般的软件工具很难捕捉到的大容量数据，它具有在数据交换中发现和创造新价值和新知识的特点。大数据时代的到来使人们更为精准地工作和生活，更加前瞻性地预测和决策，更加理性地引导民主。随着互联网、物联网、云计算等技术的进一步深入发展，社会的运行和人类的活动被不断地转化为计算机数据

---

① 祝华新、单学刚、胡江春：《2009 年中国互联网舆情分析报告》，2009 年 12 月 22 日，人民网，http：//yq. people. com. cn/htmlArt/Art392. htm，2011 年 11 月 12 日。

库中的"数字化存在"，数据成为基础性的社会治理资源。在现代民主国家中，开放的政府与社会之间经由大数据技术，彼此一目了然，无所隐瞒，除了涉及国家机密之外的所有数据几乎都可以被公民获得，公共政策过程透明地敞开在公众面前。大数据技术内生的一些特性决定了它存在提升公民政策参与有序性的量能，如大数据的4V①特性增加了公民参与所需公共信息的可获取性；数据逻辑突破了人类在认识论上的局限性，增强了公共理性的程度；技术话语权扩大了社会成员个人自由，保障理性参与者利益。因此，大数据技术嵌入公民参与是提升公民政策参与有序性的技术性增量路径。

（一）依据大数据内生特质，提高公共信息的可获得性

当今社会，随着各种传感器的剧增、高度清晰的图像和视频的出现，数据正在呈指数级增长，几乎所有数据的产生形式都是数字化的。大数据推动了量化，将以前那些不可计算或分析的东西转化为数据，形成数据流。当收集、管理和分析这些数据成为网络信息技术的中心时，以机器学习、数据挖掘为基础的高级数据分析技术促进数据向知识的转化、知识向行动的迈进。大数据的数据体量巨大，从 TB 级别跃升到 PB、ZB 级别；数据类型繁多，主要是以网络日志、视频、图片、地理位置信息为载体的结构化数据、非结构化数据，以及介于二者之间的半结构化数据②；速度快，不仅体现在大数据产生和传播的速度快，也体现在大数据处理速度之快；巨大的价值潜力，以视频为例，在连续不间断的监控过程中，可能有用的数据仅仅有一两秒，这种较低的价值密度背后说明了大数据蕴含

---

① 大数据的4V特性主要是规模性（Volume）、高速性（Velocity）、多样性（Variety）、价值性（Value）。

② 结构化数据是指行数据，存储在数据库里，可以用二维表结构来逻辑表达实现的数据。非结构化数据是指相对于行数据而言，不方便用数据库二维表结构来逻辑表达的数据，包括所有格式的办公文档、文本、图片、XML、各类报表、图像和音频/视频信息，等等。半结构化数据是介于完全结构化数据（如关系型数据库、面向对象数据库的数据）和完全无结构的数据（如声音、图像文件等）之间的数据，HTML 文档就属于半结构化数据，它一般是自描述的，数据的结构和内容混在一起，没有明显的区分。

着可供挖掘的巨大潜力。虽然海量的大数据中并不都是有用信息，但是大数据的 4V 特点的确改变了公民政策参与的信息质态，为公民政策参与的有序性提供了技术基础。

其一，利用数据流动性推动公共信息共享。在技术驱动创新的背景下，数据成为核心竞争力，数据正以数据流的形式形成"数字经济"，以数据框架体系为技术发展的切入点，建构搭载平台与服务器，技术又促进了数据的价值增长，数据与技术共同推动经济的发展与创新。在这个过程中，数据的流动性快速增强，推动公共信息的共享。公共信息与单纯的政府行政信息不同。单纯的政府行政信息是指行政管理过程中行政人员之间、行政管理人员与公众之间传递的、反映管理活动和来之不易对象的状态及其特征的消息、情报、数据、语言、符号等信号序列的总称[1]；而公共信息资源主要包括公共服务的相关信息、公共政策的相关资讯以及一些社会公共事件，由国家或各级地方政府、公共机构、企业、其他组织或个人发布，可以是政府网站的消息、网络中的发帖、跟帖讨论、官微权威发布等，也可以是广播、电视、报纸的报道。当数据流动加速，曾经居于共享与否两可之间的那些公共信息走向透明。一般来说，公共信息共享最大的阻碍是那些可能损害政府形象或利益的公共信息，因为公众如果知情而理性度不够的话，就会造成无序参与或情绪化表达。有时候似乎在不知情的情况下沟通更顺畅，但会因为影响信息的对称性形成欺诈，影响公众对政府的信任，无序的参与行动发生的概率会增加。因此，无论公共信息是否存在影响政府形象的可能，不公开和不透明对公众的政策参与行为都会产生负面的影响。数据流动使那些政府想公开或不想公开的信息都会公开和透明，即便不通过正式途径加以公布，数据流也会在服务器或云端留下痕迹。高速流动起来的数据在不同的服务器之间实现信息跨越，包括跨地域、跨部门、跨领域。除非进行特殊的保护性干预，否则

---

[1] 周庆行、司有和：《行政信息管理学》，重庆大学出版社 2003 年版，第 2 页。

数据的流动一般是没有边界性的，信息自然也就自由流动起来。也就是说，流动性的数据使不同主体提供的数据流向不同的受众，信息得以共享。公共信息共享程度越高，公众的政策理解越透彻，越具备政治判断力，对政策主体越能形成监督，越能为自己的意见表达找到理据支撑，也就越愿意参与政策讨论，政策参与行动也就会越理性。

其二，利用多元化信息获取方式改变公民的公共信息能力。公民的公共信息能力是指公民对公共信息的理解、获取、利用和处理的能力。公民在政策参与前，一般是信息的被动受众，他们对政策议题的意见形成多以公开发布的信息为基础，然后再决定自己的参与行为。但是，大数据改变了公众获取数据的方法。公民只要想去了解关于公共政策的某些情况，就可以主动地通过大数据技术去挖掘，公众的信息挖掘能力在大数据时代因为信息获取方式的多元化得到了提升。比如，系统检索的发展有助于公众对政策信息进行自主挖掘。我们将主题、分类、关键词作为检索标识，通过百度、谷歌等搜索引擎获取资料，再经过广检、精检和补检，实现资料的系统检索和筛选—重点检索—补充检索。

大数据技术创设多元化信息获取途径，为公民政策参与提供了信息对称的基础，形成有序性的有力增长点。大数据技术与社会调查方法的融合简化了民意调查的复杂程度。传统的民意调查是通过统计学方法进行抽样调查，每一次民意调查都是独立进行的，其中重复性劳动很多，而且关于民意调查中面对面采访的答案，同一个人在不同的时间和空间中会有不同，公共偏好的伪装难以避免。但是利用大数据进行民意调查不需要进行重复性劳动，无须每次发放民意调查表，那些曾经显现过的个人偏好在云端都会有记录。民意调查既不受到时间和空间的限制，也不会出现互联网上随机发放调查表进行统计而造成的样本代表性不足的问题。大数据技术使信息获取不再依赖随机抽样，需要的数据直接可以从大数据平台或云端调取，并通过技术处理进行汇集，形成主流民意。

（二）遵循数据逻辑，突破人类认识的局限性

大数据技术具有一套独特的认识论，它以数据为认识基点，将经验主义与理性主义进行互补；以相关性为主要认识内容，补充并完善因果关系；强调对非确定性结果的容忍，深化和发展确定性认知，它对经验主义和理性主义关于认识的起源进行了中和。因此，大数据技术对传统的认识论已经有所超越，从打破"沉默的螺旋"、增加意见的包容度、拓宽公众政策认知三个层面形成公民政策参与有序性的增量。

首先，以"样本＝总体"为切入点，打破"沉默的螺旋"并改变偏好伪装的状况。大数据技术隐含的模式和关系正在改变人类的思维方式和行动方式。小数据时代曾经令人骄傲的抽样技术面对海量数据，在样本代表性与技术支持上存在疑问，其不合理性以乘积效应扩大。大数据技术使科学研究不再依赖随机抽样。由于大数据分析的样本就是总体，人们无须再考虑哪种抽样技术更能体现总体特质，这样的技术变革同时也带来了民意表达特质的变革。在以往的民意调查中，有几个问题是令人担心的。比如，随机抽样更好还是分层按比例抽样更好？那些被抽取的样本人口的表达能力是否足够？调查对象在表达能力上是否存在差异？如果存在差异的话，那些"沉默的螺旋"是否会发生作用？事实上，"沉默的螺旋"在小数据民意调查过程中常常作用明显。如果访谈大多是个别进行的，人们出于取悦性的本能，会先揣摩广泛受欢迎的大多数人的意见，并力图表达出近乎相似或者看来更容易被接受的政策意见。这种政策意见的扩散使人们担心因自我意见的差异而被他人攻击，于是对于自己的观点保持沉默。这种公共偏好的伪装就是"沉默的螺旋"效应的另一种表现。尤其是当自己成为抽样对象时，人们会担心代表性问题。他们可能觉得自己是被抽出来做民意调查的，不应该代表自己的独立观点，而应该表达出大多数人的意见，这种误解也会造成民意调查结果的偏差。

大数据技术展现的整体图像中，每一个公民个体可以不用再担

心抽样代表性的问题，那些基于从众心理的悦纳他人的考虑对表达动机的影响不足，偏好伪装显得没有意义。因为，谁都不知道经过计算整合出的主流民意结果是怎样的，伪装起自己利益取向的从众行为对自己和他人没有任何益处。大数据技术使个体聚集在议题场域之中，个人行为开始向群体行为转化，在相互作用中把个体思维整合为群体思维。大数据技术的思维逻辑是个体思维与群体思维同构。它能够消解群体对个体思维的影响和控制，防止过分夸大群体的立场和观点，避免从众心理造成的偏好伪装，提升个体的共情心理和政治判断力，防止过分强调整体性而忽略个体的诉求，或过分强调个性而忽略群体的需要，使公民个体在政策参与中不会因为自己的利益诉求被忽视而失去参与动力，也不会因为群体思维与个体思维的差异性形成对抗性心理。这种同构能够生成一种新的行动规则，公民无须在讨论中花费大量的时间和成本进行折中和妥协，会大大提升他们对参与制度及行动边界的遵从。

其次，以"允许不精确"为契机，增加对政策意见分歧的包容度。精确的测量结果带来的精确数据对科学研究的发展有重大的意义。但是，如果想要可靠地储存不断增长的海量数据，则需要通过分布式存储系统庞大的节点规模和数据规模，提升发生节点实效的概率。因此，容错技术成为大数据存储中的重要技术。现代信息社会数据量暴增，其中肯定会出现一些错误的数据和不准确的数据，总数据库的精准性是很难保证的。于是，人们已经不再热衷于追求难以实现的精确度，海量的特征使我们也无法做到精确。值得注意的是，大数据具有容错性并不意味着我们无法认知世界的本源，混杂性的大数据也可以通过科学计算预测出相对合理的结论。因为，如果总数据库体量很大，那些小概率的、微小的瑕疵和错误变得无足轻重，有的时候甚至可以忽略不计。存在少量错误的大数据的准确性总是超过精确的小数据的。

大数据技术"允许不精确"的思维逻辑恰恰吻合了公民政策参与对意见分歧的包容。精英主义者常常以大多数公民无法准确表达自己的意见，或表达缺乏理性为由，替他们发声，甚至以自己的诉求替代他们的真实偏好，将其意见排斥在政策系统之外。但是，大数据技术可以让数据处理技术去除掉那些存在致命错误、认知偏差、不符合主流意识形态的政策意见，而公众需要做的是把政策意见如实表达出来。大数据技术本身就是在众多数据中提炼真相的技术，对政策意见的总体数据进行分析，将公民政策参与的所有细节都考量在内，融入心理学、社会学、管理学的思考，将不同侧面的数据进行汇总分析，最后计算出主流民意。因此，大数据提升了政策系统对政策意见分歧的包容度，使最终进入政策系统的主流民意更接近本源，反过来激励公民真实、积极地表达出自己的偏好，使自己成为庞大的数据流中的一分子。

最后，以相关性思维方式为转机，优化公众的政策认知模式。一般情况下，公众都会用因果性的思维方式看待事物之间的关联性，并且通过认识世界的过程逐渐成熟，并不断强化这种思维方式。而大数据技术认为，以因果性认知模式认识世界是小数据的目标，因果关系不再是意义来源的基础，相关性才是大数据时代最重要的。因为，大数据本身的逻辑和符号表现形式就是起源于相关性理论，这是一种还原物理世界的途径，也是解决问题的方法，应该弱化因果关系。公众的政策认知结构通常需要通过感受系统、效应系统、操作系统、贮存系统、自动控制系统、动力系统、情绪系统等心理过程组成，大数据技术改变了政策认知结构，相关性认知模式与思维方式成为大数据技术的主要思维方式。

大数据技术带来的相关性认知模式使公众相信，自己拥有充足的信息资源，能够理解相关的政策，经过对所获取到的信息加以转换，在信息输入输出过程中实现长时记忆和短时记忆，进而影响政策认知的动力系统，产生相应的情绪调整，改变原有的政策认知结构。大数据技术对理性的认知局限是一种突破。新技术有助于公众形成信仰意义上的知觉，使人们感受到公共政策信息的获取无须拘囿于日常的因果关系，原本人类活动的有限空间开始向无限时空关系延伸，活动距离也从因果关系的近距离转变为相关关系可及的远距离，认知主体在现实可行的每一个认识阶段都可以达到对认识对象的一个有限层次的、完全的、可靠性的、真理性认识。大数据的相关性思维方式拓宽的不仅是公众的政策认知，也改变了公民政策参与时的知识结构，对于公共理性的提升不无裨益。

（三）凭借技术介质，重塑政策参与过程

大数据技术本身深刻影响和改变着各种社会关系，蕴含内在的民主潜能，能够被整合为民主的内在要素，为民主化创造新的条件，使其最大限度实现参与者利益，推动民主的发展。其中，明显具备解题特征的是关于公民政策参与不充分和不充分参与的技术性突破。

首先，以海量数据结构补充政策议程的参与充分性。在议程设定阶段的政策讨论中，小数据时代存在结构和制度容纳性的限制，社会成员无法全部获得平等的表达自己政策意见和建议的机会，而大数据技术使全员参与政策议程中的讨论和表达成为可能。一方面，大数据提供了更加自由、平等和多样化的平台。大数据技术具有超越传统地域和政治边界的意义，消解了参与讨论的门槛障碍，文本、音频、视频、传感信号以及点击量都可以成为自由表达诉求的介质，尤其是社交媒体上的转发、评论或点赞行为都可以成为政策意见表达的内容数据。大数据形成了一个以开放和民主的形式进行推理和决策的公共空间，参与者在其中能够畅所欲言，进行政策辩论。另一方面，大数据技术是政策意见储存和形成主流意见的良好手段。大数据技术环境倒逼参与政策讨论的人提升数字能力，优化政策问题的结构。比如，Hadoop① 的核心设计 HDFS 和 MapRe-

---

① Hadoop 是一个由 Apache 基金会开发的分布式系统基础架构，用户可以在不了解分布式底层细节的情况下，开发分布式程序，充分利用集群的威力进行高速运算和存储。Hadoop 实现了一个分布式文件系统（Hadoop Distributed File System），简称 HDFS。HDFS 有高容错性的特点，并且设计用来部署在低廉的硬件上；它提供高吞吐量来访问应用程序的数据，适合那些有着超大数据集的应用程序。HDFS 放宽了 POSIX 的要求，可以以流的形式访问文件系统中的数据。Hadoop 的框架最核心的设计就是 HDFS 和 MapReduce。HDFS 为海量的数据提供了存储，而 MapReduce 则为海量的数据提供了计算。

duce 可以提升数据存储和分析能力。政策参与者不用担心自己的意见被忽视或湮没，也不用担心自己是否理由充分，因为，大数据改变了社会交往方式，赋予每一个参与者话语平等权以进入政策议程，最终的议程基本上可以通过数据计算来设定。

其次，以数据运营设计增加公民意见呈现的技术途径。以用户为中心，用户的行为习惯和爱好是大数据技术设计的一个重要考虑因素。技术设计者会主动关注现有用户和潜在的用户，从而与决策者形成嵌套，将彼此的理念相融。双方都在自觉关注公众利益，模糊种族、阶级、性别、肤色等差异，减弱不同群体之间的差异，化解对立和冲突。其中较为关键的是，大数据技术对政策参与结构化模式的改变。一般来说，参与政策过程是公民在共同体中的一种本能需求，公民总是需要通过某种途径参与到公共政策活动中，将自己的政策意见表达并呈现出来。小数据依赖的抽样调查和统计方法在结构化表达方面具有优势，但互联网和移动终端使政策意见呈现出半结构化和非结构化的特征，并且不可逆转。那些转发、评论或自媒体视频等形式和渠道中呈现的政治态度与选择偏好均是如此。大数据技术出于用户需求导向，为了获取那些相关数据，在设计中侧重采用技术去处理那些半结构化或非结构化的数据，整合结构化、半结构化和非结构化的数据，进而改变民主参与的传统意见呈现方式。

最后，以数据计算方法推动政策参与结果一致性的达成。政策参与结果是政策参与过程与结果一致性的达成，往往强调参与者利益协调之后的整体利益。但是，一致性往往会伴随着强制性和伪装性，因为参与者个体利益偏好存在的差异性、众意与公意的潜在矛盾以及少数与多数之争等因素都阻碍了一致性的达成。大数据的数据计算方法恰恰可以消解那些阻滞因素。其一，可以利用大数据对参与者个体利益偏好的差异性问题进行趋势预测，以避免个体选择与社会选择之间的不一致性。大数据的核心功能在于预测。在公共利益不存在根本冲突的前提下，大数据搜集、分析，并预测不同政策备选方案及参与者的态度、立场和意见，对那些可能出现冲突的方案进行修正、调整，再将政策讨论结果输出政策子系统。这样，个人偏好的差异性就变成了一个科学计算的问题，参与者可以更忠实于自己的利益诉求，而不用考虑太多其他的取悦性或从众性因素。其二，发挥数据计算的协调功能，整合主流民意。公意与众意的潜在冲突会导致"多数决定背离公共利益"的现象，其形成原因主要在于"是/否""支持/反对"等非此即彼的二分逻辑。在小数据时代，即便政策讨论是非常充分的，也无法实现全部意见的搜集、存储、整理和分析，且无法满足凝练公意所需的将"是/否""支持/反对"的内涵充分展开的要求。大数据技术改变了这种二元论。其三，大数据技术的计算逻辑为那些少数人意见被获取提供了可能，少数与多数之争问题的关键在于少数人的意见在政策讨论中容易被忽略或牺牲掉。当数据流和运算方式发生变革，世界充满了不确定性之后，多数人和少数人的划分已经不再成为问题，大家都会成为数据流中的一个节点或信息数据，关联性逻辑和技术在输出一致性结果的同时，也输出少数意见，甚至同时会计算出适当的补偿，同样体现在政策结果之中。当然，无论技术如何变革，公共利益取向作为公共政策讨论的目标和归属是确定的。

第三节　治理变革的创新路径

进入新时代后，治理范式的创新为公民政策参与的有效性提升提供了新的思路，本书研究尝试提出公共政策决策模式创新和公共价值生产模式创新两条路径。在公共政策决策模式创新方面，"全景式理性决策"将元治理理论、全域治理模式与现代技术相融合，力图通过整合不同的政策主体，搜集全面的信息，多角度观察、了解并诊断所有领域的政策问题，来理性设定政策议程，制定备选方案，进行决策。"全景式理性决策"可以在空间、实践及场域上实现公民政策参与的在场问题，并通过决策方式的变革使参与者的政策意见体现在政策产品之中，进而改变参与者的心理结构，是修正公民行为的一种有序性路径设计。而公共价值的共同生产是将所有参与政策的公民视为政策网络中的行动者，通过政策网络中行动者之间的协商、互动和合作生成公共价值。因为，共同生产可以将政策的受众与主体一并容纳进公共价值的生产之中，参与者能更多地体验到自己的政策意见体现在政策产品之中。公共价值共同生产是提升有序性的一种路径创新。全景式理性决策和公共价值共同生产在合规则性与合情境性的层面蕴藏着提升公民政策参与有序性的能量。但不可否认，目前这两种路径还在理论探索和理念论证的阶段，要想在公民政策参与实践中真正发挥其功用，仍需进行深入探究。

一　全景式理性决策路径

现有的公共政策决策模式已经很难适应如此迅速的社会发展，大数据技术和人工智能时代带来的巨大变革未能在公共政策决策中进行总结和凝练。"全景式理性决策"所具备的要素、特质以及决策方式重构，为公民政策参与有序性的提升提供了行为修正方面的功效。"全景式理性决策"建立在关于"全景理论"的一系列阐释之上。它是介于完全理性决策与有限理性决策之间的一种类理性决策，结合了完全理性决策、有限理性决策以及具有后现代色彩的垃圾桶模型的综合理性决策，是在大数据和人工智能背景下对理性决策模式的一种重新思考。实质上，"全景式理性决策"的要义主要在于将"全景式治理"理论用于公共政策决策，是将传统的阶段论、间断—平衡理论、系统论等政策分析方法融为一体，其决策主体是包括政府在内的公共部门、社会组织、社区、企业、公民等，决策客体主要涵盖环境保护、公共健康与卫生、公共危机管理与风险防治、贫困与权利救助、教育与住房等与民生相关的场域，决策的环境主要是当下的政治、经济、文化情境，前决策过程与决策过程均纳入政策评估体系并进一步反馈回政策子系统。

　　"全景"的概念最早来自 18 世纪英国政治哲学经典作家边沁提出的"全景式监狱"（又称环形监狱或敞视监狱）①②，其"向心的可见性"与"横向的不可见性"构成了一种结合建筑学、管理学和心理学的规训模式。他对权力的作用方式、控制的无处不在及其隐蔽性的实现过程进行了解释，指出"全景"是一种"精神对精神的权力"③。20 世纪后期，福柯对全景式理论蕴含的权力和控制如何在社会中弥散进行了进一步的分析，认为权力主要体现在身体和表情方面统一分配的安排，其功能主要在于制约个体间关系。④ 波斯特（Mark Poster）提出，在后现代语境中，大型数据库使监视模式发生变化，可以对人实现全面监控。人们办理具有公共性的社会保障卡、公交卡、加油卡，并不断使用，然后被编码存储进数据库，不分时间地点，通过技术手段对人实现监视与规训，私人行为被公共化了，模糊了"私人"和"公共"的边界。"全景敞视"既强化了权力体系，又扩展了公民权利。在它看来，这种监视和规训是一种超越，"超级全景监狱"就此形成。鲍曼后来将之命名为"后全景理论"。

　　"全景式理性决策"模式是将现代技术与传统理性决策融合后，连接现实世界与虚拟空间的产物。它借助大数据和人工智能技术，嵌入全景理论，以结果导向进行理性决策，不强调完全理性决策模型的严格决策步骤。因为，在政策决策中可以通过大数据技术实现

　　① J. Bentham, *Panopticon Letters*; *From Božovic*, London: The Panopticon Writings, 1995, p. 31.

　　② 全景敞视监狱是"一个环形建筑，中心是一座瞭望塔。瞭望塔有一圈大窗户，对着环形建筑。环形建筑被分成许多小囚室，每个囚室都贯穿建筑物的横切面。各囚室都有两个窗户，一个对着里面，与塔的窗户相对，另一个对着外面，能使光亮从囚室的一端照到另一端"。［美］福柯：《规训与惩罚》，刘北成、杨远婴译，生活·读书·新知三联书店 2003 年版，第 224 页。

　　③ Jeremy Bowring, ed., *The Works of Jeremy Bentham*（Vol. 14），New York: Russell and Russell Inc., 1962, p. 66.

　　④ ［美］福柯：《规训与惩罚》，刘北成、杨远婴译，生活·读书·新知三联书店 2003 年版，第 226—227 页。

决策前的目标排序，政策备选方案及方案预测，成本—期望值计算，每一方案的净预期值计算，以及比较并确定具备最高净预期值的方案等。就"全景式理性决策"的内涵而言，"全景"既指在政策决策过程中政策问题建构、决策主体以及政策问题情境的全覆盖性，也指决策结果对多元利益诉求的全面考量；结果导向主要指最终的方案选择建立在理性的价值、知识、思考基础之上，决策判断与选择要涵盖所有公共需求。"全景式理性决策"最终的决策结果不应直接按照规则和身份由政策诉求的整合型计算得出，而应在计算结果中加入政治、经济、文化的多元变量进行二次调整，再充分考虑公共利益。需要注意的是，"全景式理性"除了综合完全理性决策和有限理性决策之外，还融合了混合扫描决策的理念，但是又超越了"混合扫描"。混合扫描本身就是将理性主义和渐进主义进行综合，但"全景式理性决策"认为，决策者不仅需要把全部空间进行多角度扫描，还需要对空间进行深入细致的观察，决策者扫描的范围越广、越深入，决策就越有效。它在计算过程中体现了"垃圾桶决策模式"的行动逻辑，即那些目标模糊、具有流动性的政策议案在问题、时间、强度等不同要素的作用下耦合在一起形成政策方案，推动政策议程设定和备选方案的形成。"全景式理性决策"倡导的"全景式扫描"不仅将空间概念纳入扫描，还将时间概念和环境概念一并纳入扫描的对象，从而使决策更加适合情境并为预测提供了可实现性，进而使公民政策参与的行动和话语发生在合适的情境之中。其决策过程将政策源流、政治源流与问题源流汇聚在一起，转化成数据流以及数据计算，再加上全景敞视的横向私密性特征，能够在最大限度内规避不同个体或群体之间政策意见的相互影响，保证公众意见的真实性。

（一）凭借"全景敞视"改变参与者信息传播质态

"全景敞视"是"全景式理性决策"的理论渊源之一，在福柯的描述中带有规训暴政的色彩。但是，现代社会已经不存在边沁（Jeremy Bentham）、福柯等人提出的"全景敞视监狱"，取而代之的是现代"全景敞视社会"的出现与扩散。互联网、大数据技术、人工智能已经将人类社会全盘带到了"全景敞视"的情境之中，并且无可逆转。在"全景敞视社会"中，观察者不再是居于中心监视塔的单向监视者，而是与被观察者形成双向的监督—被监督机制。那么，利用"全景敞视"的特点和规律改变政策决策过程，是提升公民政策参与有序性的一个新的切入点。

　　一方面，"全景敞视"形成自律性规训，强化参与者信息传播的合法性。参与者的信息传播是公民政策参与必不可少的，它关乎政策意见的形成和聚合。公共政策过程中的信息传播是民意形成的前提，政策议题的出现、围绕政策议题形成的个体或团体的态度与观点、彼此之间的认同，以及政策主体的民意吸纳程度，都与信息传播关系密切。在信息传播中，人们通常会选择相信符合他们虚拟想象的内容，那些利益关联度大、传播速度快的小道消息或谣言，在传播中预留了较大的想象空间，符合人们的信息期待，即便失真也易于满足人们的信息获取需求。因此，参与者的政策意见或建议获取就是以失真的信息为基础的。这样，即使公民参与是有序且有效的，也不能起到推进政策民主的作用。"全景敞视社会"中的信息传播与传统意义中的信息传播不一样，它以"监视"和"被监视"为二元统一机制，通过"可见却又无法确知的权力"形成看不见的压力，倒逼信息传播者进行自我约束。

　　大数据和人工智能视角下的"全景敞视社会"具有福柯所述的规训①作用。它运用光学、力学、建筑学、视觉传播等原理，通过对肉体、表面、光线和目光的控制，改变公民在参与公共政策过程中进行的信息传播状态，驯化作为传播主体和受众的参与者。由于参与者处于全景敞视情境下，他们进行信息传播的内容、选择信息传播的途径、依赖信息传播的渠道、实现民意聚合的方式等都存在

---

　　①　"规训"原有纪律、教育、训练、校正、训诫等多种释义，后经福柯将其发展为近代产生的一种特殊的权力技术。

与"监控—被监控"的社会结构中，不管监控主体是谁，都无法隐蔽信息传播的过程。参与者在被监控的同时，也是监控他人的主体。参与者在进行政策信息传播的时候需要谨记，监督控制无处不在，观察者可能被制度化了，也可能是无形的，却永远在场，至于观察者或监督者是谁并不重要。由此，对于参与者来讲，在合法性的轨道中进行信息传播是最安全与保险的选择。以这样的思维逻辑，选择制度设计内的参与途径比较安全，因为可以避免参与者行动在"全景敞视社会"中受到的质疑，比如，在制度对参与途径进行充分设计的情况下，是否还需要采用集会、游行等其他方式来表达政策诉求？公民政策参与行动发生的伦理标准是什么？如何确定社会公众对参与者行为的可接受度？公众认同的问题是否有足够的信息支撑？本书论证的有序性要素中通过对这些问题的回答建构了一种合法性标准，也是一种合法性要求，在"全景敞视社会"，无处可以隐藏的人们面对传统社会信息传播行为的随意性和随机性，不如选择合法性作为行为边界，在自律的前提下进行信息传播，确保政策意见形成有着合法性基础。正因如此，"全景敞视社会"的规训生成了秩序指向，有助于提升公民政策参与的有序性。

另一方面，"全景敞视"创设他律性惩罚，控制参与者在信息传播过程的过度自由。从信息结构的角度来看，"全景敞视"社会是建立在信息不对称的基础上的，原子化的被控制者被镶嵌在固定的空间之中，彼此之间缺乏信息沟通。作为政策主体的政府处于权力主体的地位，能够通过系统的、全面的信息收集与结构化活动获得被治理者的相关信息，但自身又存在封闭性和不透明性。政策主体与参与者之间的信息不对称形成一种心理威慑，但是，这种心理威慑在一定程度上会造成大众的心理反弹。因为，信息传播总会经过大脑加工，融入个体的情绪、情感和认知，人们有时候会自由选择政策信息传播的内容与方式，却忽略其边界性。这种过度自由存在破坏公众参与合规则性的风险，对于公民政策参与的秩序是一种破坏。

大数据和人工智能技术改变了信息结构，诱发了信息传播技术革命，使信息在"全景敞视社会"中趋于对称。实质上，"全景敞视"的状态以近乎温和的惩罚方式为参与者的政策信息传播设定边界，为那些导致信息传播困境的行为设置障碍。在"全景敞视社会"中，当信息传播与生产成为每个人都可以参与的活动，多样化的信息来源，大规模的信息收集和更为强大的信息处理能力，以及虚拟空间中的交往，使广泛的个体获得信息传播能力。同时，"全景敞视"使公众的情绪、观点、需求等内容变得高度可见。如果出现毫无节制的选择性传播，就会遭遇到逾矩的惩罚，包括冷眼、漠视、身体排斥等。就像 18 世纪会对那些不讲求纪律的人施加精神酷刑与惩罚一样，公众在"全景敞视社会"中的围观会生成一种自我犯罪的情感，并通过监督—被监督的双向主体机制感受到被公之于众的场景，一如历史上的昭示罪行。这种形象化的惩罚不同于监狱，却更能形成对公众行为约束，生成对于过度自由地进行信息传播的规避机制。参与者在裸露于公共注视的前提下，形成惩罚联想，从外部环境直接增强了他们的行为约束动机。在他们看来，与其冒着被惩罚的危险进行信息筛选或群体极化，不如忠实于政策信息本身，让现代技术和数据说话。由此，参与者信息传播的理性程度增强，生成了"序"的指向。

（二）利用"全景式理性"重构参与者的行动规则

本书提出的"全景式理性决策"与蓝志勇教授提出的"全景式综合理性"① 不同。蓝教授重点突出了综合理性对单一的经济理性的超越，而本书的"全景式理性决策"是一种决策模式的创新，它不仅强调政治理性、经济理性和文化理性的综合，还包括全技术手段、全信息获取、全主体参与、全问题领域、全目标群体考量以及全环境观照的决策基础。"全景式理性"决策模型的起源不是传统经济学，前提假设也不是"经济人"，而是"复杂人"假设，投票

① 蓝志勇：《全景式综合理性与公共政策制定》，《中国行政管理》2017 年第 2 期。

规则也不再成为决策的选择依据。在"全景式理性决策"过程中，那些曾经出于可行性需要被简化掉的决策变量将得以保存，通过数据流和信息流的传输，交由融合了传统决策理念的大数据和人工智能技术来计算。"全景式理性决策"在公民政策参与合规则性方面具有明显优势，它提升了公民政策参与行动规则的可实现性，尤其是保证了主体间性，在主体间增强相互承认与理解等。

其一，"全景式理性"通过全面性特征保证主体间性。主体间性是自由、平等的主体之间彼此联系又彼此影响的一种"主体—主体"交往结构，强调主体间平等与自由的表达。双向的语言交流是公民政策参与的协商对话原则的基础，对于有序性是一种引导性的提升。当人们思考"我"这个问题的时候，需要厘清与他者的关系，再确定我应该如何。置身于全景观照之内的人们在意识到监视无所不在之时，便懂得了应该规范和约束自己的行为。此外，最重要的是，"全景式理性"具备一种建构秩序的特征。因为，"全景式理性"源自"全景敞视社会"，在公民政策意见表达时横向私密性和纵向公开性的特征非常明显。横向私密性就像我们玩传话游戏时个体之间的隔板，在隔板打开之前，人们往往是活在"我"的世界之中，一般都会对上一个传话人的传话内容进行加工，隔板打开后，传话人面对下一个体的时候，传出去的话往往不会是原封不动的重现。也许这才是这种传话游戏的精髓所在。假设隔板从不打开，参与者之间无须传话，每个人都不了解别人所了解的信息，而只对自己掌握的信息加入理解，每个人所形成的政策意见将互相不受影响，而由于纵向的公开性，大家在政策意见形成之前所获得的信息是相对公平，也是相对对称的。如果个体的政策意见具有现实的信息基础，社会或公共部门的不同层级能够聆听到的政策意见几乎相同，那么我们不需要受到他者的制约就能建构出"我"的内涵。即便主体与主体的交往结构中缺乏面对面的交流，主体在具有隔板的小世界中就可以直接进行信息加工，形成政策意见。大数据和人工智能技术能够主动捕获转化成数据流的政策意见，并融入决策过程的计算之中，主体的差异性能够不受干扰地得以保留。可以想见的是，"全景式理性"将不同利益主体之间的博弈降到了最低，参与者不再需要使劲解数博取关注，因为他们总是处在"监视—被监视"的双向互动之中。横向私密性使政策意见更重视参与者自身，纵向公开性使政策意见广泛传播，最后反方向弥散，按照新的传播方向回到政策讨论。多次循环往复的数据运算和清洗，最终形成具有主体间性的政策意见，这个过程本身就是一种规则的建构，如果能够完全实现，无疑能够消解掉那些为了引起政策主体关注，或造成较大影响的"闹大"事件或博弈性行为，能够起到提升"序"的作用。

其二，"全景式理性"涵盖复杂网络关系，重新矫正参与者的随机性。参与者的随机性并不意味着非理性。传统决策方式无法对参与者的随机性做出回应，如果没有在前决策阶段充分表达出自己的政策意见，那么就很难将自己的诉求输入政策决策系统了。这也是为什么总会出现"闹大事件""青天情结"，或是选择制度外途径参与的原因。本书设想的"全景式理性"将全技术、全信息、全主体、全问题和全目标群体、全环境整合在一起，形成了类似节点与节点之间的复杂网络关系，只是这些节点并非同质性的。"全景式理性"在全要素作用的前提下，在决策的所有主体和要素之间建构起复杂网络关系，具有"小世界"网络特征。因为，社会网络中总存在熟人，通过熟人朋友圈的交叉重叠，社会网络中的每一个人都与其他人存在一定的实质性关系，从而构成了具有集群性和内聚性的复杂网络关系。以此为视角，人和世界的关系其实就是一种网络关系。参与者之间，参与者与外部政治、经济、文化环境，参与者与政策决策系统之间的关系也是一种网络关系，它们以同一性出现在复杂网络系统的小世界中，以"此在"对"已在"进行叠加、取代和更新。网络关系越发达，世界就越小，人的社会性就越强化，政策参与中的对话就越有效。除了小世界特征之外，"全景式理性"建构起的复杂网络关系还具有无标度网络的特征，即网络会因为随机性出现复杂性增长，导致有序。对此的科学解释是，小的随机性的渗入导致了更高的平均集聚程度，导致有序的产生。[①] 从本质来看，"全景式理性"不是一般意义上的理性，而是在混沌中寻找秩序的理性，这种理性在诸多个体与要素的相互作用和相互影响中生成，它在有序性方面的贡献是更高层级的。

其三，"全景式理性"内隐规范制约性，强化了参与行动的规则。由于借助了大数据和人工智能技术，"全景式理性"具有较强的制约性，尤其是在参与行动规则设定方面。如果要求公民政策参与以《宪法》为行动的元准则，可以将宪法文本转换成数据和代码，作为参数输入政策决策系统，一旦公民政策参与行动突破了《宪法》的边界，其政策意见就不会被政策决策系统接受。这样，《宪法》的强制性就能够保障它对公民政策参与行动的目标引导性。至于公民在政策过程中的角色定位，"全景式理性"也做出了回应。它将参与者的可为与不可为尽可能地描述出来，再进行信息转换，将参与者不等于决策者作为先决条件，一并输入政策决策系统，保证参与者的行动与角色匹配。"全景式理性"可以通过全技术手段控制，将公民政策参与行动限定在一定的地理场所、议题领域和理性话语选择中来矫正偏差性的公民政策参与行为。同时，"全景式理性"具备一种为政策主体、大众传媒、社会组织以及个体参与者赋权的功能，人们无须设法走进公共空间或议题场域，大数据和人工智能技术的逻辑基本上是"凡走过将留下痕迹"。即便在家里，只要使用了联网的移动设备，就能够将自己的政策观点在公共空间留下痕迹，每一次的表达就是对自己的一种训练，过激行为和语言的不被兼容性反馈回自身，就会起到一种矫正的作用。因为，人们的表达总是期待得到认同，一旦不被认同，他们就会反思己身，调整自己的言语和行为。可以说，"全景式理性"在无形之中建构起

①　［法］埃德加·莫兰：《复杂思想：自觉的科学》，陈一壮译，北京大学出版社2001年版，第156—159页。

了引导性的规则。此外，传统的完全理性和有限理性的信息选择、过滤和考量一般都是将公众参与形成的意见在前决策阶段解决，有序性所需要的相互承认原则很难落实，公众因为这样的信息选择和处理形成了分层，参与者之间在前决策阶段就已经出现了不平等，共同体中建构起的自我与他者的意义已经发生了转变，对于认同和共识的形成，以及参与者的自我持续生存和行动很难生成有效的动力。但是，"全景式理性"具有技术支持，将公众参与的意见表达贯穿决策始终，对于以平等和自由为前提的论辩、承认、协商均不无裨益，也能够间接激励公众政策参与，推动有序参与的"在场"实现。

二　公共价值共同生产路径

公共价值从来不是唯一的和确定的。① 一个社会的"公共价值"不仅仅指公民应该（和不应该）享有的权利、利益、规范性共识，也指公民对社会、国家和其他各方的义务，是政府和政策最根本的原则。② 每一个体对公共价值的理解存在差异性，同时会依情境发生认知变化。本书提出的公民政策参与有序性的合情境性维度包含了社会公众的共识性公共价值，属于一种非物化价值。同时，公共价值还具有物质层面的内涵，主要指公共服务过程中的价值创造，公共政策是这一价值创造的载体。因为，公共服务供给总是要通过政策设计才能实现。共识性公共价值基础主要出于公共价值多元性、冲突性、动态性等内在特征的考虑。如果只是认识上的差异，厘清某一具体政策的公共价值内涵足矣，然而，公共价值并非自成，而是由人类活动生成的，是社会多元主体主动地、基于客观具体情境不断地确认公共价值的过程。基于此，改变公共价值的生产

① Tina Nabatchi, "Putting the 'Public' Back in Public Values Research: Designing Participation to Identify and Respond to Values", *Public Administration Review*, Vol. 72, No. 5, August 2012, pp. 699 – 708.

② Barry Bozeman and Daniel Sarewitz, "Public Value Mapping and Science Policy Evaluation", *Minerva*, Vol. 49, No. 1, February 2011, pp. 1 – 23.

方式可以增强共识的达成，从制度建构方面提升公民政策参与的有序性。

"共同生产"的概念起源于 20 世纪 70 年代的政治理论与政策分析，由埃莉诺·奥斯特罗姆最先使用。她将"共同生产"界定为公众与公共部门共同参与公共服务的供给与生产。共同生产是公共服务内生性的产品，可以用来描述存在于日常的服务"生产者"与"顾客"之间的潜在关系。研究者发现，在都市警察服务问题的案例中，大型的、中心化的警察部门无法以更低的成本，更公正、更直接地为中心城市的邻里提供与城市周边地区相似的服务；私人部门与公共部门在公共服务生产过程中有时起着类似的作用；基层官员一旦受到激励，就会充分恰当地使用自己的自由裁量权参与到公共服务的生产；那些服务领域直接受众的积极参与也属于公共服务生产的一个组成部分。因此，从本质上来讲，"共同生产"是指非同一组织的个体一并进入物品和服务供给之中，是弥补政府、社会、市场的一种工具，在公共政策活动中是弥补政策主体与参与者的一种连接手段，是在政府与公民之间寻找协同之路的一种方式。需要注意的是，20 世纪 90 年代，共同生产研究曾经遇到过十年的沉寂期，因为共同生产，尤其是公共价值的共同生产，需要新媒体、互联网、移动通信等技术的支撑才能有效促进其实现。目前，随着大数据技术、云计算与人工智能技术的发展，在公共政策过程中进行公共价值的共同生产已经不再存在技术上的障碍。

将"共同生产"用于公共价值管理符合"后新公共管理"时代对价值理性和工具理性融合的诉求，能够将政府与公民以及其他公共行动者纳入同一个行动框架之中，推动政策过程中共识性价值基础的形成以及公共政策价值创造的实现。其中，政府处于元治理的角色，是公共价值的护卫者，负责建立与公众互动的平台、尊重公众偏好，实质上是内在地要求政府引导公众参与、共同追求公共服务精神。政策参与者的诉求不是等待回应，而是与其他多元行动者的诉求一并输入政策子系统，公共利益是多元行动者的复杂互动过程所产生的，没有哪个环节可以垄断公共政策。公共价值共同生产的产品就是能够达成共识性、作为公共政策制度基础和行为导向的公共价值。那些能够被共同分享的价值是维持不同利益相关者的纽带，网络化行动是公共价值共同生产的基本组织形式，利益相关的中央、地方政府机构、社区、企业、非营利组织、公民团体以及个人是公共价值共同生产的主体（并非所有公民和行动主体，必须有利益相关性才能成为共同生产者）。本书尝试提出的公共价值共同生产方式，在共识性公共价值的基础上谋求公共政策的价值创造，将公民政策参与有序性所需要的"积极主动""共识性公共价值""合情境性参与行动"等元素包含在其中，对未来公民政策参与有序性的提升是一个创新性的路径设计。

（一）　公共价值的共同生产增强参与者的主体意识

首先，公共价值的共同生产方式促进政策主体与参与者之间的直接联系，生成公民合作意识。共同生产方式使政策主体更能了解参与者的需求，参与者的价值与政策主体的价值在共同生产中相融合，政府通过"元治理"开放公共价值共同生产的权限，尽可能使企业、社会组织、社会公众等多元行动主体平等地进入价值生产过程。当社会成员的资源禀赋、意见表达、动员能力等方面出现差异的时候，政府是补偿者和平衡者的角色。每一个主体（包括政府与公民）都必须相互承认彼此的主体地位，在尊重他人思考和自由表达权利的前提下，通过理性沟通和协商，最终生成共识性的公共价值。作为参与者的公众除了在前决策阶段的意见表达之外，需要被政府确定作为共同生产主体的创制权。参与者不仅仅是对最初的公共价值进行判断和表达，在具体政策过程中也有责任对其是否符合已达成共识的公共价值进行监控。共同生产的每一个主体都应有权就那些偏离公共价值的现象，或因现实情境变化引起的价值调整，向相关行动主体提出意见，并推动政策问题重新进入公共价值的行动网络中再次进入共同生产，重新谋求共识的达成，并指引公共政策活动的方向。从本质上讲，在后新公共管理时代，政府要扮演的角色是公共价值的创造者和维护者，政策主体与参与者致力于共同生产公共价值，尝试用合适的方式方法来激励和引导各方主体参与到确认"怎样做才是有价值的"的公共议题讨论中来。在公共价值生产系统中，政府与公民之间共同、持续不断地进行评估和学习，以确保根据制定出的公共政策所供给的公共产品、公共服务能够符合公共价值，从而为实现公共利益最大化采取行动。

其次，公共价值的共同生产具有公民教育意义，建构公民公共生活意识。公民教育是对教育目的的一种回归，以培养适合国家和时代需要的有用公民为目标。如果说公民教育可以通过公民参与实践来实现，那么公共价值共同生产方式的公民教育意义则更强。成为公共价值共同生产者的公民仅仅表达自己的价值诉求是不够的，还需要在理解政策议题内涵的基础上与政策主体合作生成具有共识性且遵循伦理底线的公共价值。公共价值的共同生产是一个连续、动态、不断更新的过程，利益相关的多元行动者共同进入一个政策议题领域，互相尊重文化多样性，相互承认族群、性别的差异性，进而形成一个平等的多元行动者活动网络，通过网络运行实现公共价值共同生产。这种共同生产的前提条件是行动者之间对政策议题的情感认同以及公民参与实践的情感连接。公民具备理性、宽容、独立、平等、参与意识与批判精神等基本品质，有对公共需求的知觉，对自觉意识的表达，对资源可获取性的了解，以及对政策目标可实现性的预测等能力储备。因此，公共价值的共同生产不仅通过生产过程培育公民，也对公民的前期知识和能力有更高的要求，进而形成了一种公民教育的倒逼机制，反过来要求那些能力结构尚不具备的参与者接受高一级教育或培育好公共理性。否则，他们很容易被排斥在公共价值的共同生产者之外。尽管从民主理论与宪法来讲，每一个公民都有政策参与权，但是这只是充分条件。公共价值的共同生产方式使公民能力培育成为必要条件。公民想要实现公共价值生产中的话语权，就要学会理性、积极、主动地有序参与，使自己的价值诉求在共识性公共价值中有所体现。公共价值的共同生产方式不仅生成具有指导性的政策价值基础，也引导参与者按照一个合格公民的行动逻辑要求自己。当然，公民的新技术使用水平也可以同样存在于前生产阶段的入场准备和生产过程的培育机制双规建构的问题之中。如果公民缺乏对互联网、新媒体、大数据的应用能力，则无法参与到公共价值的共同生产中，而公共价值的共同生产过程对利益相关的个体生产者来说恰恰是一个能力培育的过程。

最后，公共价值的共同生产推动了积极公民的培育，催生主动参与意识。公共价值并不是多元主体偏好的简单聚合，简单的多数票决无法形成公共偏好，公共偏好也不能等同于公共价值。非物化层的公共价值需要在特定具体情境下，围绕政策议题，通过主体间的互动、沟通和对话来共同形塑，物质性的公共价值需要公民从利益相关的参与者转变为生产者之一。因此，利益相关的政策参与者会发现，在共同生产公共价值的时候，一旦自己不积极主动行动，自己的价值诉求和价值取向就无法体现在最终的价值共识之中，更不用说最终从政策子系统中输出的公共政策了。同样，在公共政策的价值创造中，他们也会无所贡献，失去以用户身份体验价值生产过程的可能。尽管奥斯特罗姆认为，只要公民在公共政策过程中的参与和遵从是主动的，就算是与其他多元行动者一起进行"共同生产"了[①]，但是，一旦共同生产成为公共价值生成的一种方式，公民就不会仅仅满足于主动的参与和遵从。身份的转变会使他们希望行使更多的话语权和其他公民权利，也希望政策的价值取向与自己的价值表达趋向一致，公共政策创造的价值最终应该与公民想要体验到的价值趋同。因此，公民有必要亲自参与政治生活和政策过程，也将之视为一个合格公民应尽的义务。大多数学者认为，积极的公民都有参与性和履行义务的要求，他们通过自己的行动参与到国家共同体的政治知识与核心价值的构筑中，捍卫和落实自己的公

---

① Elinor Ostrom, "Crossing the Great Divide: Coproduction, Synergy, and Development", *World Development*, Vol. 24, No. 6, June 1996, pp. 1073 – 1087.

民权利，履行自己的公民义务，以推动社会的发展。①

公共价值共同生产从行动主义的层面将积极公民的参与性与义务性结合在一起，在很大程度上激发了公民在政策参与中的主动性。具有主动性的公民一般都会与爱国、理性、知情、责任、积极等特征相伴，这也是公民作为公共价值共同生产者所需要并培育出来的品质。实际上，共同生产公共价值的过程能够有效促进公民性，可以对那些组织化松散的个体进行社会动员。因为，公共价值的生成过去要么是政府或政策主体创造，要么是政策主体与利益相关者利益博弈、折中、妥协的结果。人们在表达了自己的价值诉求之后就不再关注最终怎样的价值能够形成共识。公共价值的共同生产方式不仅关注每一个利益网络中行动者的表达和互动，也关注价值形成共识过程中行动者的价值变化，以及最终价值共识与利益相关的公民之间的关联性，因此，个体比任何时候都关心公共价值的生产，他们对于自己的表达和最终结果之间的相关性是有一定要求的，因为他们也是生产者，其诉求在结果中将有所体现。对公共价值的生产者网络来讲，这种主动性的激发本身就是一种公共价值的生产。质言之，公共价值的共同生产方式将一部分公共权力转移给了公民受众，是赋权使能的创新性生产。

（二）公共价值的共同生产重构合作性行为逻辑

公民在进行合作的时候可以最大限度地实现有序性，但个体与个体间、个体与群体间、个体与各类组织间的合作总是困境重重。个体间合作规范的不足影响了公民的理性自觉，社会信任缺乏影响了集体合作。公共价值的共同生产从合作规范和信任建构两个方面为合作性行为提供了增量，进而发力于公民政策参与有序性的提升。

一方面，公共价值的共同生产蕴含着一种对合作规范遵从的承

---

① 岳成浩、薛冰：《共和主义情境中的公民参与》，《上海行政学院学报》2007 年第 9 期。

诺。公共价值内在地包含了某一特定社会渴望为所有公民提供的规范标准、社会支持、权利和程序保障①，"参与公共价值共同生产的各方主体，不仅仅做出了意见表达，同时也是对自身公共行为的规范承诺，即在追逐私人利益最大化效率的前提下确保与公共价值不相违背"②。公共价值的共同生产更多强调，生产主体应当明确自身责任和应遵循的规范，其目标就是指向合作。因为，共同生产与政策活动过程的公民参与是不一样的。在共同生产过程中，公民不仅提出自己的政策期待，也会根据政策主体的社会期待和公共利益调整自己的期望值和行动方式，共同生产主体间的行为是相互融合、相互调整的。共同生产与合作具有共同的特征，它们追求目的和手段的统一，公共价值共同生产的出发点是多元行动主体之间的自愿合作，它的前提就是多元主体对合作规范的认同和遵从。合作规范从属于道德规范的范畴，是对人与人之间的利益关系进行调整的行为准则，使个体的行为结构按照合作的方式形成，符合合作的行动逻辑。公共价值的共同生产过程不仅生成公共价值，同时也成为合作行为的"发生器"和"孵化机"，它能最大限度地将利益相关的价值生产主体团结在一个生产过程之中，并遵从一定的原则（这一原则来自政府的元治理设计）。

只有在有效的合作机制中，公共价值的共同生产才能有效，比如平等参与的严格准则、参与生产的自愿性和主动性、个体对结果的贡献度等。公共价值的共同生产真正改变的是公民的角色。公民不再是公共服务被动的接受者和用户，他们与政府平等地参与服务供给和价值创造，所有生产公共价值所需的资源整合在一起，生产过程与消费过程连接在一起，成为生产者的接受者会有更好的满意度和更强的遵从度。同样，一旦公民不再是单纯的参与者而成为生

---

① Bozeman Barry and Daniel Sarewitz, "Public Values and Public Failure in US Science Policy", *Science and Public Policy*, Vol. 32, No. 2, April 2005, pp. 119-136.

② Gerry Stoker, "Public Value Management: A New Narrative for Networked Governance?" *American Review of Public Administration*, Vol. 36, No. 1, March 2006, pp. 41-57.

产者，他们从心理上会生成更强烈的加入共同生产的动机，想要在公共政策活动和公共服务供给中发挥更大的力量。遵从合作规范会成为共同生产的必备条件，那些不遵从合作规范的人很难融入共同生产框架，被其他的生产者所认同，他们的无序行为也不会见容于公共领域。公共价值的共同生产使公共价值成为政府等政策主体与公民等其他行动者共同的事业。

另一方面，公共价值的共同生产方式强化了合作行为的信任基石。信任总是与合作联系在一起，只有相互信任，才能开展合作。[①]从某种程度上讲，信任和合作是同构的。信任所需要的真实和真诚的人际交流是合作的前提，合作的结果反过来会增强信任。因为，合作中的互惠关系带给人们的心理体验使人们更加乐于向合作者交付自己的信任。一旦公民个体之间形成信任关系，就会直接推动合作，并使之成为一种普遍的社会秩序。公共价值共同生产作为一种合作工具，依赖于多元主体间的信任。生产过程需要多元主体的深层次介入，不同的主体需要表达出对某一具体政策或公共项目最真实、最理性的意见和看法，并对生产结果和路径存在可获得的合理预期。因此，公共价值共同生产依赖的信任关系更加完善，不是通过外部的约束力，而是阐发于主体自身的一种伦理道德责任感。比如，公共管理者提供公共服务、企业履行社会责任、社区从事社会治理、公民实现基层自治等行动都有着自己的价值追求，当他们的价值目标出现阶段性的冲突时，共同生产者的互相沟通和协商是达成价值共识的手段。但是，这个过程势必产生利益的暂时性损失。如果没有信任，共同生产就无以维系。只要具备信任前提，那些暂时性的退让和妥协就显得无足轻重。因为，人们相信，在不同的政策议题上，只要最终的公共利益目标不偏离，公共政策在取得最大共识的公共价值基础之上制定出来势必具有普惠性特征。这种普惠

---

① L. Dong, *Public Value Management: Integration of Value and Instrumental Rationalities*, New York: Palgrave, 2015.

和互惠结果能够促进信任关系，应对更多复杂的和不确定的社会变化，为公众提供更强的安全感和获得感，激发公民更大的参与热情和更严格的规则意识。这才是多元主体在共同生产过程中有效约束自己的行为边界，将个人利益统一于公共价值追求中的根本所在。在公共价值共同生产的过程中，各主体间的相互信任成为一种习惯和前提，为下一次公共价值的共同生产提供助力。如此往复，信任与公共价值的共同生产会相互增益，最终改变公众在公共领域的行为方式，推动公民政策参与更具秩序，也更有效。

（三）　公共价值的共同生产建构参与者之间的平等关系

公共价值的共同生产需要多元行动者之间的平等性才能得以进行，政府元治理的一个功能就是要确定多元行动者之间的平等地位和平等的话语权。平等性对于公民政策参与的秩序是一种保证。公民在政策过程的博弈行为多是因为地位的不平等，公民个体或群体担心自己的声音无法被政策主体听见，认为需要做出一些激进的行为或采取极端的方式才能将自己的政策诉求表达出来。这也是造成公民政策参与失序的原因之一。如果公民之间的地位平等，并能够公平地实现自己的话语权，公民就会更加理性地思考政策议题以及围绕政策议题展开公共行动，力图进入合法性的价值生产轨道。

公共价值共同生产强调多元行动者之间的平等地位。在公共价值的共同生产过程中，政府的角色应当是引导、规范和保障公共价值共同生产过程的顺利开展，从而形成去中心化的议题网络平台。在这一平台上，公民之间的地位也应该是平等的，不然共同生产无法展开。社会地位的不平等是任何一个共同体都存在的不争事实，但公共价值的共同生产建立在政府元治理的授权和制度、程序设计之上，为了共同生产的顺利运行，政府可以通过制度设计来确立行动者的地位。首先，制度设计要保证不同的行动主体在共同生产过程中力量均衡与平等，它是将零和博弈转为合作博弈的基础。政府应该对那些在政治、经济、文化方面居于弱势的个体或群体进行赋权，弥补他们欠缺的资源和能力。至于那些占据社会强势地位的个人或群体，他们拥有大量社会资源，比较容易影响公共价值，政府的元治理需要控制他们的力量，以免公共价值共同生产过程的失衡，从而弱化初始地位的差异。此外，现代信息技术的发展带来的差异性也是公民政策参与中很难消解的。元治理者可以进行干预式参与，放弃权威，以多元行动者之一的身份直接参与网络社会的政策讨论，主动捕获或均衡那些不同技术水平和不同知识水平的网民的诉求，帮助那些信息贫困者和参与无力者增强对决策效果的影响力，主动消解"信息鸿沟"，防范与控制非理性的大规模网络极端意见表达，力求信息社会的包容性、普惠性和赋权性，促进公民平等身份的实现。政府的元治理就是要将"把人作为平等个体来对待"作为共同生产的发生逻辑，多元行动者的平等地位随着共同生产的运行不断得到强化。

同时，公共价值共同生产强调多元行动者之间的平等对话能力。共同生产需要公民的自愿性合作行为和参与积极性，从而引发多元行动者个体之间沟通方式的变化。因为，每一个体均努力将自己与政策主体价值融合，力图充分表达自己的诉求，改变公共价值的结果。协商对话由此成为公共价值共同生产的一种主要方式，政策主体与参与者共同进入议题场域，表达自己对公共服务和公共政策的期待，并贡献出自己的可获取性资源。比如，政府提供自己可以调动的人力、物力和财力资源，公民、消费者、志愿者或社会组织提供自己可以作为配合的资源和利益，并在对话和协商中有意识地表达出自己想要实现的个人或公共价值。多元行动者参与生产能力的差异主要体现在表达上，即便政府确定个体的平等地位并努力进行权利救助和资源补偿，也无法彻底解决生产者个体获得生产成效的差异。

除了身份地位之外，对话的机会显得尤为重要。不是所有有资格的生产者都能够对公共价值有所贡献，主动和积极的参与需要生产者的话语表达和相互沟通。因此，平等对话能力是公共价值共同生产的另一种产品。共同生产中生成的平等对话能力包括语言的互信性、互惠性和包容性。互信性是指生产者个体在沟通中所表达出来的偏好是真实的、可信的，这说明行动者彼此尊重，相互认同，他们对生产过程是充满信心的，态度也是真诚的。互惠性是指共同生产的结果对大家都有好处，是指向公共利益的。包容性是指理性的行动者能够接纳不同的价值诉求，并承认其合法地位，允许其进入生产过程。公共价值的共同生产生成的平等对话能力在一定程度上保证了公民政策参与的制度内途径选择。其结果无论是共识性的价值基础，还是公共服务的物质性价值，都将有助于参与者自我效能感的实现，强化理性行为、有序表达和规范协商，具有有序性增量的特质。

参考文献

一　著作类

中文著作

曹荣湘：《走出囚徒困境——社会资本与制度分析》，上海三联书店 2003 年版。

陈家刚：《协商民主》，上海三联书店 2004 年版。

陈家刚：《协商民主与政治发展》，社会科学文献出版社 2011 年版。

陈振明：《公共政策分析》，中国人民大学出版社 2003 年版。

费孝通：《乡土中国生育制度》，北京大学出版社 1998 年版。

付宏：《基于社会化媒体的公民政治参与》，国家行政学院出版社 2014 年版。

高宣扬：《当代社会理论》，中国人民大学出版社 2005 年版。

（晋）葛洪：《抱朴子》，上海书店出版社 1986 年版。

郭秋永：《当代三大民主理论》，新星出版社 2006 年版。

韩冬梅：《西方协商民主理论》，中国社会科学出版社 2008 年版。

季卫东：《法治秩序的建构》，中国政法大学出版社 1999 年版。

季文：《社会资本视角的农民工城市融合研究》，经济科学出版社 2009 年版。

李贺林、左宪民：《中国特色协商民主研究》，中共中央党校出版社 2008 年版。

卢瑾：《西方参与式民主理论》，人民出版社 2013 年版。

罗传贤：《行政程序法基础理论》，五南出版公司 1993 年版。

《马克思恩格斯选集》（第四卷），人民出版社 1995 年版。

民建中央宣传部：《孙起孟文稿选编（1980—1995 年）》，民主与建设出版社 1998 年版。

邵培仁：《传播学》，高等教育出版社 2007 年版。

孙柏瑛：《地方治理中的有序公民参与》，中国人民大学出版社 2013 年版。

孙伟平：《猫与耗子的新游戏：网络犯罪及其治理》，北京出版社 1999 年版。

王佃利等：《邻避困境城市治理的挑战与转型》，北京大学出版社 2017 年版。

王法硕：《公民网络参与公共政策过程研究》，上海交通大学出版社 2013 年版。

王浦劬：《政治学基础》，北京大学出版社 1995 年版。

王浦劬：《治理理论与实践：经典议题研究新解》，中央编译出版社 2017 年版。

王锡梓：《公众参与和中国新公共运动的兴起》，法制日报出版社 2008 年版。

许纪霖：《共和、社群与公民》，江苏人民出版社 2004 年版。

俞可平：《治理与善治》，社会科学文献出版社 2000 年版。

原宗丽：《参与式民主理论研究》，中国社会科学出版社 2011 年版。

张康之：《走向合作的社会》，中国人民大学出版社 2015 年版。

赵鼎新：《社会与政治运动讲义》，社会科学文献出版社 2006 年版。

赵莉：《中国网络社群政治参与——政治传播学的视角》，中国广播电视出版社 2011 年版。

郑永年：《民主，中国如何选择》，浙江人民出版社 2015 年版。

中国大百科全书总编辑委员会：《中国大百科全书·政治学

卷》，中国大百科全书出版社 1992 年版。

中国社会科学院语言研究所词典编辑室编：《现代汉语词典》（修订本），商务印书馆 1996 年版。

周庆行、司有和：《行政信息管理学》，重庆大学出版社 2003年版。

译著

［英］A. J. M. 米尔恩：《人的权利与人的多样性——人权哲学》，夏勇、张志铭译，中国大百科全书出版社 1995 年版。

［德］阿克塞尔·霍耐特：《为承认而斗争》，胡继华译，上海世纪出版集团 2005 年版。

［法］阿尔弗雷德·格罗塞：《身份认同的困境》，王鲲译，社会科学文献出版社 2010 年版。

［法］阿兰·佩雷菲特：《信任社会》，邱海婴译，商务印书馆 2005 年版。

［美］阿尔温·托夫勒：《未来的冲击》，孟广均等译，中国对外翻译出版公司 1985 年版。

［美］阿历克斯·英格尔斯：《人的现代化——心理·思想·态度·行为》，殷陆君编译，四川人民出版社 1985 年版。

［美］阿米·古特曼、丹尼斯·汤普森：《民主与分歧》，杨立峰、葛水林、应奇译，东方出版社 2007 年版。

［法］埃德加·莫兰：《复杂思想：自觉的科学》，陈一壮译，北京大学出版社 2001 年版。

［美］埃德蒙·帕克：《自由与传统》，蒋庆等译，商务印书馆 2001 年版。

［美］埃莉诺·奥斯特罗姆：《公共事物的治理之道》，余逊达、陈旭东译，上海译文出版社 2012 年版。

［美］艾尔·巴比：《社会研究方法》，邱泽奇译，华夏出版社 2009 年版。

［美］艾尔东·莫里斯、卡罗尔·麦克拉吉·缪勒：《社会运动

理论的前沿领域》，刘能译，北京大学出版社 2002 年版。

［美］艾伦·C. 艾萨克：《政治学：范围与方法》，郑永年等译，浙江人民出版社 1987 年版。

［英］安德鲁·查德威克：《互联网政治学：国家、公民与新传播技术》，任孟山译，华夏出版社 2010 年版。

［英］安东尼·吉登斯：《现代性的后果》，田禾译，译林出版社 2000 年版。

［美］B. F. 斯金纳：《科学与人类行为》，谭力海等译，华夏出版社 1989 年版。

［美］本杰明·巴伯：《强势民主》，彭斌、吴润州译，吉林人民出版社 2006 年版。

［美］伯纳德·巴伯：《信任的逻辑和局限》，牟斌、李红、范瑞平译，福建人民出版社 1989 年版。

［加］C. B. 麦克弗森：《自由民主的生平与时代》，闫飞飞译，江苏人民出版社 2019 年版。

［美］查尔斯·J. 福克斯、休·T. 米勒：《后现代公共行政——话语指向》，楚红艳等译，中国人民大学出版社 2002 年版。

［英］戴维·冈特利特：《网络研究——数字化时候媒介研究的重新定向》，彭兰等译，新华出版社 2004 年版。

［英］戴维·米勒、韦农·波格丹诺编：《布莱克维尔政治学百科全书》，邓正来等译，中国政法大学出版社 2002 年版。

［美］道格·麦克亚当、西德尼·塔罗、查尔斯·梯利：《斗争的动力》，李义中等译，凤凰出版传媒集团、译林出版社 2006 年版。

［美］道格拉斯·C. 诺斯：《制度、制度变迁与经济绩效》，刘守英译，上海三联书店 1994 年版。

［德］恩斯特·卡西尔：《人论》，甘阳译，上海译文出版社 2004 年版。

［英］弗里德利希·冯·哈耶克：《法律、立法与自由》（第二、

三卷），邓正来等译，中国大百科全书出版社 2000 年版。

[英] 弗里德利希·冯·哈耶克：《经济、科学与政治——哈耶克论文演讲集》，冯克利译，江苏人民出版社 2003 年版。

[英] 弗里德利希·冯·哈耶克：《自由秩序原理》，邓正来译，生活·读书·新知三联书店 1997 年版。

[美] 格林斯坦、波尔斯比：《政治学手册精选》（下卷），储复耕译，商务印书馆 1996 年版。

[法] 古斯塔夫·勒庞：《乌合之众》，何正云译，吉林出版社 2012 年版。

[美] 海伦·英格兰姆、斯蒂文·R. 史密斯：《新公共政策：民主制度的公共政策》，钟振明、朱涛译，上海交通大学出版社 2005 年版。

[美] 汉娜·阿伦特：《极权主义的起源》，林襄华译，生活·读书·新知三联书店 2009 年版。

[美] 汉娜·阿伦特：《精神生活·思维》，姜志辉译，江苏教育出版社 2006 年版。

[美] 汉娜·阿伦特：《论革命》，陈周旺译，译林出版社 2007 年版。

[美] 汉娜·阿伦特：《人的境况》，王寅丽译，上海世纪出版集团 2009 年版。

[韩] 河连燮：《制度分析：理论与争议》，李秀峰、柴宝勇译，中国人民大学出版社 2014 年版。

[美] 霍华德·莱茵戈德：《网络素养：数字公民、集体智慧和联网的力量》，张子凌、老卡译，电子工业出版社 2013 年版。

[英] J. S. 密尔：《代议制政府》，汪瑄译，商务印书馆 2008 年版。

[美] 基思·福克斯：《公民身份》，郭忠华译，吉林出版集团有限责任公司 2009 年版。

[美] 加布里埃尔·阿尔蒙德、西德尼·维巴：《公民文化》，

徐湘林等译，东方出版社 2008 年版。

［美］金黛如：《信任与生意：障碍与桥梁》，陆晓禾译，上海社会科学院出版社 2003 年版。

［德］卡尔·施密特：《宪法的守护者》，李君韬译，商务印书馆 2008 年版。

［美］卡罗尔·佩特曼：《参与和民主理论》，陈尧译，上海人民出版社 2006 年版。

［美］凯斯·R. 桑斯坦：《网络共和国：网络社会中的民主问题》，黄维明译，上海人民出版社 2003 年版。

［美］凯特·米利特：《性政治》，宋文伟译，江苏人民出版社 2007 年版。

［德］柯武刚、史漫飞：《制度经济学：社会秩序与公共政策》，韩朝华译，商务印书馆 2002 年版。

［美］科恩：《论民主》，聂崇信等译，商务印书馆 1988 年版。

［西］雷蒙·潘尼卡：《看不见的和谐》，王志成等译，江苏人民出版社 2001 年版。

［美］理查德·C. 博克斯：《公民治理：引领 21 世纪的美国社区》，孙柏瑛等译，中国人民大学出版社 2005 年版。

［美］林德布洛姆：《政治与市场》，王逸舟译，上海三联书店 1992 年版。

［法］卢梭：《爱弥儿》，李平沤译，商务印书馆 1991 年版。

［法］卢梭： 《社会契约论》，何兆斌译，商务印书馆 2008 年版。

［美］罗伯特·A. 达尔：《多元主义民主的困境》，周军华译，吉林人民出版社 2006 年版。

［美］罗伯特·A. 达尔：《民主及其批评者》，曹海军等译，吉林人民出版社 2006 年版。

［美］罗伯特·D. 帕特南：《使民主运转起来》，王列、赖海榕译，江西人民出版社 2001 年版。

［美］罗伯特·伯格、罗纳德·费德瑞柯：《人类行为》，梅毅译，中国社会科学出版社 1993 年版。

［法］马布利：《马布利选集》，何清新译，商务印书馆 1960 年版。

［美］马克·E. 沃伦：《民主与信任》，吴辉译，华夏出版社 2004 年版。

［美］马克·H. 穆尔：《创造公共价值：政府战略管理》，伍满贵译，商务印书馆 2016 年版。

［美］迈克尔·沃尔泽：《正义诸领域：为多元主义与平等一辩》，褚松燕译，译林出版社 2002 年版。

［南非］毛里西奥·帕瑟林·登特里维斯：《作为公共协商的民主：新的视角》，王英津等译，中央编译出版社 2006 年版。

［美］梅里亚姆：《美国政治学说史》，朱曾汶译，商务印书馆 1988 年版。

［法］孟德斯鸠：《论法的精神》，张雁深译，商务印书馆 1995 年版。

［法］米歇尔·福柯：《规训与惩罚》，刘北成、杨远婴译，生活·读书·新知三联书店 2003 年版。

［法］米歇尔·福柯：《权力的眼睛——福柯访谈录》，刘北成、杨远婴译，上海人民出版社 1997 年版。

［法］莫里斯·哈布瓦赫：《论集体记忆》，毕然等译，上海人民出版社 2002 年版。

［美］尼尔·波兹曼：《娱乐至死》，章艳译，广西师范大学出版社 2004 年版。

［日］蒲岛郁夫：《政治参与》，解莉莉译，经济日报出版社 1989 年版。

［英］齐格蒙特·鲍曼：《流动的生活》，徐朝友译，江苏人民出版社 2012 年版。

［英］乔·柯尔：《费边社会主义》，夏遇南、吴澜译，商务印

书馆 1984 年版。

〔英〕乔·柯尔：《社会学说》，李平沤译，商务印书馆 1959 年版。

〔法〕让·皮埃尔·戈单：《何谓治理》，钟震宇译，社会科学文献出版社 2010 年版。

〔澳〕饶墨仕、〔中〕吴熏、〔加〕迈克尔·豪利特、〔美〕斯科特·A. 弗里曾：《公共政策过程：制定、实施与管理》，叶林等译，格致出版社、上海人民出版社 2016 年版。

〔美〕塞缪尔·P. 亨廷顿：《变化社会中的政治秩序》，王冠华、刘为译，上海人民出版社 2008 年版。

〔美〕塞缪尔·P. 亨廷顿、琼·纳尔逊：《难以抉择——发展中国家的政治参与》，汪晓寿等译，华夏出版社 1989 年版。

〔英〕斯蒂芬·奥斯本：《新公共治理？——公共治理理论和实践方面的新观点》，包国宪、赵晓军等译，科学出版社 2016 年版。

〔美〕苏珊·雅各比：《反智时代：谎言中的美国文化》，曾聿非译，新星出版社 2018 年版。

〔法〕托克维尔：《论美国的民主》，董果良译，商务印书馆 1999 年版。

〔美〕托马斯·R. 戴伊：《理解公共政策》，谢明译，北京大学出版社 2008 年版。

〔美〕托马斯·R. 戴伊：《自上而下的政策制定》，吴忧译，中国人民大学出版社 2002 年版。

〔英〕维克托·迈尔 - 舍恩伯格、肯尼思·库克耶：《大数据时代》，盛杨燕、周涛译，浙江人民出版社 2013 年版。

〔古希腊〕亚里士多德：《尼各马可伦理学》，苗力田译，商务印书馆 1992 年版。

〔古希腊〕亚里士多德：《政治学》，吴寿彭译，商务印书馆 2008 年版。

〔德〕尤尔根·哈贝马斯：《包容他者》，曹卫东译，上海人民出版社 2002 年版。

[德]尤尔根·哈贝马斯：《公共领域的结构转型》，曹卫东等译，学林出版社 2000 年版。

[德]尤尔根·哈贝马斯：《合法化危机》，刘北成、曹卫东译，上海人民出版社 2000 年版。

[德]尤尔根·哈贝马斯：《交往行动理论》，洪佩郁、蔺菁译，重庆出版社 1994 年版。

[德]尤尔根·哈贝马斯：《交往行为理论（第一卷）：行为合理性与社会合理性》，曹卫东译，上海人民出版社 2004 年版。

[德]尤尔根·哈贝马斯：《在事实与规范之间——关于法律和民主法治国的商谈理论》，童世骏译，生活·读书·新知三联书店 2003 年版。

[美]约·埃尔斯特：《协商民主：挑战与反思》，周艳辉译，中央编译出版社 2009 年版。

[美]约翰·布洛克曼：《未来英雄：33 位网络时代精英预言未来文明的特质》，汪仲等译，海南出版社 1998 年版。

[美]约翰·杜威：《新旧个人主义——杜威文献》，孙有中等译，上海社会科学院出版社 1997 年版。

[美]约翰·克莱顿·托马斯：《公共决策中的公民参与》，孙柏瑛等译，中国人民大学出版社 2014 年版。

[美]约翰·罗尔斯：《正义论》，何怀宏译，中国社会科学出版社 1988 年版。

[美]约翰·罗尔斯：《政治自由主义》，万俊人译，译林出版社 2000 年版。

[美]约翰·奈斯比特：《大趋势：改变我们生活的十个新方向》，梅艳译，中国社会科学出版社 1984 年版。

[美]詹姆斯·S. 费什金：《倾听民意：协商民主与公众咨询》，孙涛，何建宇译，中国社会科学出版社 2015 年版。

[美]詹姆斯·S. 科尔曼：《社会理论的基础》（上），邓方译，

社会科学文献出版社 1999 年版。

　　［美］詹姆斯·博曼：《公共协商：多元主义、复杂性与民主》，黄湘怀译，中央编译出版社 2006 年版。

　　［美］詹姆斯·博曼、威廉·雷吉：《协商民主：论理性与政治》，陈家刚等译，中央编译出版社 2006 年版。

外文著作

Anabel Quan – Haase, Barry Wellman, James C. Witte and Keith N. Hampton, *Capitalizing on the Internet*: *Social Contact*, *Civic Engagement*, *and Sense of Community*, UK: Blackwell, 2002.

Angus Campbell, Gerald Gurin and Warren Edward Miller, *The Voter Decides*, New York: Row, Peterson and Company, 1954.

Arnolod S. Kaufman, "Human Natnre and Participatory Politics", in William E. Connolly, ed. , The Bias of Pluralism, New York: Atherton Press, 1969.

Barbra Misztal, *Trust in Modern Societies*, Oxford: Blackwell Publishers, 1996.

Bentham, J. , *Panopticon Letters*; *From Božovic*, London: The Panopticon Writings, 1995.

Bob Jessop, *Governance and Metagovernance*: *On Reflexivity*, *Requisite Variety and Requisite Irony*, Manchester: Manchester University Press, 2002.

Carolyn Hendriks, *The Ambiguous Role of Civil Society in Deliberative Democracy*, Canberra: Australia National Universtiy, 2002.

Charles Tilly and Gabriel Ardant, *The Formation of National States in Western Europe*, Princeton: Princeton University Press, 1975.

Charles Tilly, *Social Movement 1768 – 2004*, Colorado: Paradigm Publishers, 2004.

Cheng Li, "Diversification of Chinese Entrepreneurs and Cultural Pluralism in the Reform Era", in Shiping Hua, ed. , *Chinese Political*

Culture 1989 – 2000, Armonk, NY: M. E. Sharpe, 2001.

Diego Gambetta, *Trust: Making and Breaking Cooperative Relations*, Oxford: Blackwell Publishers, 1990.

Douglas, A. E., *Symbiotic Interactions*, Oxford: Oxford University Press, 1994.

Eric M. Uslaner, *The Moral Foundations of Trust*, New York: Cambridge University Press, 2002.

Eva Sørensen and Jacob Torfing, *Theoretical Approaches to Metagovernance*, London & NewYork: Palgrave Macmillan, 2007.

Fishikin, J., *Democracy and Deliberation: New Directions For Democratic Reform*, New Haven CT: Yale University Press, 1991.

Gustave Le Bon, *The Psychology of Revolution*, London: Allen & Unwin, 1913.

Habermas, J., *Popular Sovereignty as Procedure*, Cambridge: The MIT Press, 2018.

Hannah Arendt, *Men in Dark Times*, New York: Harcourt Brace Jovanovich, 1955.

Jan Kooiman, *Governing as Governance*, London: Sage, 2003.

Jeremy Bentham, *The Panopticon and other Prison Writings*, New York: Verso, 1995.

John S. Dryzek, *Deliberative Democracy and Beyond: Liberals, Critics, Contestations*, Oxford: Oxford University Press, 2002.

Kweit, Mary Grisez & Robert W. Kweit, *Implementing Citizen Participation in a Bureaucratic Society: A Contingency Proach*, SanFrancisco: Praeger Publishers, 1981.

Lefebvre, Henri & Donald Nicholson – Smith, *The Production of Space*, Oxford: Blackwell, 1991.

Luhmann Niklas, *Trust and Power*, New York: John Wiley & Sons Chichester, 1979.

Lynn Hunt, "Charles Tilly's Collective Action", in Skopol, T., eds. *Vision and Method in Historical Sociology*, Cambridge, UK: Cambridge University Press, 1984.

Mark H. Moore, *Recognizing Public Value*, Cambridge: Harvard University Press, 2013.

Nan Lin, *Social Capital: A Theory of Social Structure and Action*, New York: Cambridge University Press, 2002.

Neil J. Smelser, *Theory of Collective Behavior*, New York: Free Press of Glencoe, 1962.

Perri Six, *Holistic Government*, London: Demos, 1997.

Robert Bates, "Social dilemmas and Rational Individuals: An Assessment of the New Institutionalism", in J. Hariss et al. (eds), *The New Institutional Economics and Third World Development London Routledge*, 1995.

Seymour Martin Lipset, *Political Man: The Social Bases of Politics*, New York: Doubleday Company, 1960.

Sidney Verba, Kay Lehman Schlozman & Henry E. Brady, *Voice and Equality: Civic Voluntarism in American Politics*, Cambridge: Harvard University Press, 1995.

Simmel Georg & Tom Bottomore, *The Philosophy of Money*, London & NewYork: Psychology Press, 2004.

Valadez Jorge, *Deliberative Democracy, Political Legitimacy, and Self - Determination in Multi - cultural Societies*, New York: Routledge, 2018.

Young Iris Marion, *Inclusion and Democracy*, New York: Oxford University Press, 2002.

二　论文类

中文论文

[荷] 埃里克汉斯·克莱恩、基普·柯本让：《治理网络理论：

过去、现在和未来》，程熙等译，《国家行政学院学报》2013 年第 3 期。

白德全、梁敬斋：《我国公共政策中的公民参与问题研究》，《河北师范大学学报》（哲学社会科学版）2008 年第 5 期。

［英］鲍勃·杰索普：《治理与元治理：必要的反思性、必要的多样性和必要的反讽性》，《国外理论动态》2014 年第 5 期。

蔡娟：《公民有序政治参与与和谐社会的构建》，《马克思主义与现实》2008 年第 1 期。

陈良斌：《承认话语的当代阐释——霍奈特思想的研究评述》，《哲学动态》2008 年第 7 期。

陈泷：《当代大学生有序政治参与的规训与路径》，《中国成人教育》2015 年第 18 期。

陈雁飞：《论扩大公民有序的政治参与》，《华南师范大学学报》（社会科学版）2004 年第 3 期。

陈义平、王友叶、姚德薇：《全景敞视视域下网络信息泄露探源及规避》，《社会学评论》2017 年第 4 期。

程竹汝：《社会控制：关于司法与社会最一般关系的理论分析》，《文史哲》2003 年第 5 期。

池丽萍：《"不要和陌生人说话"：信任的代际传递》，《青少年研究》2012 年第 4 期。

崔华前、吴丽兵：《扩大公民有序政治参与的几个问题》，《学术界》2008 年第 6 期。

戴均、徐文强：《公民网络政治参与探究——基于有序性兼有效性二维结构的视角》，《社会主义研究》2017 年第 3 期。

单菲菲、高永久：《少数民族有序政治参与问题探析》，《中南民族大学学报》（人文社会科学版）2009 年第 3 期。

段伟文：《大数据知识发现的本体论追问》，《哲学研究》2015 年第 11 期。

丰海英、丰存斌：《培育和规范民间组织发展促进公民有序政治参与》,《科学社会主义》2010 年第 6 期。

高伟:《协商民主与农民有序政治参与研究》,《湖北社会科学》
2013 年第 8 期。

高振岗:《论公民政治参与的有序性及有效性》,《理论导刊》
2008 年第 9 期。

顾丽梅:《网络社会公民有序参与人大立法的路径与思考》,
《浙江学刊》2013 年第 1 期。

韩承敏:《公民有序参与简论》,《学海》2011 年第 5 期。

韩广富、张弛:《新媒体视域下中国公民政治参与的有效途径
探析》,《理论探讨》2015 年第 2 期。

韩国立:《从无序到有序:网络政治参与的规范化发展路径》,
《中学政治教学参考》2014 年第 30 期。

韩旭:《建设"回应型"政府:治理形式主义的一条政策思
路》,《人民论坛》2018 年第 1 期。

郝丽:《社会矛盾化解视域下公民有序政治参与机制探析》,
《中国行政管理》2015 年第 10 期。

贺俊春:《充分发挥民主党派在我国公民有序政治参与中的作
用》,《中央社会主义学院学报》2014 年第 6 期。

洪向华、王朋琦:《发挥人民政协的独特优势扩大公民有序的
政治参与》,《中国党政干部论坛》2009 年第 5 期。

侯万锋:《民族区域自治制度与少数民族公民有序政治参与》,
《内蒙古社会科学》(汉文版)2009 年第 3 期。

胡百精:《互联网与集体记忆构建》,《中国高校社会科学》
2014 年第 3 期。

华正学:《私营企业主政治参与渠道的选择偏好及效用分析》,
《中央社会主义学院学报》2012 年第 6 期。

《借鉴现代民主理论新成果 大力推进中国特色的协商民主——
访中央编译局比较政治与经济研究中心陈家刚博士》,《中国人民政
协理论研究会会刊》2008 年第 2 期。

金太军、周义程：《政策过程中公民有序参与有效性的影响因素——基于系统论视角的考量》，《学术界》2014 年第 5 期。

金霞、刘峰华：《中国公民政治参与的价值维度：有序基础上的有效》，《理论导刊》2017 年第 3 期。

蓝志勇：《全景式综合理性与公共政策制定》，《中国行政管理》2017 年第 2 期。

李斌：《论网络政治参与的发展趋势》，《中共福建省委党校学报》2008 年第 2 期。

李常青、冯小琴：《少数人权利及其保护的平等性》，《现代法学》2001 年第 5 期。

李朝智：《信息公开是公众有序参与公共决策的前提》，《领导科学》2012 年第 28 期。

李景治：《中国协商民主制度化新进程》，《南京政治学院学报》2013 年第 1 期。

李敬德：《有序推进网络民主健康发展》，《新视野》2016 年第 3 期。

李仁彬：《中外协商民主比较分析》，《党史文苑》2009 年 2 月下半月刊。

李亚妤、杜俊飞：《重估电子民主：概念、分歧与研究进路》，《中国地质大学学报》（社会科学版）2016 年第 7 期。

刘昌雄：《当代中国政治参与的特征分析》，《探索》1998 年第 5 期。

刘桂莉：《政府危机管理中公民有序参与的路径选择》，《浙江学刊》2012 年第 6 期。

刘俊杰：《当代中国党际协商民主研究》，博士学位论文，吉林大学，2012 年。

刘旺洪、束锦：《社会管理创新与民主参与的法制建构》，《学海》2013 年第 5 期。

刘玉芝：《政府在扩大公民有序政治参与中的地位与作用》，

《政治学研究》2011 年第 4 期。

刘正妙、刘晓玲：《论地方政府领导干部政绩考评中的公民参与》，《宁夏社会科学》2017 年第 4 期。

［美］罗伯特·N. 贝拉：《对亚洲新教伦理的反思》，《社会问题杂志》1953 年第 1 期。

莫纪宏：《现代民主与宪法之关系新论》，《江苏行政学院学报》2007 年第 2 期。

［美］帕特里克·J. 孔奇：《政治参与概念如何形成定义》，王胜明、范云萍译，《国外政治学》1989 年第 4 期。

潘平、郑辉、兰立山：《大数据系统的本质特征及其哲学反思》，《系统科学学报》2015 年第 3 期。

齐卫平、陈朋：《协商民主：社会主义政治文明建设的生长点》，《贵州社会科学》2008 年第 5 期。

齐卫平、陈朋：《中国协商民主 60 年：国家与社会的共同实践》，《中国延安干部管理学院》2009 年第 5 期。

乔谦：《浅议中国特色协商民主》，《中共济南市委党校学报》2008 年第 5 期。

邵海军：《公民政治参与类型及有序化构建》，《深圳大学学报》（人文社会科学版）2012 年第 3 期。

宋连胜、李建：《民主与参与：协商民主推进国家治理现代化的政治逻辑》，《社会主义研究》2015 年第 5 期。

宋雁慧：《关于校园暴力旁观者的研究综述》，《中国青年研究》2014 年第 3 期。

孙柏瑛：《我国公民有序参与：语境、分歧与共识》，《中国人民大学学报》2009 年第 1 期。

覃敏健：《怨恨：转型国家公民有序政治参与的心理梗阻》，《东南学术》2009 年第 6 期。

汤啸天：《政府重大决策事先征集公民建议的制度构建》，《法学》2014 年第 3 期。

唐绍洪、刘屹：《对公民有序政治参与的价值解读——兼论我国政治民主建设中存在的问题及对策》，《社会主义研究》2005 年第 5 期。

唐晓英、许淑萍：《基层民主建设中的公民有序政治参与》，《学术交流》2012 年第 10 期。

万朝珠：《公共危机决策中的公民有序参与》，《行政论坛》2012 年第 4 期。

王春婷、傅广宛：《公共政策制定中大众媒体对公民有序参与的影响》，《深圳大学学报》（人文社会科学版）2011 年第 2 期。

王纪潮：《有选择的社会记忆》，《博览群书》2006 年第 5 期。

王明生、杨涛：《改革开放以来我国政治参与研究的回顾与展望》，《清华大学学报》（哲学社会科学版）2011 年第 6 期。

王维国：《论扩大我国公民有序政治参与的实现》，《新视野》2008 年第 2 期。

韦朋余：《政府危机管理中公民有序参与的路径选择》，《理论与改革》2006 年第 4 期。

魏芙蓉：《民主执政与公民有序政治参与》，《长白学刊》2005 年第 5 期。

魏娜、张小进：《集体行动的可能与实现：公民有序参与的视角——基于北京、青岛城市公共政策制定的实证分析》，《教学与研究》2010 年第 3 期。

魏星河、欧阳兵：《民间组织是我国公民有序参与的重要载体》，《中共福建省委党校学报》2007 年第 4 期。

魏星河、谢懋金、何鸿：《和谐社会构建与公民有序政治参与》，《求实》2006 年第 5 期。

文萌川、刘易平：《内在的监狱：致死的娱乐》，《改革与开放》2011 年第 4 期。

吴洁：《加快提升公民网络政治参与的有序性》，《人民论坛》2019 年第 6 期。

吴太胜：《大学生政治参与的现实考量与态势期望》，《中国青年研究》2010 年第 1 期。

伍俊斌：《社会转型期扩大公民有序政治参与的价值、挑战和路径分析》，《理论与现代化》2012 年第 3 期。

肖滨、方木欢：《扩大公民有序政治参与的双轨路径——基于中国改革开放以来实践经验的理论分析》，《政治学研究》2017 年第 4 期。

谢坚钢：《嵌入的信任：社会信任的发生机制分析》，《华东师范大学学报》（哲学社会科学版）2009 年第 1 期。

谢新洲、杜智涛：《公民网络政治参与平台的基本架构与运行机理研究》，《新闻与写作》2013 年第 7 期。

徐晓霞：《扩大公民有序网络政治参与的困境与消解》，《中学政治教学参考》2015 年第 33 期。

徐志达、邓清华：《论新生代农民工政治参与的基本原则和发展方向》，《人民论坛》2013 年第 17 期。

杨爱民：《扩大公民有序政治参与基层民主之方略》，《河北学刊》2004 年第 6 期。

杨绍华、唐晓清：《实现民主执政与有序政治参与的有机统一》，《求实》2008 年第 5 期。

叶国平：《完善新社会阶层有序政治参与的对策思考》，《前沿》2008 年第 8 期。

叶战备、张凯丽：《群际特征和公民参与涉政网络事件有序性的关系研究》，《中国行政管理》2016 年第 11 期。

殷峰：《公民有序政治参与的价值及其实现路径》，《理论导刊》2010 年第 10 期。

喻国明：《媒体变革：从“全景监狱”到“共景监狱”》，《人民论坛》2009 年第 8 期。

岳彬：《网络文化视阈下的公民有序政治参与》，《科学·经济·社会》2006 年第 4 期。

岳成浩、薛冰：《共和主义情境中的公民参与》，《上海行政学院学报》2007 年第 9 期。

张保光：《实现技术民主化的新路径——基于大数据的视角》，《科学·经济·社会》2019 年第 1 期。

张方华：《网络时代政府组织的变革与行政职能的转变》，《南京社会科学》2003 年第 7 期。

张健：《论扩大公民有序政治参与对构建社会主义和谐社会的意义》，《马克思主义与现实》2006 年第 6 期。

张紧跟、李梦宸：《组织化有序参与：扩展公民参与的新思路》，《云南大学学报》（社会科学版）2017 年第 4 期。

张康之：《道德整合：社会公平与社会秩序获得的根本出路》，《学习与探索》2002 年第 1 期。

张铤：《大学生网络政治参与的现状与对策》，《中州学刊》2015 年第 8 期。

张喜红：《公民政治参与的有序性分析》，《长白学刊》2004 年第 1 期。

张欣毅：《超文本范式——关于公共信息资源及其认知机制的哲学思考》，《中国图书馆学报》2003 年第 3 期。

章舜钦：《和谐社会公民政治参与权的法治保障》，《学术探索》2008 年第 2 期。

周柏春：《公民有序政治参与公共政策过程：必要、困境与突围》，《前沿》2011 年第 17 期。

周敏凯：《扩大公民有序政治参与的理论思考》，《学习与探索》2010 年第 6 期。

周晓红：《认同理论：社会学与心理学的分析路径》，《社会科学》2008 年第 4 期。

朱贵平：《论政治文明视域中我国公民政治参与的有序性要求》，《理论探讨》2005 年第 3 期。

朱勤军：《中国特色社会主义协商民主的发展和创新——基于

政治文明发展的视野》,《北京联合大学学报》2009 年第 4 期。

外文论文

Barry Bozeman and Daniel Sarewitz, "Public Value Mapping and Science Policy Evaluation", *Minerva*, Vol. 49, No. 1, 2011.

Bob Jessop, "The Rise of Governance and the Risks of Failure: The Case of Economic Development", *International Social Science Journal*, Vol. 50, No. 155, 1998.

Bozeman Barry and Daniel Sarewitz, "Public Values and Public Failure in US Science Policy", *Science and Public Policy*, Vol. 32, No. 2, 2005.

Charles Perrow, "Economic Theories of Organization", *Theory and Society*, Vol. 15, 1986.

Elinor Ostrom, "Crossing the Great Divide: Coproduction, Synergy, and Development", *World Development*, Vol. 24, No. 6, 1996.

Eva Sorensen and Jaeob Torfi, "Network Governance and Post – Liberal Democracy", *Administrative Theory & Praxis*, Vol. 27, No. 2, 2005.

Garrett Hardin, "The Tragedy of the Commons", *Science*, Vol. 162, No. 3859, 1968.

Gerald Marwell, Pamela E. Oliver and Ralph Prah, "Social Networks and Collective Action: A Theory of the Critical Mass Ⅲ", *American Journal of Sociology*, Vol. 94, No. 3, 1988.

Gerry Stoker, "Public value management: A New Narrative for Networked Governance?" *American Review of Public Administration*, Vol. 36, No. 1, 2006.

Gordon, H. Scott, "The Economic Theory of a Common – Property Resource: The Fishery", *Journal of Political Economy*, Vol. 62, No. 2, 1954.

Jeremy Bowring, "The Works of Jeremy Bentham", *Russell and Russell*, Vol. 14, 1962.

Jonathan Bendor, "A Model of Muddling Through", *American Political Science Review*, Vol. 89, No. 4, 1995.

Keith G. Provan and Patrick Kenis, "Modes of Network Governance: Structure, Management, and Effectiveness", *Journal of Public Administration Research and Theory*, Vol. 18, No. 2, 2008.

Maeve Cooke, "Five Argument for Deliberative Democracy", *Political Studies*, Vol. 48, No. 5, 2000.

Michael Saward, "Democratic Innovation: Deliberation, Representation and Association", *Political Studies*, Vol. 37, No. 1, 2000.

Michael Saward, "Less than Meets the Eye: Democratic Legitimacy and Deliberative Theory", *Routledge/ECPR Studies in European Political Science*, 2000.

Ned Crosby, Janet M. Kelly & Paul Schaefer, "Citizens Panels: A New Approach to Citizen Participation", *Public Administration Review*, Vol. 46, No. 2, 1986.

Percy A. Allum and Amyot G., "Regionalism in Italy: Old Wine in New Bottle?" *Parliamentary Affairs*, Vol. 24, No. 1, 1970.

Roger V. Gould, "Multiple Networks and Mobilization in the Paris Commune", *American Sociological Review*, Vol. 56, No. 6, 1991.

Sherry R. Arnstein, "A Ladder of Citizen Participation", *Journal of the American Planning Association*, Vol. 35, No. 4, 1969.

Stephen P. Osborne and Kirsty Strokosch, "It Takes Two to Tango? Understanding the Co – Production of Public Services by Integrating the Services Management and Public Administration Perspectives", *British Journal of Management*, Vol. 24, 2013.

Stephen P. Osborne, "The New Public Governance", *Public Management Review*, Vol. 8, No. 3, 2006.

Tanja A. Brzel, "Organizing Babylo – on the Different Conception of Policy Networks", *Public Administration*, Vol. 76, No. 2, 1998.

Tina Nabatchi, "Putting the 'Public' Back in Public Values Research: Designing Participation to Identify and Respond to Values", *Public Administration Review*, Vol. 72, No. 5, 2012.

Tom Hall, A. Coffey and H. Williamson, "Space and Place: Youth Identities and Citizenship", *British Journal of Sociology of Education*, Vol. 20, No. 4, 2010.

William Rehg and James Bohman, "Discourse and Democracy: The Formal and Informal Bases of Legitimacy", *Journal of Political Philosophy*, Vol. 4, No. 1, 1996.